高等学校博士学科点专项科研基金课题(20090061110038)
吉林省省长咨询专项基金课题
资助出版

农机服务组织形成与发展问题研究

On Formation and Development Issues of Agricultural Machinery Service Organization

舒坤良 著

中国农业出版社

序

国际经验表明，大力发展农业机械化是提高农业生产率、解放农村劳动力和建设现代农业的必由之路。我国是一个以土地细碎化经营为特色的农业大国，农户家庭土地经营规模小，收入水平也较低，通过一家一户购买大中型农机具的模式来实现农业机械化既不现实，也不经济。始于1996年的农机跨区作业创新了农机社会化服务的方式，有效化解了农户“小生产”和农机“大作业”的矛盾以及农户“买不起”和“用得起”大中型农机具的矛盾，而随之发展壮大的农机（作业）服务组织成为了农机社会化服务的主要载体。作为农民专业合作组织的一种特殊形式，农机服务组织已遍布全国并成为我国农业生产和农村经济发展中的新型微观主体，在促进农业生产，提高农民收入等方面发挥着越来越重要的作用。

由于农机服务组织作业的季节性和组织形式的特殊性，常规的合作经济组织理论无力完美地解释其形成机理和发展趋势，而国内外相关的研究成果又相对欠缺，作为舒坤良博士的导师，我建议他将其选题确定为“农机服务组织形成与发展问题研究”，指导他从农机服务组织现状调查与分析、农机服务组织形成机理研究、农机服务组织成员行为研究、农机服务组织作业效率研究、农机服务组织的矛盾问题研究以及农机服务组织发展趋势分析等角度，对我国农机服务组织的形成与发展问题进行了系统深入的研究。主要研究内容包含以下几个方面：

一是构建了农机服务组织形成机理模型和农机服务组织体系形成机理模型，认为当前农机服务组织主要通过“5缘”关系而形成；分析了组织发起人和普通成员之间的博弈过程，认为只有二者均意识到创建或加入组织能获得大于单独作业的效用时，农机服务组织才有可能形成；提出了基于相似系数的成员合作优度评价的多级可拓评价方法，认为该方法能科学地评判潜在成员的合作优度；构建了农机服务组织成员合作的理性机制、利益转移机制和协商机制，认为只有三种机制有效耦合并协同作用，原本独立的潜在成员才有可能形成农机服务组织。

二是通过对农机服务组织成员行为的研究，认为成员间的合作是一种非完全共同利益的合作，成员参与合作的需要与动机各异。需要以生存需要和安全需要为主，动机主要包括求利动机、亲和动机、公平动机和成就动机；在组织发展中，成员主要存在自负偏差、损失厌恶偏差、锚定偏差和从众偏差；组织中广泛存在着公平与互惠行为。当不公平现象出现时，收益劣势成员会表现出“不公平厌恶”。互惠行为主要表现为积极互惠和消极互惠。自利人群和互惠人群在农机服务组织中会相互影响并试图改变对方的行为方式；组织管理者可通过角色认知、规章制度和群体规范来控制、影响和调节成员的行为。

三是通过对农机服务组织作业效率的研究，认为组织作业效率受作业环境子系统、组织实力子系统、组织管理子系统和组织作业子系统的影响，且主要受组织实力的硬约束和成员行为动机、心理认知等条件的软约束。其中，硬性指标的灵敏度最大，组织管理指标最小，说明农机服务组织还处于低级发展阶段，组织管理的作用未能很好地发挥；当前大部分农机服务组织处于纯技术无效和规模效益递增阶段，须适当扩大经营规模以适应我国农业和农机化发展的需求。

四是通过对农机服务组织矛盾问题的研究，认为当前我国农机服务组织中存在的主要不相容问题有三个：人才不相容问题、资金不相容问题和组织管理不相容问题，存在的主要对立问题是组织效用与委托人效用同时提升的问题；构建了人才不相容问题的可拓模型并界定了相应的核问题，通过对条件的发散分析并实施相应的可拓变换生成了化解人才不相容问题的可拓策略；构建了组织与委托人效用对立问题的可拓模型，通过对目标和条件的蕴含分析并实施可拓变换，确定了同时提升双方价值的可行策略。

五是通过地农机服务组织发展趋势的研究，认为组织形成和发展的前提是各地区农机化水平的不均衡和全国范围内农机装备资源的整体稀缺。我国的农机装备水平在小麦作业领域已趋于结构性饱和，小麦跨区作业市场将逐步萎缩；农机服务组织的发展是可持续的，但主要作业方向必须从小麦跨区作业快速拓展到水稻、玉米及其他主要作物，作业领域也须由机收快速向机耕、机插、机播等领域拓展。水稻机栽（插）和玉米机收可为农机服务组织的持续发展提供广阔的空间；农机服务组织的发展模式将主要体现为“四化”，即组织规模扩大化、服务内容多样化、投资主体多元化和组织成员素质化。

研究成果在国内外同类研究中具有开拓性和先进性，具有较高的学术价值和实用价值，为后续的相关研究奠定了基础，同时也提供了研究思路和研究方法上的有益参考。欣闻舒坤良博士欲将其博士论文修改稿交付中国农业出版社出版，以期为同行研究的共同创新和中国农机化事业的发展尽绵薄之力，受舒坤良博士的委托，本人代为写序。一是希望学生的研究成果能得到同行的认可，同时请各位同行提出批评和修改意见。二是与学生共勉，一如既往地专注于对“三农”问题的研究，在农业经济管理研究领域取得更多、更好的学术成果。

是为序。

吉林大学生物与农业工程学院

常务副院长　教授　博士生导师

2011年8月16日

目录

1 绪论

1.1 研究的背景、目的及意义

1.1.1 选题背景

我国是一个以小农经济为主导的农业大国，具有农村人口多、人均耕地少、耕地质量差、农民收入低、自我积累能力弱、农业机械化需求大等特点，具体如下：当前我国农村人口约为9亿，约占全国人口总数的70%；人均拥有耕地面积不到0.1公顷，仅为世界平均水平的40%；耕地质量普遍较差，高产、稳产田和低产田各占1/3左右；2007年农村居民人均纯收入4 140元，比2006年实际增长9.5%，而城镇居民人均可支配收入13 786元，比2006年实际增长12.2%[1]。可见，虽然近年来农村居民收入水平有了一定幅度的提高，但城乡收入差距却在进一步扩大；2007年农村居民家庭恩格尔系数达到43.1%，加上家庭的其他正常支出，可用于扩大生产的积累性资金十分有限；由于近年来农村大量青壮年劳动力外流，当前农村的常住人口总体上呈现出“38+61+99”的特点，即主要由妇女、儿童和老人构成。在这种情况下，大力发展农业机械化，减轻繁重的体力劳动已成为一种普遍的需要。

当前，我国农业正处于由传统农业向现代农业转变的关键时期，该时期一个重要目标就是不断改善农业生产条件，提高农业生产效率，降低农业生产成本。要实现这一目标，就必须加快农业机械化进程。农业机械化不仅是反映农业现代化进程的重要标志，更是建设现代农业的必要手段和有效载体，坚持走中国特色农业机械化道路对于建设中国特色现代农业具有重要支撑作用。

另外，农业机械化还是农业发展中一件带有方向性的大事，随着农业劳动力结构快速变化，农民对农机作业的需求越来越迫切，农业对农机应用的依赖越来越明显，我国已到了加快推进农业机械化的阶段。事实证明，农业机械化是发展现代农业的关键环节，是保障国家粮食安全的基础性工程[2]。在农村劳动力紧缺和用工价格不断提高，土地、水、化肥等资源约束日益增强的情况下，农业机械化也是挖掘我国粮食增产增收潜力，保障国家粮食安全的现实选择[3]。

由于我国“三农”问题的特殊性，再加上大型农业机械造价高、小型农业机械品种少等市场约束，在巨大的农业机械化需求面前，农民每家每户购买农机既不现实也不经济。因此，在我国发展农业机械化，必须设法解决好农业机械大规模作业与亿万农户小规模生产的矛盾，走出一条具有中国特色的农业机械化道路。1996 年由农业部、公安部、交通部等部门配合，利用从南到北小麦收获时间差而组织的农机跨区作业为解决这一矛盾开辟了一条有效途径，拉开了我国农机社会化服务的序幕。农机社会化服务通过将分散的农业机械组织起来，为农业生产提供全方位、系列化的服务，创新了服务模式提升了服务能力，有利于在稳定家庭联产承包责任制的基础上实现农户“小生产”与农机服务“大市场”的有效对接。农机社会化服务是促进我国农业机械化的重要举措，它不仅能打破地域界限，提高组织化程度，提升农机资源的配置效率，还能解决农民“小生产”和农机“大作业”的矛盾与农民“买不起”和“用得起”的矛盾并存的现实问题，对于促进农村劳动力转移，缩小城乡收入差距，统筹城乡经济发展具有重大意义。

作为农机社会化服务的主要载体和一种特殊的农民专业合作组织，农机服务组织十多年来在我国发展迅速的同时也存在许多问题。自 1996 年组织开展跨区机收小麦工作以来，我国的农机化事业取得了显著成效。联合收割机的保有量由 1997 年的 14.1

万台增加到2006年的56.7万台，小麦机收水平由1997年的54.8%增加到2006年的78.3%，基本实现了小麦生产机械化，带动了全国农业机械化的发展。“十五”以来，全国参加跨区作业的联合收割机数量累计达到110多万台，完成作业面积65 000千公顷，增加作业收入和减少农民支出累计达到800多亿元，大幅提升了我国农业机械化水平，促进了粮食增产、农业增效、农民增收和农业综合生产能力的提高。截至2007年底，我国已拥有农机大户、农机专业合作社、农机专业协会、股份制农机公司、农机经纪人等各种新型农机社会化服务组织3 654.57万个，从业人员4 359.6万人。其中，农机户总数为3 629.5万户，占农户总数的14.4%。农机大户总数为400.15万个，占农机户总数的11%。各类农机服务组织的不断壮大促使农机服务市场化、社会化、产业化程度明显提高，农机经营效益也稳步提高，为农民增收做出了积极贡献。2007年全国农机化经营总收入2 986.69亿元，同比增长4.2%。其中，农机户经营收入2 718.2亿元，占农机化经营总收入的91%，农机作业服务总收入2 618.04亿元，占农机化经营总收入的87.7%[4]。此外，我国绝大多数农机服务组织在经营过程中以市场为导向，积极开展订单服务、租赁服务、承包服务、跨区作业等服务，在发展中呈现出以下四个特点：一是组织形式多样化。十多年来农机服务组织在形式上不断进行创新，涌现出了农机大户、农机作业合作社、农机专业协会、股份（合作）制农机作业公司、农机经纪人等新型社会化服务组织，县、乡（镇）、村农机站（队）积极进行经营机制转换和股份制、合作制改造，农机服务组织形式呈现多样化发展格局；二是服务方式市场化。各类农机服务组织以市场为导向，积极开展订单服务、租赁服务、承包服务和跨区作业，采取了集团承包、“一条龙服务”、代耕代种和“场县共建”等服务方式；三是服务内容专业化。随着服务领域的拓宽和服务范围的不断扩大，作业服务、信息服务、技术服务、维修服务等服务内容越来越专业化，不仅插秧公司、植保公司、机耕队等专业化的作业公司大量涌现，农机经纪人、农机协会等专门从事中介、信息服务的组织也在蓬勃发展；四是投资主体多元化。农机服务产业化的发展和国家、地方一系列优惠政策的出台，极大地调动了农民投资发展农机化的热情，并吸引了大量社会资金的注入，逐步形成了以国家资金为引导，农民个人投资为主体，社会投入为补充的多渠道、多层次、多元化投入机制。但同时也应看到，我国的农机服务组织在其形成和发展中也存在诸多问题，如体制改革不彻底导致产权不明晰，成员素质较低和管理水平不高导致组织管理混乱与作业效率低下，小农思想制约和认知能力不足导致作业环境欠佳与矛盾问题突出，规模过于狭小与融资能力不足导致配套设施落后与市场竞争力弱，等等。

本书正是基于以上背景，以我国农机服务组织的形成与发展问题作为研究主题，拟对其形成和发展中的一系列问题展开系统研究，以促进其健康发展并更好地为“三农”服务。

1.1.2 研究目的及意义

1. 目的

本书在实地调查的基础上探析我国农机服务组织的形成机理，辨识并解决其形成和发展中出现的诸多问题，如发展现状的统计性描述问题，形成机理的系统分析问题，以及针对农机服务组织产生过程中的非理性现象研究潜在成员合作的前提博弈与合作伙伴的选择问题，针对成员素质低下、组织管理混乱和竞争激烈的现状研究组织成员的行为问题，针对作业效率低下的现状研究影响作业效率的主要因素及作业效率的改进问题，针对组织内外矛盾突出的现状研究其产生、发展中矛盾问题的辨识及化解问题，针对农机服务组织发展的历史、现状及所处环境的变化研究其发展趋势问题，等等，可为相关管理部门和农机服务组织提交研究报告，拟达到认清发展现状、辨明现有问题、优化作业环境、提升管理能力、化解现有矛盾、提高配置效率、增强市场竞争力并促进其规范、健康发展的目的。

2. 意义

系统深入地研究我国农机服务组织的形成与发展问题，可有效解决其形成与发展中出现的各种问题并促使其持续良性地发展，进一步加深人们对于农机服务组织的形成机理、组织结构、作业方式、收益情况、发展趋势等问题的了解，使相关管理部门更加深刻地认识到我国实施农机社会化服务的重要性和必要性，为农机服务组织的发展创造更为优越的社会环境、政策环境和市场环境，探索适合我国国情的农业机械化发展道路。有利于加快新技术、新机具的推广应用步伐，更好地解决土地分散经营与机械化大规模作业之间的矛盾，进一步提升农机资源的配置效率和作业效益并推动农业标准化生产和规模化经营，增强我国农业“小生产”与国际“大市场”对接的能力，提升我国农业的市场竞争力。有利于带动农机中介组织、经纪人队伍迅速发展，持续提升我国农机化水平，促进农机技术培训、信息服务、零配件供应及农机物流等相关产业的发展。有利于促进农村劳动力转移，在方便农民生产生活的同时增加其收入，促使其整体文化技术水平的提高。有利于进一步拓宽农机服务组织乃至整个农民专业合作组织问题的研究思路并创新其研究方法，为农机服务组织相关问题的研究提供基本理论框架和应用范例，并为其他农民专业合作组织的发展问题研究提供有益参考。

1.2 农机社会化服务的历史演变及国际比较

1.2.1 成因分析

社会化服务是农业生产分工的必然产物。现代农业的发展历史表明，随着农业生产力和商品经济的发展以及经济规模的不断扩大，社会分工越来越细，直接从事农业生产的劳动者越来越少，而越来越多的人会离开直接的农业生产而专门从事为农业提供产前、产中、产后服务，并以合同或协议等形式彼此联结成一个社会化的生产和服务体系，这与我国农业近年来的发展趋势正好吻合。结合我国农业的重要地位，当前我国“三农”问题的特点以及我国农机化发展的经验，认为农机服务组织的产生是必要和及时的，理由如下：

1. 保障我国农业基础地位，促进农业现代化进程需要农机服务组织

我国是一个农业大国，而且是一个以小农经济为主导的农业大国，农业是我国经济发展和社会稳定的基础。新中国成立以来，我国农业为国民经济尤其是工业的发展做出了重大贡献，并以占世界7%的土地养活了占世界22%的人口，为维护世界和平稳定、保障世界粮食安全做出了突出贡献。如果没有农业机械化，这一切是很难实现的。当前我国农业正由传统农业向现代农业转变，迫切地需要改善农业生产条件，提高农业生产效率，降低农业生产成本，提升农民收入水平。由我国农业机械化发展的历程和基本经验可知，以上目标的实现都离不开农业机械化，而且必须是符合我国国情的具有中国特色的农业机械化，即以农机服务组织为载体的农机社会化服务。因此，农机服务组织的产生不仅是我国农业发展的现实需要，还是保障我国农业基础地位的有力武器和促使我国农业向现代农业转变的助推器。

2. 化解我国农业“小生产”与“大市场”的矛盾需要农机服务组织

我国地域宽广，各地区由于地域的差异和耕作习惯的延续，即使对同一农作物的种植在农艺上差异也很大，再加上地块分散，各地块之间相互影响，造成我国的农产品（主要是玉米、水稻、小麦、大豆等粮食作物）总体上品种混杂、成分不一。相比美国等实施大农业，实行机械化、规模化生产的国家，我国的农产品在国际市场上十分缺乏竞争力，在出口过程中经常被拒之门外，不仅降低了我国农业的整体效益，更影响到农民赖以生存的根本。因此，依靠农机服务组织发展农业机械化，是我国农业结构调整的必然要求，是农业产业化的必要措施，也是农业现代化的重要内容和主要标志之一。农业机械作为先进农业技术的载体，农业发展的重要基础支持和技术保证，不仅可以提高播种质量，减少收获损失，提高田间管理水平，还能极大地提升农业标准化水平，对保证粮食生产的作业质量、作业时效性和提高单产至关重要，其对提高农业生产的抗逆能力（抢农时、抗旱灾和抗病虫害），保证粮食增产、增收和提高农产品价值方面所起的积极作用已是不争的事实。因此，农机服务组织的产生和发展能有效化解我国农业“小生产”与国际“大市场”的矛盾，促进二者的有效对接，对提升我国农业竞争力，保障农民利益具有重要作用。

3. 在农业劳动力稀缺的前提下化解“小生产”与“大农机”的矛盾需要农机服务组织

从农业生产中最重要的要素——劳动力来看，随着农村青壮年劳动力向二、三产业大量转移，农业劳动力即使在农村也正逐步成为稀缺资源，大量的青年劳动力直接从学校跨入城市（打工或继续上学），从未直接从事过农业生产活动，在潜意识中形成一种“厌农”思想。同时，由于他们之中的绝大多数人尚未完全脱离农村，尤其是在中央一系列惠农政策的引导下，耕地依然是他们重要的收入来源。他们对耕地的处理方式主要有两种，一是自己家耕种，其中又以老人为主要劳动力（当前农村劳动力转移以男性劳动力为主，但不少女性也随之转移或另行转移，在家务农者大多为带着孩子的老人）；二是将自己的土地以一定的价格转包给别人耕种，从而形成小规模的集约化与规模化。在劳动力短缺和人工费用上涨的情况下，无论采用哪种方式，农民都对农业机械产生了迫切需要。然而，耕地的细小分散和大中型农机高昂的价格又使得以追求经济效益为主要目标的农民自己购买农机不可能成为现实，农机服务组织的产生正好化解了这一矛盾并满足了各方的需要。

4. 化解单机作业的弱质性，提高作业效益需要农机服务组织

从农机手的作业效益来看，由于农业是典型的弱质产业，不仅生产周期长，在生产经营过程中还受到自然因素和市场因素的双重制约，缺乏市场竞争力。农业生产者只有联合起来，才能增强自身的竞争能力，共同抗御自然风险和市场风险。农机是为农业生产服务的生产工具，农业的弱质性决定了为其服务的农业机械具有连带弱质性特点，单个的农机手除了服务于自家耕地外，一般都是在附近作业并赚取少量的利益。农机服务组织将分散的农机、农民和技术人员组织起来形成一个有机整体，不仅可以有效提高服务能力，降低运行成本，还能大范围地进行跨区服务，利用各地区地理纬度的差异延长作业时间并赚取更多利益。以小麦联合收割机跨区机收为例，农机服务组织的产生将过去平均每年 7～10 天的作业时间延长到 1～3 个月，单机作业面积增加到原来的 2 倍以上，农业机械作业成本降低了 25%以上，不仅减少了农户支出，还增加了农业机械经营者的收益水平。另外，农机服务组织成员在外出作业中形成合力，能共同抵御可能面临的各种风险，在保障自身安全和财产（农机）安全方面比单机外出作业具有不可比拟的优势。因此，农机服务组织的产生和发展也是农机手及相关人员的内在需要。

1.2.2 国内外发展历程回顾

1. 国外发展历程回顾

纵观农机社会化服务市场的形成与发展，欧美发达国家起源较早。美国的农业生产技术服务产生于 20 世纪 30 年代，第二次世界大战以后得到了快速发展，50 年代以后形成了完整的服务体系[5]。由于市场自由竞争和农业生产的高度商品化等特点，使美国成为世界上农业专业化服务水平和农业生产率水平最高的国家；荷兰在20世纪30年代就开始了畜牧业的农机服务事宜，由于效益明显，发展十分迅速，到20世纪60年代就已形成非常规范的农机社会化服务市场。据统计，1992年荷兰200万公顷的耕地上就有2 700家服务公司，涉及到31万农户[6]；英国的农机社会化服务市场也于20世纪70年代初步形成。英国当时有服务公司6 000多家，服务农户达1.8万户[7]。从亚洲的情况看，日本的农机社会化服务市场形成较早。20世纪50年代末，大型拖拉机的引入促使农机服务的兴起，部分先使用大型农机的农户率先成为受托主体，大面积地完成耕翻、整地、牧草收割及运输等作业。60年代末，联合收割机的引入促进了日本农机社会化服务市场的进一步发展，作业范围不断扩大。到80年代后期，日本已经形成了以农机服务组织为主体的大范围农机社会化服务市场[8,9,10]；泰国中部平原率先形成的农机社会化服务体系起源于20多年前，当时主要是依靠小型拖拉机耕地，后来发展到大型拖拉机及联合收割机作业委托市场。这种服务体系完全依靠市场调节农机装备与农户需求的有效均衡，给农户带来了非常好的效益。目前，这种模式方兴未艾，而且正在向其他国家和地区推广。

2. 国内发展历程回顾

我国农机社会化服务的产生和发展有其自然、经济、社会的原因。回顾和总结我国农机社会化服务发展的进程，大体上可以划分为3个时间段。

（1）1949—1985年：计划经济阶段。这一阶段的主要特点是：在党和政府的高度重视和强烈的政府干预下，形成了比较完善的农机管理服务网络，农机服务组织实行单一的集体所有和统一经营的方式。随着1979年家庭联产承包责任制的实施，原有的服务组织逐步瓦解，大多数农机服务组织名存实亡，小型农机开始逐步发展，大多数农机管理服务站职能缺失。

新中国成立初期，为了快速改变我国贫穷落后的面貌，我国曾全党动员，在全国范围内全力推进农机化进程，农业机械化工作是各级党委和政府农业工作的头等大事。在此期间，我国农业机械拥有量得到大幅度提升，从1952—1980年，农机总动力的年均递增速度达27%。在所拥有的农机中，大中型农机所占比例较大。以1980年为例，大中型拖拉机有74.5万台，占总保有量的28.4%。在70年代后期，中央提出用“决战”的方式推进农业机械化，对农业机械化发展采取较大的倾斜政策，形成了较为完善的农机管理和服务体系，包括国家、省、地、县、乡五级比较完善的农机管理服务网络，建立了不同层次的农机管理、推广、科研、生产、鉴定、教育等机构，促进了农机化事业的健康发展。该时期的农机服务组织实行单一的集体所有和统一经营的方式，不少乡（人民公社）设有拖拉机站，村（生产大队）设有农机队。由于农业机械是国家和集体财产，该时期农业机械经营服务采用统一组织和协调的形式，大型农业机械发挥了重要的作用。

自1979年开始实施家庭联产承包后，原有的服务组织逐步瓦解，集体所有的农业机械不断报废和淘汰，乡村农机服务组织名存实亡。随着市场经济体制的逐步建立和农民生活水平的逐步改善，一些适合农民一家一户购买和经营的小型农业机械逐步研制开发并很快得到推广应用，而大中型农业机械保有量徘徊不前，此时农机服务组织面临生存危机。为巩固基层服务组织的地位，国家赋予了基层服务组织一定的管理职能，成立了乡农机管理服务站，兼管理、服务、推广为一体，但多数服务站只注重管理，不注重服务和经营，依靠收取监理费、管理费和罚款维持正常运转，生存危机依然存在。

（2）1986—1995年：初级发展阶段。这一阶段的主要特点是：从事跨区作业是农民的自发行为，参加跨区作业的机具少、规模小，一般只在省内流动作业。

小麦跨区机械化收割是我国农机社会化服务的起源。其起源主要得益于以下几个条件：①20 世纪 80 年代中叶，中原地区小麦种植面积逐渐增加，开始大面积连片种植。由于小麦种植地区在纬度上的差异，小麦由南向北逐渐成熟，为小麦跨区机械化收割提供了时间和空间上的可能性；②随着农村劳动力向二、三产业大幅度转移，青壮年劳动力在农村越来越稀缺。小麦成熟后如果收获不及时，损失将非常大，农户在客观上产生了对机械化作业的需求；③随着农业生产力发展，一部分先富起来的农民具备了一定的经济基础，单独或联合购买大型农业机械如联合收割机成为可能，具备了农机社会化服务的物质基础。同时满足这 3 个条件后，跨区机收小麦这种农机社会化服务模式的产生成为可能。

跨区机收小麦最早是北方地区一些农民机手发起的，他们从南北地区麦收的时间差和在麦收期间农民争用收割机的现象中发现了巨大的商机。据《人民日报》1997 年 9 月 2 日第二版报道，1986 年山西太谷县五家堡村农民温廷玉买了一台东风牌联合收割机，与另五位村民一道，利用麦熟的时间差，从运城北上太谷沿途收麦，在国内率先搞起了“南征北战”[11]，取得了明显的经济效益和社会效益。在这个时期，农机手搞跨区机收的主要目的是提高机具的利用率，而且主要是受经济利益驱使的自发性行为，各级政府和有关部门还没有广泛参与到这项工作中来，农机社会化服务市场处于探索起步的初级阶段。从 20 世纪 90 年代初开始，山西省农机部门在省内开始推广这种农机服务模式，并进行统一的组织管理。直到 1995 年，全国仅有山西、陕西、河北、河南等少数几个省共拥有约8 000台联合收割机，一般只在本省内小范围流动开展小麦机收作业。

（3）1996 开始：快速发展阶段。这一阶段的主要特点是：农机跨区作业主要由各地农机管理部门负责组织实施，并得到了地方政府和有关部门的大力支持。参加跨区作业的联合收割机数量超常规地加速发展，农机服务组织由无序逐步向有序发展，组织管理工作逐步规范化，农机跨区作业的范围由小麦向水稻、玉米等其他农作物延伸，服务规模在全国范围内迅速扩大。

1996年，农业部、公安部、交通部、国家计委和中国石油化工总公司与部分省（区、市）人民政府适应市场需要，依据从南到北我国小麦收获的时间差，组织开展了的联合收割机跨区机收小麦会战，并首次在河南省组织召开了“三夏”跨区机收小麦现场会，揭开了大规模组织联合收割机跨区收获小麦的序幕。当年有北方11个省2.3万台联合收割机参加小麦跨区机收，完成机收小麦面积167.47万公顷。随后，各部委相继出台各种优惠扶持措施，如免收公路通行费，优先供应农用柴油等；1997年，农业部与公安部、交通部、机械部、国家计委、中国石油化工总公司等六部委共同成立了全国跨区机收小麦工作领导小组，要求各有关部门密切配合，认真组织好跨区机收工作；1999年，农业部首次发布全国小麦跨区机收作业市场信息，促进了联合收割机的有序流动，跨区机收工作的覆盖面扩展到全国；2000年，农业部出台《联合收割机跨区作业管理暂行办法》，2003年又进行了修订，并以农业部部长令公布施行，标志着农机跨区作业开始纳入规范化管理的轨道。农机跨区作业的组织者由单一的农机管理部门发展为社会中介组织、经纪人共同参与，农机管理部门逐步淡出跨区作业的具体组织工作；2003年3月1日修订实施的《中华人民共和国农业法》是农机服务组织发展的里程碑，国家开始明确鼓励发展各种农业专业合作经济组织，各类农机服务组织不断涌现并呈现出蓬勃发展之势，关于农机合作组织的社会实践和理论探索也不断加强；2005年全国共有35万台联合收割机参加小麦、水稻跨区机收，比1996年的2.3万台增长了14倍。全国小麦机收水平也由1996年的48.5%，增长到2005年的76.1%。农机跨区作业得到了各级领导和社会的广泛关注，被誉为“农业现代化的一道亮丽风景线”；2006年“三夏”期间，全国共有38万台联合收割机参加小麦跨区机收，全国小麦机收水平也增长到80%左右。但很多省份农机部门反映，小麦联合收割机在一些地区出现了相对饱和的情况。据调查，很多联合收割机的单机作业面积逐年下降，加上受柴油涨价等因素的影响，跨区作业的经济效益明显下降。农业部农机化管理司于2006年8月发出预警信号，要求各地谨慎发展小麦联合收割机，并决定不再将小麦联合收割机列入2007年农机购置补贴目录。这标志着我国农机社会化服务的发展面临着一个拐点，昭示着一个新阶段的到来。

1.2.3 国际比较分析

1. 美国农机社会化服务概况

美国国土面积937万平方公里，人口约为2.7亿，人口密度约为每平方公里28.8人，农村务农人口约占全国总人口的1%。美国农业发展历史悠久，除人少地多，自然资源丰富等得天独厚的条件外，美国政府对农业一直采取支持和保护政策，使美国农业具有很强的竞争力。美国在20世纪40年代就基本实现了机械化，其农业生产的基本单元——家庭农场的农机装备水平很高，拖拉机、联合收割机和其他配套农机具一应俱全，有的还有各类卡车、饲料仓、粮仓以及输送器等，有力地保证了农业生产全程机械化的实现。

当前，美国的农业合作社遍布全国各地，在美国的一体化服务体系中占有重要的地位。合作社的主要任务一是销售和加工服务，二是供应服务，包括销售石油产品、化肥、农药、饲料、种子、农机及其零配件等，三是信贷服务。同时，美国的农机服务组织也比较多，除农业合作社中有农机服务项目外，还有农机协会、农机生产企业、农机经销商等。其中，农机经销商是联系农机企业和农户的中介组织，既开展农机推广工作，经销农机产品，也开展农机具的租赁活动。在美国，农业生产技术服务主要是产中服务，美国称之为“农业服务”[12]，主要包括农业生产过程中劳动量大、技术要求高的机械化作业项目的专业化服务。

美国各项法律既规定了农民以及为农业生产服务组织的行为，同时又规定了政府干预经济发展的行为。农机生产企业对产品质量负有法律责任，如果农机出现事故且是由产品质量问题导致的，企业就要承担法律责任，其信用和效益也会受到损害。同时，美国政府对农业的政策支持和保护较多，如休耕补贴、价格保护等，在财政上也对农业给予了大量的投入。总之，美国农业区域化发展、机械化种植、社会化服务水平相当高，促进了美国农业现代化的实现。农业合作社遍布美国各地，农机以及各类农业服务组织提供各种服务，在降低生产成本，促进农业增效等方面发挥了重要作用。

2. 新西兰农机社会化服务概况

新西兰农牧业非常发达，其市场化发展、科学化管理、机械化生产、社会化服务有力地促进了农牧业的发展，农机合作共享相当普遍。新西兰农场规模较大，各农场都拥有不少常规性的农业机械，但一些成本较高、技术含量较为复杂、使用时间较为集中的农业机械，如割草机械、打捆青贮机械、播种机械等，一般由农机签约服务组织拥有。农机签约服务组织根据需要为其成员（农场）提供服务[13]。新西兰有专门的农业合作协会 RACF (Rural contractors federation)，负责为成员提供培训、建议和支持，其成员共包括约 200 个农机签约服务公司。

新西兰的农机服务公司一般拥有联合收割机、拖拉机、青贮收割机、打捆机、喷药机以及其他农业机械，主要从事农机作业服务、机具出租、维修和零配件供应服务，其服务范围一般在方圆 50 公里之内。此外，新西兰的农机维修服务机制也较为完善，农机维修服务公司相当普遍，多数由农机的生产企业、销售企业来承担，一般情况下每月上门服务一次，遇有故障随时服务。也有不少农机企业除生产经营农业机械外，还进行农机签约服务和维修服务。

支持农机服务组织的发展是新西兰农业支持的重要内容，支持措施完全采用公开和公平的办法，所有农机购买和使用者都可以享受。例如，新西兰农牧业生产贷款利息一般比其他行业利息低3个百分点，主要原因是新西兰农牧业生产条件较好，农牧民收入稳定、信誉高、风险小。总之，新西兰农场规模较大，各农场都拥有不少经常使用的拖拉机等农业机械，但一些成本较高、技术含量较为复杂、使用时间较为集中的农业机械一般由农机签约服务组织拥有，根据需要为其成员（农场）提供服务，农机合作共享相当普遍，促进了农牧业发展。

3. 荷兰农机社会化服务概况

荷兰位于欧洲中部，面积4.15万平方公里，人口1 540万，人口密度世界之最，自然资源贫瘠，但经济高速发展，素有“地理上的侏儒，经济上的巨人”之称。荷兰的农业包括农田作物、畜牧业、园艺和林业，并具备一整套提供种子、化肥、动物饲料和贸易等涉农服务的系统，它们之间密切配合，相互影响，共同支撑着农业的高速发展。

荷兰人均农业用地仅0.09公顷，年均光照时间仅为1 600小时，但农业劳动生产率和单位面积产量很高，耕地种植生产率在世界上名列前茅。完善的市场体系和社会化服务体系是引导荷兰农业高度发展的有效机制和手段。荷兰大多数农场均是家庭式经营，很少有大型的工业化企业集团。家庭农场的耕地面积一般在60公顷左右。为了提高农户的竞争能力，保护农民的利益，各农户彼此之间视为具有共同利益的集体，而不是竞争对手。他们自动结合起来，与政府之间进行合作，由政府制定具体的政策，由生产者、工业委员会和商品委员会组成合作社，负责采购生产资料、出售商品、加工和筹集资金等服务。

荷兰有各式各样的农业生产合作社，而且由合作社负责组建的产品拍卖市场下联农户、外接市场，成为农产品走向市场的主要桥梁。农民只要将自己的产品根据不同的规格进行筛选、分级后，运往拍卖市场，通过专业人员定级，就可将产品信息输入拍卖资料进行拍卖。拍卖市场是荷兰农产品从生产者到消费者的重要环节，高效率的市场机制能使产品在24～48小时内由采摘传递至世界上任何地方的消费者手中。总之，荷兰实现了农业生产机械化、农业设施现代化、农产品流通市场化（拍卖化）、组织形式产业化（公司＋农户）、农产品贸易国际化。现代化的农业设施、完善的合作机制、服务和市场体系则是荷兰农业最为显著的特征。

4. 韩国农机社会化服务概况

20世纪60年代以前，韩国的农业人口占总人口的50%以上，农业广泛使用人畜力劳动；进入70年代，随着5年经济计划的实施，灌溉和抗御自然灾害的农业机械得到发展；进入80年代，随着农业劳动力大量向工业和城市转移，农业人口中妇女化和老龄化问题突出，在政府的扶持政策下，农业机械化得到了全面发展，动力机械逐步代替人畜力劳动；进入90年代，水稻栽植和收获机械化技术得到大力发展，基本上解决了农村劳动力短缺的问题。目前，韩国农业机械化程度达到98%以上。

韩国农业现代化和组织化水平较高，包括农机合作组织在内的各类农业专业合作组织（合作社）相当普遍，几乎所有农民都参加了不同类型的合作组织。这些农业合作组织是逐步由小到大发展起来的，并不同程度地得到政府在财政和信贷方面的支持，经营机制也在不断的变革。目前这些农业合作组织的主要职能是为农民（合作社成员）提供技术指导和服务，供应化肥、农药等生产资料，对农产品进行分级、加工、包装，并以统一的品牌销售。

韩国在30年的时间内完成了农业机械化全过程，政府有关农业机械化的促进政策起到了重要的作用，可以说韩国的农业机械化完全是在政府的投入和支持政策下发展起来的[14]。在韩国，农民购买农机，只需要首付20%～30%的资金，其余可全部采用抵押的方式向银行贷款，贷款利息远低于工业贷款。一般以耕地为抵押，5～8年还清贷款。此外，韩国的石油主要靠进口，进口的石油经各环节征税后，其价格由无税价和税收两部分组成。农民购买农业机械进行农田作业，只需支付无税价部分。一般无税价仅是有税价的40%。从财政扶持政策来看，1998年以前，韩国政府对农民购买农机实行财政补贴政策，根据机型和价格的不同，最高的补助比例可达价格的50%。从农民培训和农机维修政策来看，韩国省级农业技术院和县级农业技术中心（包括一些大型的农机企业）都设有专门为农民进行培训的部门，培训面很广，农业机械的使用是重要的培训内容之一。同时，韩国对农业机械的维修也有较好的政策，只收换件费用，不收修理费。

总之，韩国农村劳动力的转移和老龄化为农机合作组织和农业机械化的发展提供了前提条件。为鼓励农业机械化与农机合作组织的发展，韩国政府出台了一系列措施以促进包括农机合作组织在内的各类农业专业合作组织（合作社）的发展。当前韩国农机服务组织相当普遍，服务领域十分宽广，几乎所有农民都参加了不同类型的合作组织。

5. 发达国家农机社会化服务发展的启示

发达国家在20世纪60～70年代相继实现了农业机械化和农业现代化。由于各国在自然、经济、社会、历史等领域存在差异，其农业现代化进程也不尽相同，因此在农机服务组织的成因、形式、结构、经营方式等方面也存在差异。值得注意的是，发达国家和地区在实现农业机械化和农业现代化的进程中，有许多带有规律性的共同经验，值得我国学习和借鉴，主要有以下几点：

（1）各国均结合自身国情发展农机社会化服务并取得了良好的效果。由于自然资源、经济状况、人口分布、种植习惯等因素的影响，各国农业发展也各具特色，但发达国家却相继实现农业机械化与现代化，这与各国紧密结合自身国情进行扶持、推广和应用是分不开的。美国由于地域广、人口少，经济基础好且农作物结构相对单一，加上家庭农场一般具备了大中小型农机具及配套机具，因此其农机社会化服务的重点是生产过程中劳动量大、技术要求高的机械化作业项目的专业化服务，以满足农场主某些特别的需求；韩国由于人口密度相对较大，且发展基础较美国差很多，在农村劳动力大量转移和老龄化严重的情况下通过政策支持和政府扶持大力发展农机社会化服务，充分调动了农民的积极性，使得几乎所有农民都参加了不同类型的合作组织。韩国在20世纪80～90年代面临的农业机械化发展环境与我国当前环境类似，因此其农机化发展道路对我国具有重要的借鉴价值。

（2）完善的农机社会化服务体系使得农机服务组织可以实行组织化生产、企业化经营、专业化服务。发达国家都有完备的社会化服务体系，为农业提供完善的服务。在欧美发达国家和地区，广泛存在的农机合作社就是由一些农场主共同购买和使用农业机械，他们与其他相关服务机构和人员联系紧密，农机服务体系极为完善。这些服务机构不仅组织化程度高，而且多数有固定的服务客户，不仅合作机制稳定，而且服务质量很高。在美国，有专门供应农场所需物品和服务的各类服务公司，农场主只要打一个电话，肥料公司就可以把停放在地头的肥料灌装满，或为农场主代施肥，而植保公司则可以按照合同负责全过程的灭虫植保。由于社会服务体系高度发达，美国农业已经形成了“从田间到餐桌”的一体化，美国的农业体系被称作“农业综合企业”。

（3）强有力的政府支持和政策扶持是农机服务组织甚至农业机械化发展的强大动力。农业是人类赖以生存的基础性产业，发达国家在完成工业的原始积累以后，随着工业化进程的推进，开始对农业进行大幅度的支持和投入。这些支持和投入主要包括财政补贴、银行低息信贷、农业生产资料减免税收、粮食补贴等，鼓励农业生产能力的发展。如韩国的扶持政策就包括购机贷款优惠、农机生产企业补贴、农机用油免税、购机补贴、免费培训和免费修理，等等，全方位、可持续的扶持与优惠政策大大激发了农民的积极性，使得农业机械化成为全民关注、参与的事业。

1.3 国内外相关研究评述

1.3.1 国外相关研究评述

虽然农机社会化服务的形成与发展在世界范围内已有几十年的历史，但人们对它的科学研究起步较晚。随着农业现代化和可持续发展的逐步深入，国外学者开始关注新型农机社会化服务的研究，但是由于该问题几乎涉及到农业的各个子系统，致使问题非常复杂，对其研究也只是停留在粗浅的定性水平上且研究成果很少[15]。其中，1971 年 Chancellor 和 W. J. [16]对东南亚地区的拖拉机作业委托体系及进口农业机械的适宜性进行了研究，开了农机社会化服务学术研究的先河；1976 年，第一本专业杂志（Farm Contractor）在英国创刊之后，曾一度刊登有关的信息与广告，直到 80 年代末才有零星的论述文章见报[15]；1995 年，K. Yasunobu 和 Y. Morooka[17]对马来群岛水稻生产过程中的委托体系进行了研究，对该地区农机委托的现状、委托体系的运行机理及存在的问题进行了描述；1997 年，冈田直树[18]试图从系统的观点建立适合日本国情的农作业服务委托定性模型，但也只是一个概念模型，实用价值不大；1997 年，Werner. Pevetz[19]对德国的农机环（Farm Machinery Circle）进行了较为系统的研究，包括为什么要加入农机环，加入后有何益处，加入后如何减少费用，等等，并通过案例分析来鼓励农民加入农机环；2002 年，T. Takigawa 和 B. Bahalayodhin[20]对泰国 Ratchaburi 省水稻生产中的委托作业现状进行了调查研究，认为伴随着经济的快速发展，农民数量减少和劳动力老龄化问题已成为泰国农业发展的主要障碍，而以大型拖拉机和联合收割机为基础的农机作业委托能在很大程度上替代农村劳动力进行水稻种植和收割。作者通过实地调查，发现绝大多数农户在水稻生产的全过程中均采用农机委托作业，而且作业主体包含两个类型：一种是民间的合作作业组织，其农机多为中小型；另一种是能提供较为大型农机的半专业化组织。同时作者还对农民接受技术服务的行为方式进行了简单讨论；2003 年，Alcido Elenor Wande，Regina Birner 和 Heidi Wittmer[21]研究了交易成本对提供不同方式农机服务的影响，解释了小农场主为什么更愿意雇用农机服务而不是自己购买农机，并提出交易成本分析方法不适用于带有政策意图而成立的政府农机服务提供机构。

以上研究成果从农机委托的现状、农机委托产生的原因、农机委托的模型、委托主体的分类及农民的行为方式等角度阐述了国外学者对农机社会化服务的观点和看法。由研究综述可知，国外学者对于农机社会化服务的研究呈现出以下几个特点：第一，研究起步较晚，大约比农机社会化服务的起步晚了 40 年；第二，研究成果不多，研究方法不系统，大多数研究成果局限于调查性质的定性研究，未能系统深入、定性定量相结合地开展研究；第三，参与此类研究的学者多为日本学者，研究对象多为泰国等亚洲欠发达地区，而针对欧美发达国家的研究极为少见。其原因可归结如下：欧美发达国家人少地广，以农场为基本单位的现代农业体系早已建立，绝大多数农场主自己拥有全套农业机械，农机社会化服务在欧美国家受重视程度相对较小。但是，大多数亚洲国家人口众多且土地较少，对农机服务组织的需求较大，即使是日本这样的发达国家也不例外。因此，亚洲的学者对该问题的关注度相对较高；第四，国外学者研究的多为水稻生产过程中的作业委托问题，而我国则主要包括小麦、玉米、水稻等主要农作物跨区服务的问题，研究对象存在较大差异，但国外学者的研究成果对本书的研究具有重要的参考价值；第五，国外虽然也存在农机作业服务组织，但在所有的研究成果中均未提及农机服务组织之类的概念，而主要集中于作业委托体系，可见国内外学者对这一问题的界定存在差异。

虽然国外学者对农机社会化服务组织的研究成果较少，但对其他服务组织的研究却较为系统，所取得的研究成果也较多，代表性的研究成果包括：1995 年，Constance A. Bak，Leslie H. 等[22]对维吉尼亚血液服务组织［Virginia Blood Services (VBS)］的团队管理问题进行了研究，认为要达成组织的既定目标，需要将原来主要依靠政府的决策机制转变为依靠全体成员广泛参与的决策机制，并且可通过在国内行销的办法来达成目标；1997 年，William E. Youngdahl 和 Deborah L. Kellogg[23]从保障服务质量的角度探讨了服务组织的努力程度与顾客的行为及满意度之间的关系，其目的是进一步加深人们对于在保障服务质量中顾客角色的理解，并且针对在服务过程中如何通过行为改进来改善服务质量提出了对策；2000 年，Patralekha Bhattacharya 和 Krishna Kumar Mehta[24]以安利（Amway）为例，对网络营销组织（network marketing organizations）的社会化问题进行了研究，认为网络营销组织的社会化取得了空前的成功，其不仅是一种从众行为，还存在更为合理的解释；2001 年，Michael K. Brady 和 Christopher J. Robertson[25]从跨文化的角度研究了培养顾客行为倾向过程中服务质量和顾客满意度的关系，探讨了服务质量和顾客满意度对顾客行为倾向的影响，研究结果表明服务质量对于顾客行为的影响是通过顾客的满意度水平传导的，而且这种关系始终具有跨文化的性质；2002 年，Dana Yagil 和 Iddo Gal[26]运用结构方程模型研究了服务理念在组织管理和服务过程中对于员工和顾客的影响，结果表明服务理念对于促进员工领导者的领导行为具有正面影响，同时也能提升服务型员工的权力意识；2003 年，Terrie C. Reeves 和 W. Jack Duncan[27]以 77 个健康服务组织为研究对象，从财源充足和财源不足两个角度对健康服务组织进行分类并探讨其策略结构的异同，结果表明这77个健康服务组织的策略结构类似于工业服务组织而不是健康本身；2005年，B. S. Sahay[28]以一个动力服务组织为案例，提出一种服务组织生产效率度量的多因素评判方法，并且将噪声、动力、发展参数以及一些定性指标纳入该评价模型以评价该动力服务组织的综合生产率；2007年，Sidhartha R. Das和Maheshkumar P. Joshi[29]研究了差异化策略、自主化操作和风险偏好对于技术服务组织［technology services organization（TSO）］创新过程的直接和间接影响。通过对大西洋中部102个美国公司的实证研究表明，不论是差异化策略还是操作的自主化对于创新均有积极的推动作用，但是与风险偏好却没有什么关系。另外，自主化操作降低了差异化策略与过程创新的相关性，但是风险偏好却无此影响。

以上研究成果从组织成员的角色认知、行为方式、服务质量及服务效果等方面反映了国外学者对于服务组织发展问题的主要观点，研究的角度和方法均较为新颖，主要表现出以下特点：第一，研究成果较多且水平较高。自1995年以来，国外学者对于各种服务组织的研究不仅数量较多，且成果质量也较高，大多发表在SCI检索期刊上，本书只列出了有代表性的几篇文献；第二，研究对象呈现出多元化。国外学者对于服务组织的研究不局限于组织的种类，医疗服务组织、动力（机械）服务组织、技术服务组织等均已纳入研究体系；第三，代表性的研究成果多为欧美国家学者所著，亚洲学者在这方面的研究相对落后，这主要是由于欧美国家经济水平相对较高且社会服务体系相对完善，因此受学者的关注也较多；第四，研究方法的多样性。与前文所述关于农机社会化服务组织的研究不同，国外学者对于其他服务组织的研究已较为系统，研究方法也相对全面，理论与实证、定性与定量相结合的研究成果层出不穷，所用定量方法涉及到结构方程、模糊神经网络等，而且在服务组织绩效评价模型与方法上还有创新性成果出现。虽然这些研究成果与农机服务组织没有直接关系，但从服务组织管理的角度看，以上研究成果对于本书对农机服务组织的研究在研究思路和研究方法上具有重要的参考意义和借鉴价值。

1.3.2 国内相关研究评述

国内学者对于农机社会化服务的研究起步较晚，且大多集中于地区性的描述研究，主要研究内容包括发展农机社会化服务的作用与意义，农机社会化服务的发展现状、存在的问题及改进的措施等，也有部分研究成果涉及到组织结构、运行机制及发展趋势等，但定性、定量相结合的研究成果极为少见。

从农机社会化服务的作用与意义来看，代表性研究成果包括：1998 年，许锦英[5]认为农业机械具有高效率、大规模和不可分割等特性，使其与家庭联产承包制的农业经营体制从一开始就不可避免地形成了我国农业生产方式的基本矛盾。把农户对农机作业的需求与供给分离开来，形成独立的社会化农机服务产业，走农机服务产业化的路子，就能兼容机械化大生产和我国小规模的农业经营体制，使稳定家庭联产承包责任制的基本国策与以农业机械化促进传统农业向现代化农业转化的基本目标并行不悖，从根本上解决我国农业生产方式中存在的基本矛盾。因此，作者认为农机服务产业化是稳定家庭承包责任制，发展农业生产力的重要途径；2000 年，孙世民，李汝莘[30]探讨了农机服务产业化的内涵与基本特征，认为农机服务产业化的提出和发展，是市场经济条件下农机化发展的内在需求所引起的自发性整体创新，属诱导性制度变迁。同时，作者还认为农机服务产业化是我国农机化发展的必然产物，是稳定和完善承包责任制的客观要求，需要采取积极措施促进农机服务产业化发展；2004 年，杨印生，郭鸿鹏等[31]认为我国的农机作业委托走出了一条有中国特色的农业机械化发展道路，是农业机械化社会化、市场化发展的有益探索，取得了很大的成绩。其作用主要表现在以下几方面：一是开创了农机经营的新模式，二是促进了农业生产力的提高，三是适应了农业现代化的要求。同时，农机作业委托产生了以下影响：一是影响农业生产资料市场化配置，二是改变我国农业机械的发展方向，三是使农机制造行业迅速发展；2005 年，张国霖[32]在分析了福建省莆田市农机服务组织发展现状及存在问题的基础上，结合莆田市的实际情况论述了发展农机服务组织的现实意义，主要观点如下：一是能实现资源的优化配置，实现农机户和农民“双赢”，能调动多方面投资农机的积极性，适应了农业生产规模化、产业化发展的要求。二是可以吸纳大量农机户加盟，发挥农机部门组织农户和农机经纪人与市场对接作用，提高了农忙抢收抢种的速度和质量，增强了农业防灾抗灾的能力，为农机户实现效益、降低风险带来了新的理念。三是避免了分散投资造成浪费，加快了机具更新换代步伐，为新技术、新机具的推广应用创建了有力的支撑平台。四是规范了作业服务，形成了良好的运行机制，在提高组织化程度中创造了巨大的效益；2005 年，杨伟平[33]认为加快建立和完善农机社会化服务体系，推进农机服务产业化，是推进农业现代化的保证条件之一，也是当前农机部门以服务“三农”、“立足大农业、发展大农机”的战略要求和面临的根本任务。农机改革需要农机化服务，开展农机化服务可增强农机化事业的活力，发展农机社会化服务是一项提升整体农机服务水平的战略举措；2007 年，许锦英[34]研究了发展农机服务组织的战略意义并提出了发展农机服务组织的对策建议。关于战略意义，认为发展农机服务组织能以最低的改革成本获取我国农业乃至国民经济的快速正常发展，能以最快的速度实现传统农业向现代农业生产方式的转变，能以最小的交易成本整合农业社会化服务体系；2007 年，单爱军，曹少辉等[35]对黑龙江省农机作业服务组织的作用进行了研究，认为黑龙江农机服务组织的发展具有以下几方面的作用：一是保证了农业稳步发展；

二是提高了农业机械利用率，解放了农村剩余劳动力；三是加快了农业生产技术进步，提高了农业综合生产能力。

从农机社会化服务的发展现状来看，代表性研究成果包括：2000 年，杨玉林，白人朴[36]系统研究了我国小麦跨区机收现状，跨区作业对我国目前以及未来农业机械化和农业生产的影响。研究结果表明，虽然跨区机收目前还存在着一些问题，但已向有序、合理的方向发展，并将对我国农业机械化发展产生巨大的作用和影响；2006 年，林建华[37]对山东农机服务组织的发展现状进行了调查分析，指出山东省农机服务组织主要包括 7 种形式：新型基层农机站、农机协会、站改股份农机作业公司、农机作业服务合作社、农机专业服务大户、农机大户和中介服务组织。认为当前山东省新型农机服务组织的发展势头很好，已成为推进农机事业发展、帮助农民奔康致富、建设社会主义新农村中的一支新生力量，推进了农机服务的产业化、市场化、社会化，并提出了促进农机服务组织发展的 4 条对策建议；2007 年，熊波[38]研究了美国、德国、法国、日本等发达国家的农机服务组织发展情况，认为这些国家的农机服务组织发展呈现出以下规律：一是服务组织的服务范围广、服务质量高；二是服务组织的组织化程度高、管理规范；三是服务组织承担着新技术、新产品的试验示范与推广的职责；四是服务组织起着联系政府与农户的桥梁作用。在总结了我国农机服务组织的类型后，作者在实地调查的基础上重点探讨了京郊农机社会化服务组织的发展现状，认为京郊的农机服务组织已形成了农机作业服务公司、农机服务合作社、农机经营大户、专业协会、农机服务联合体等多种形式并存的局面；2007 年，鞠卫平，何瑞银等[39]结合江苏省农村的实际情况，从基层农机服务组织现状、农机社会化服务组织类型、经纪人和农机协会等角度研究了江苏省农机社会化服务组织体系现状，认为江苏省农机社会化服务组织体系已初步形成，是由具有管理功能的基层农机服务组织、具有执行功能的农机社会化服务组织、具有中介职能的经纪人和具备协调功能的农机协会组织组成的。

从农机社会化服务存在的问题来看，代表性研究成果包括：2000年，吴国平，王振国[40]对村级农机服务组织中存在的问题进行了分析，认为村级农机服务组织主要存在以下问题：体制不明确，结构不合理，队伍不稳定等；2007年，杨敏丽，李安宁[41]对国外农机社会化服务发展现状进行了研究，在简要介绍了美国、加拿大、法国和德国等发达国家的农业机械化发展概况后，对发达国家农机社会化服务发展的特点进行了总结，认为发达国家农机社会化服务表现出以下特点：出台完善的政策法规体系，扶持多元化农业机械合作组织（合作社）发展，具有完善的组织结构和运行机制，具有巨大的市场需求和发达的农机工业支持。在此基础上作者从农业机械合作社的基本概念、组织结构、资金筹措、产权界定、服务内容、经营效益、劳动力保障和扶持政策等角度重点分析了国外农业机械合作组织的主要特征与功能，并总结了发达国家农机社会化服务发展对我国的启示；2007年，单爱军，曹少辉等[35]研究了黑龙江农机服务组织发展中存在的问题，认为限制其发展的因素主要包括以下几方面：一是受地块限制，作业量不高。二是集体农机队机制落后。三是体制改革冲击大，服务功能弱化。四是农业机械状态老化严重。五是农业机械空白村多。

从农机社会化服务的组织结构及机制创新来看，代表性研究成果包括：2002年，吴春霞，许惠渊，郑小平[42]认为股份合作制作为一种新型的企业组织形式，对我国农业和乡镇企业的发展起了十分重要的作用，这种作用也同样表现在基层农机服务组织中；2004年，杨印生，郭鸿鹏[43]系统分析了农机作业委托中存在的问题并提出了农机作业委托经营模式创新思路，认为农机作业委托的具体运作模式可设计如下：单个农户作为委托人，把自己的农机作业任务委托给他人或组织来完成。可以成立农机服务公司作为受托人，负责某一小区内的农机作业委托任务。农机协会负责农机作业委托的组织和协调工作，起到中介组织的作用并从交易中收取一定的佣金；2004 年，郭鸿鹏，杨印生[44]还研究了农机作业委托的组织形式问题，认为为了适应经济扩张的需要，家庭经济必然要寻求相应的经营形式。同时，也要求我国农机作业委托的组织形式要根据我国农村社会、经济发展状况建立起适应我国现阶段农业经营形式发展的组织形式。作者根据农机作业委托的委托人和受托人距离的远近，从大规模、远距离农机跨区作业和地区范围内的农机作业委托两个角度分别构建了农机作业委托的两种组织形式，认为不管是哪一种组织形式都应该强调市场机制在优化资源配置中的作用；2006 年，杨敏丽，涂志强，郑诚[45]对农机服务产业组织结构与机制创新问题进行了研究，认为不论农机服务产业化是何种模式，在运行机制上都具有以下共同特征：一是产业化经营组织对多元参与主体必须拥有利益诱因，通过实现组织目标而达到各参与主体的目标。二是农机服务产业化经营组织是“龙”型载体结构，各参与主体均须按照一定的组织系统和规章制度有规律、有秩序地运作，产生聚合效应，得以高效地利用给定的资源，并产生新的价值。三是根据利益共同体原则，达成产业化整体目标与多元参与主体目标的最佳结合，以及各参与主体对产业化组织的忠诚和效力，是产业化经营持续发展的重要条件。作者认为各地在农机服务组织方面已有了一个良好的发展势头，但总体上还处于起步阶段，不能完全适应农村市场经济发展的需要。同时，由于资金短缺、组织凝聚力不强等因素的制约，不少组织运转困难。如何使农机服务组织在市场经济条件下不断壮大自身实力，实现自我积累、自我发展，是一个需要长期探索的问题。

从农机社会化服务组织的发展趋势与对策来看，代表性研究成果包括：1995 年，关凯书[46]认为在新的经济体制下，农机服务模式必须在发展方向和运行机制上寻找新的突破口，培育和发展农机化服务的市场体系，促使服务组织和服务机构接受市场的检验和竞争，实现农机社会化服务的良性循环和自我发展。认为社会主义市场经济条件下的农机社会化服务模式基本框架包括市场结构、市场的买方和卖方、市场机制、市场控制等内容；2005年，郑维国[47]认为现代农机社会化服务的根本思路是要以推进科技进步为核心，围绕现代农业和农业经济产业化的发展战略，在农业资源开发以及促进粮食丰产、丰收和提高农业经济总量方面，增强服务功能，拓宽服务领域，充分发挥农业机械化的优势和作用，积极发展适度规模经营；2005 年，王林水[48]认为发展农机社会化服务应注意四个方面：一是培养基层农机干部，提高农机化服务水平。二是认真搞好农机社会化服务体系建设。三是发展合作组织，走农机合作化道路。四是各级政府要重视和支持农机化事业；2006 年，师丽娟，杨敏丽等[49]认为随着农业社会化服务整体水平的发展，农机社会化服务组织形式将呈现以农机户为基础、基层农机社会化服务组织为指导、农机股份合作制为主体的新型农机社会化服务形式；2007 年，许锦英[34]认为为进一步加快农机专业服务组织的发展，需注意以下几个方面的问题：一是确立农机服务产业组织发展的战略地位，二是培育和扶持农机服务产业组织，三是规范农机服务市场体系和法规管理体系，四是优化农机服务组织发展的政策环境；2007 年，单爱军，曹少辉等[35]提出了黑龙江省发展农机作业服务组织的指导思想、发展原则及建设目标，同时提出了农机作业服务组织发展的主要推进措施，包括加强领导、挖掘政策潜力、广泛筹集资金、加强服务组织管理及合理布局、平衡发展等；2007 年，仇淑萍，江波等[50]研究了土地经营模式与农机服务组织的关系，认为农机服务组织在发展过程中受到政策、区域、资金、技术、地形等多种因素的影响，而最根本、最具影响力的因素还是土地经营模式，有什么样的土地经营方式，就应该有什么样的作业组织形式和管理模式与之相适应。我国未来的土地经营模式应以家庭经营为主，国有农场、农业合作社经营为辅的模式，与这种土地经营模式相对应的将是户用农机为主，以专业农机服务组织为辅的农机作业体系。即农户仅购买拖拉机等使用率高的机具，而农机专业组织不但在整地、播种、插秧、收获、烘干等各个环节为农户提供服务，而且拥有大型、专用农业机械，具备全程机械化服务的能力。因此，必须提高农机户的组织化程度，农机服务合作社和能人主导型农机服务组织是很好的选择；2007 年，鞠卫平，何瑞银等[39]在分析了江苏省农机社会化服务组织体系后，探讨了江苏省农机社会化服务的发展趋势，认为随着农业社会化服务整体水平的发展，服务组织形式将呈现以农机户为基础、基层农机社会化服务组织为指导、农机股份合作制为主体的新型农机社会化服务形式。

从其他方面来看，代表性研究成果包括：1997 年，苏工兵[51]对我国农机服务产业化中的几个重要问题如农机服务产业价值，农机服务产业化的内涵等问题进行了研究，认为农机服务产业化可以解决现行农村经济体制与机械化大生产的矛盾，农机服务产业化的关键是培育和发展主导产业；2001 年，任辉，杨印生，小池正之[52]根据对泰国中部平原农机作业委托市场的实地调查，论述了农机作业委托的含义，介绍了泰国中部平原地区的农机作业委托概况。在此基础上提取了影响农机作业委托市场的因素，并采用 DEMATEL（decision making trial and evaluation laboratory）方法系统分析了各因素的综合影响指数，指出社会经济环境类因素是农机作业委托市场形成与发展的重要原因。该研究成果标志着定量研究农机作业服务市场的开端；2001 年，许锦英[53]对农机服务产业化中涉及的几个基本问题如农机服务产业化与农业产业化的关系，农机服务产业化的基本框架，农机服务产业的组织方式，发展农机服务产业化的意义以及农机服务产业化的基本功能等进行了研究，为农机服务理论与实践的结合做出了重要贡献；2002 年，Mei-Ying Huang，Cliff J. Huang，Tsu-Tan Fu[54]对台湾大米种植农户的耕种安排和成本效益进行了实证研究。研究采用 probit 两阶段估计方程，对农户采用自己耕种还是契约雇佣耕种进行了分析。研究结论表明，契约雇佣耕作方式有利于小农户，同时也有利于采用自我耕作方式的大农户扩大耕作规模。契约雇佣耕作方式对年龄大于 65 岁的农民、兼业规模小的小农户有着显著的成本节约效果，成本节约达 14%以上；2002 年，李汝莘，许锦英[55]对山东省各类农机服务组织的现状和效益情况进行了调查研究，主要结论如下：实行农机规模经营的劳均收入比一般农户的劳均收入增加了好几倍，规模经营的农机投资回报率比较高。实行农机服务产业化，能够在不改变土地家庭承包经营体的情况下，实现传统农业生产方式向现代化生产方式的变革，走出一条符合中国国情的“机械化服务—适度规模—高产高效”的农业现代化路子。避免依靠土地、装备等生产要素量的扩张，单纯追求农机化的倾向，实行市场条件下的资源优化配置，通过分工、专业化、产业化、社会化等组织和制度创新以及科学的经营管理，可大幅度提高农业机械化水平、经济效益及社会效益；2004 年，杨印生，郭鸿鹏[56]用制度经济学委托—代理理论对农机作业委托系统中中介人的选择问题进行了分析，认为在农机作业委托中存在两种代理关系，一是农户与中介人之间的关系，二是中介人与农机户之间的关系，并对两种委托—代理关系中两种中介人（农村中有一定名望和声誉的人自发形成的中介人和由各级农机部门和乡村政府组织的中介人）的性质和代理人的激励机制问题进行分析。研究结果表明农机作业委托的中介人应由农村比较有名望和地位的人担任，政府应撤出中介人这一领域；2007 年，任朝军，朱瑞祥等[57]研究了农机购置补贴与农机服务产业化的关系，在论述我国农机服务产业化、农机购置补贴政策的必要性和现状的基础上，总结了购机补贴政策对农机服务产业化的促进作用，并研究了其与农机服务产业化的关系，认为农机服务产业化和购机置补贴政策是我国农机化的历史性选择，农机购置补贴政策是解决农民购买力不足而采取的有效措施，增强了农民及社会投资农业机械的积极性，促进了农机服务产业化的发展。我国应当抓住机遇，加大农机购置补贴的力度，努力促进农机服务产业化发展，从而提高农机化水平；2007 年，杨富堂[58]运用委托代理理论对农机作业服务外包业务中的委托代理关系进行了研究，分析了农机作业服务外包业务中由于信息不对称而产生的道德风险问题及其激励机制设计问题，并通过对农机作业服务外包方代理成本和农机作业服务提供方激励报酬强度系数影响因素的进一步分析，指出设计农机作业服务提供方激励机制必须反映农机作业服务提供方的特质、外部环境条件的变化以及外包方代理成本等因素的影响；2007 年，姜建良[59]研究了企业文化在农机化服务体系建设中的作用，针对农机系统在企业文化建设中的认识误区，分析了企业文化与农业机械化服务组织的关系，认为企业文化建设有利于促进农机化服务体系的不断完善，有利于调动农机化服务人员的主观能动性，有利于塑造农机化服务组织的良好形象。

由以上综述可知，国内学者对于农机社会化服务的研究呈现出以下几个特点：第一，研究的角度较多，但还有很多重大问题未曾涉及。当前我国学者对农机社会化服务的研究角度主要包括农机社会化服务的作用与意义、农机社会化服务的现状及存在的问题、农机服务组织的组织结构及机制创新、农机服务组织发展的趋势及对策，以及其他方面如相关概念的界定与说明、农机作业委托市场的影响因素、农机社会化服务的效益等。由于农机服务组织的产生和发展涉及到农业系统中的多个子系统，导致研究工作异常复杂。从组织形成与发展的角度来看，还有以下几类问题亟待研究：农机服务组织的形成机理（包括形成过程的系统分析、潜在成员合作优度的评价、组织形成的条件博弈及成员之间的合作机制等），成员的行为及其影响（包括成员的需要与动机、成员的认知偏差、成员的公平与互惠行为、成员行为的管理机制等），投入产出效率及其影响因素辨识（包括投入产出指标的构建，技术效率、规模效率等多种效率的测度，以及影响投入产出效率的影响因素辨识等），矛盾问题的辨识及处理（包括矛盾问题的辨识、分析、转化及策略集的生成等），农机服务组织发展趋势预测与分析（包括发展的背景、发展的持续性、发展的思路与模式等）。以上内容正是本书所要研究的主要内容；第二，多数研究成果主要集中在农机服务产业化和社会化服务的层面上，虽然这些研究对农机社会化服务的必要性和迫切性有了充分的肯定，但深入到农机社会化服务的模式和机制创新方面的研究还不多见。其中，杨敏丽和郭鸿鹏在各自的博士学位论文及相关研究中对农机社会化服务的模式和机制创新有较为系统深入的研究，他们是该领域的代表人物，而其他学者很少涉及；第三，研究方法较为单一，大多是在现状及问题分析基础上提出对策及建议，而且主要是针对某一具体地区，研究成果的理论性、学术性不够强。究其原因，从研究者的职业分布来看，除了许锦英、杨敏丽、杨印生、郭鸿鹏及熊波等人为农机化领域的专家学者外，大多数研究者均为地方农机局的领导干部或农机站的工作人员，他们掌握的资料较为翔实，实际经验也较多，但研究成果的理论性和学术性有待加强，理论与实践的结合尚欠完美。同时，从现有研究成果来看，定性研究居多，定性定量相结合的研究成果极为少见，对于农机社会化服务问题的定性定量相结合的系统的研究模式还未形成；第四，对国外相关问题的研究较少，尤其是对农机社会化服务的国际比较和历史分析较为缺乏，大多注重于我国局部地区的研究。从现有研究成果来看，对国外农机社会化服务关注较多的国内学者仅有范学民、杨敏丽等少数几人，他们分别从历史、现状、作用、政策支持等角度研究了美国、新西兰、德国及日本等发达国家的农机社会化服务并总结了发达国家的农机社会化服务对我国的影响与启示，对于我国农机社会化服务体系的构建和农机服务组织的发展问题研究具有重要的参考价值和借鉴意义。对于我国农机社会化服务问题的研究很有必要借鉴发达国家尤其韩国、日本等与我国农业生产条件和农业发展历程具有相似性的国家的农机社会化服务体系建设的经验，并结合我国的国情开展相关研究；第五，研究尚未系统深入，尤其是对我国农机社会化服务发展问题尚未见到系统性的研究成果。当前，我国的农机社会化服务已经在全国各地广泛开展，各类农机服务组织也得到迅速发展，在我国农业生产中扮演着重要的角色并发挥着重大的作用。随着农业的发展和农机社会化服务需求的改变，我国农机社会化服务的发展趋势预测是一个值得关注的问题。准确系统的研究将正确引导我国农机社会化服务的发展，反之则起误导作用。从现有研究成果来看，虽然有几位学者如郑维国、张国霖、杨敏丽等对该问题的有所研究，但其研究还不够深入；第六，研究的可持续性较差。从现有研究成果来看，国内专家学者对于农机社会化服务问题研究的持续性很差，很多人在该领域发表 1～2 篇论文后就改为研究别的方向，只有许锦英、杨印生、杨敏丽等少数几位专家学者能持续地对该领域展开研究并取得了许多有代表性的研究成果。

总之，近年来农机社会化服务和农机服务组织已成为举国上下关注的热点之一，国内外相关领域的专家学者也针对该领域作了大量的研究工作并取得了丰硕的研究成果。尽管国内外学者对于农机社会化服务和农机服务组织的研究还存在诸多不足，针对农机服务组织产生与发展中出现的各种问题还未实现定性定量相结合的集成化研究，系统分析理论、模型与方法也未形成，但国内外学者已对本书的研究工作做了充足的前期工作并奠定了良好的研究基础，对于本书的写作具有重要的参考价值和借鉴意义。本书正是在我国农机服务组织产生晚、发展快、问题多、研究少的背景下，针对其形成和发展中的诸多重大问题而展开研究。

1.4 研究对象及相关概念的界定

1.4.1 研究对象的界定

农机服务组织是一个内涵深邃、外延宽泛的概念。它不是明确、单独地表示一个组织，而是对一类组织即在农业生产周期中（本书不涉及畜牧业、农产品加工业等的农机社会化服务问题，这里的农业生产周期包括产前、产中和产后）从事各种农机服务的组织的统称。目前，我国的农机服务组织主要包括以下几个方面的组织实体：

1. 农机作业服务组织

在《2007年全国农业机械化统计年报》中，将“农机化作业服务组织”定义为：利用各种农业机械从事农田作业、农业工程施工、农副产品加工及运输等服务的单位和组织，包括县以上（含县）农机化作业服务组织、乡（镇）农机化作业服务组织、村农机化作业服务组织、农机户和其他农机化作业服务组织，也包括归口管理的排灌站、植保站、航空站等[4]。本书研究的主要是从事农田作业的农机作业服务组织。按照作业链来划分，可分为农机作业中介服务组织和农机作业组织；按照级别划分，可分为县（市）级、乡（镇）级及村级农机作业服务组织；按照组织形成方式划分，可分为散户（散机户、机手、技术人员、普通农民及其他人员）自发形成的服务组织、以农机大户为核心而自发形成的服务组织、由基层农机管理部门组织形成的服务组织、由村委会干部组织形成的服务组织和由其他主体（如农机协会）组织形成的服务组织；按照组织类别划分，可分为新型基层农机站、农机协会、站改股份农机作业公司、农机作业服务合作社、农机专业服务大户、农机大户和中介服务组织等。

2. 农机经营服务组织

农机经营服务组织包括销售组织、维修组织、租赁组织等，这类组织事实上是为农机作业服务组织提供服务的组织，其服务范围包括新型农机具相关信息的发布与传播，在农户购机过程中与地方政府合作实施购机补贴，在农机作业过程中（包括本地作业和跨区作业）对出现的重大机械故障进行及时地检测和处理（对于一般性的农机故障，可由机手自已或组织内部成员进行及时的检测与维修，此时不需要维修组织），在抢农时、抗灾害过程中为无机户和农机作业服务组织提供农机租赁服务等。

3. 其他农机服务组织

从广义上看，其他农机服务组织包括农机协会、地方农机管理部门等为农机作业服务组织提供服务的组织。随着农机作业服务组织的快速发展和农机具的不断更新，近年来我国农机协会发展很快，其最主要作用是将分散于广大农村的大中型农机及相关人员组织起来进行规模化（跨区）作业，并向农机作业服务组织提供作业信息和政策信息等服务，在农机跨区作业过程中充当中介组织的角色。地方农机管理部门则主要负责对农机服务组织的形成和发展进行引导和管理，比如组织农机专业知识培训、发放相关证件、收集作业信息并处理各种纠纷等，在农机社会化服务进程中担任多重角色。

本书研究的主要对象是基于群体合作的农机作业服务组织，对农机经营服务组织和其他农机服务组织不作深入探讨。从作业链来看，本书重点研究农机作业组织，对于农机作业中介服务组织仅在相关之处进行简要论述；从组织级别来看，县（市）级、乡（镇）级及村级农机作业服务组织均属于本书的研究范畴。从实地调查来看，当前大多数农机作业服务组织均为乡（镇）级和村级，县（市）级相对较少，这主要是由于农机作业服务组织在形成过程中受亲缘、地缘、友缘、学缘和业缘这 5 个因素的影响；从形成方式来看，本书研究的主要是散户（散机户、机手、技术人员、普通农民及其他人员）自发形成的服务组织和以农机大户为核心自发形成的服务组织，重点考察在公平、自愿的前提下农机服务组织潜在成员（农机大户、散机户、机手、技术人员、普通农民及其他人员）的合作机理及运行机制。对于由基层农机管理部门组织形成的服务组织，由村委会干部组织形成的服务组织和由其他主体（如农机协会）组织形成的服务组织，由于其在形成过程中主要受外力的引导和推动，因此形成机理有很大不同。受调查内容的制约，本书对于其形成机理不作研究。事实上，不论农机作业服务组织是通过何种方式形成，一旦形成并进行正常作业（经营）后，则表现出极强的相似性；从组织类别来看，本书主要研究农机作业服务合作社（包括散户自发形成的合作及以农机大户为核心自发形成的合作）的形成与发展问题，对于其他类型组织的相似问题本书虽不作具体研究，但研究思路和过程具有相似性。

因此，本书的研究对象可界定为：在家庭联产承包的前提下，潜在成员（农机大户、散机户、机手、技术人员、普通农民及其他人员）自发形成合作的，以各种农机具为载体的，在农业生产周期中（包括产前、产中、产后，主要指产中）跨越县级以上行政区域进行小麦、水稻、玉米等农作物作业活动并以追求效用最大化为主要目标的各级农机作业服务组织。为方便起见，本书称之为农机服务组织，它是机械化农事活动的组织者和操作者，也是联系农机与农业的纽带，是实现农机技术与农艺技术相融合的结合点，具有如下特征：①潜在成员在“自愿、民主、互利”的原则下自发形成合作，通过资源互补来应对外界的挑战并强化自身追求效用最大化的目标。这里的效用不仅包括经济效用，还包括风险规避、自我实现等其他效用，而且组织成员自身效用的实现是通过组织效用的实现而达成的，因此从本质上看该类农机服务组织属于一种特殊的农民专业合作组织；②农机服务组织是一定数量的农机具和相关人员的组合，可直接开展机耕、机播、机收、机灌、运输等机械化服务，间接从事新技术、新机具推广、维修保养、零配件供应、油料储备等服务。参加组织的成员有着共同活动的目的，但这种共同活动更多地体现在个人意义，当然也存在一定的社会意义。组织活动的成功与失败都直接与个人利益密切相关，其成员间的关系以对每个人都有个人意义的共同活动内容为中介。由于思想、文化等多种因素的限制，农机服务组织成员更多地认识到的是组织活动对个人和本组织的意义，而较少地考虑到对社会的意义；③农机服务组织的规模和组织形式各异。从规模来看，多则几十人，农机固定资产原值达几十万元甚至上百万元，少则三五人，仅拥有一两台联合收割机或其他作业机械。从组织形式来看，有的是以农机大户为核心，有的是纯散户的联合体，而且大量的农机服务组织并未在工商、民政或农机部门登记注册，属于纯民间组织。同时，农机服务组织大多具有自我管理的性质，组织成员之间经常有面对面的经常接触和相互作用，彼此之间比较了解。组织成员都认为他们是本组织中的一员，组织内部具有大家共同遵守的行为规范和管理机制；④不同的农机服务组织具有不同的组织行为规范以约束组织成员的行为。组织存在的重要条件之一是它的一致性，具体表现为组织成员的目标、行为、情绪和态度的统一。在组织成员彼此相互作用的条件下，会发生一种类化过程，即彼此接近、趋同的过程，并在模仿、暗示、顺从的基础上形成组织行为规范；⑤农机服务组织服务的重点是在“三夏”、“三秋”期间进行跨区作业，这里的跨区主要是指跨越县级以上行政区域，当然不排除少量的本地作业；⑥农机服务组织同时具有周期性与稳定性。农业的最大特点之一是生产的周期性，而依附于农业生产的农机服务组织相应地也具有周期性，即在农忙期间组织成员紧密合作，组织功能得以发挥，在农闲期间组织成员联系很少，组织名存实亡。同时，组织也具有稳定性，即使受周期性的影响，在正常情况下一个组织的成员构成基本处于稳定状态，由于受亲缘、友缘、地缘等因素的影响与限制，成员在组织间的流动不大；⑦农机服务组织并不是绝对独立的行为主体，其形成与发展需要其他主体如政府部门及农机生产、销售、维护、信息等其他服务体系的支撑和保障，尤其是在跨区作业过程中需要当地农机局、作业目的地农机局及中介组织的大力支持，同时不同主体之间相互作用、相互影响。

1.4.2 相关概念的界定

如前文所述，农机服务组织的产生和发展几乎涉及到各农业子系统。因此，与之紧密相关的概念也较多，主要包括农业机械化、农机社会化服务、农机服务产业化、跨区作业、组织、中介服务组织、农机作业委托、农机大户等。

关于农业机械化，2004 年 6 月 25 日第十届全国人民代表大会常务委员会第十次会议通过的《中华人民共和国农业机械化促进法》将其定义为运用先进适用的农业机械装备农业，改善农业生产经营条件，不断提高农业的生产技术水平和经济效益、生态效益的过程。

关于农机社会化服务，1997 年 8 月 11 日颁布的《黑龙江省乡镇农机社会化服务管理办法》将其定义为农机服务组织和农机户为农业生产、农民生活及农村经济发展提供的各项服务。杨敏丽[60]认为，农机社会化服务有广义和狭义两种，广义的农机社会化服务泛指各类农机服务组织为农户家庭经营采用农业机械化技术而提供的各种服务，它包括公益性的技术服务和经营性服务，涵盖所有为农户生产提供的农机服务活动。狭义的农机社会化服务是指农机户、农业机械作业组织按照双方自愿、平等协商的原则，为本地或外地的农民和农业生产经营组织提供各项有偿的农业机械作业服务。

关于农机服务产业化，相关法律、法规并未做出界定，本书比较赞同杨敏丽[45]的观点，即我国农机服务产业化是以市场为导向，以经济效益为核心，以提高农业机械利用率（倡导共同利用）和农业劳动生产率，增加农民收入为目标，以政府对农业和农业机械化发展的宏观调控和支持保护为保障，充分发挥市场在资源配置中的基础性作用，实行农机服务社会化、服务组织实体化、服务实体企业化、企业群体产业化，具有相对独立及综合服务功能的服务型产业。

关于跨区作业，2003 年 9 月 1 日开始实施的《联合收割机跨区作业管理办法》将联合收割机跨区作业（以下简称跨区作业）定义为驾驶操作各类联合收割机跨越县级以上行政区域（邻县除外）进行小麦、水稻、玉米等农作物收获作业的活动。本书认为跨区作业可相应定义为驾驶各类农业机械跨越县级以上行政区域（邻县除外）对农作物生产的全生命周期进行作业的活动。

关于组织，本书采用现代组织理论中的社会系统学派的代表人物美国学者巴纳德[61]的观点。他认为组织是人与人的合作系统，是一个开放的社会—技术系统。组织是由个人组成的，组织中的每一个成员都有其个人的需要。如果要求成员对组织做出贡献，组织必须对他们提供适当的刺激以满足其个人的需要，否则组织成员将失去合作的意愿。他认为构成组织的基本要素有三：一是共同的目标，二是合作的意愿，三是信息的交流。要使前两个要素发挥作用，信息交流是基础。

关于中介服务组织，2004 年 4 月 15 日颁布的《江苏省农机跨区作业中介服务组织管理暂行办法》将农机跨区作业中介服务组织定义为在农机跨区作业过程中组织农业机械外出作业或引进外地农业机械到本地作业，并且为跨区作业机手提供服务的单位和个人。

关于农机作业委托，相关法律、法规未做出界定。本书比较赞同郭鸿鹏[15]的观点，即委托人把部分农作业委托农机户（组织）用农机来承担，它可包括从耕地、田间管理、收获到产后销售、加工等全过程的机械化作业委托。

关于农机大户，当前还没有明确的定义或界定。根据我国农机社会化服务的实际情况，参考一些地方农机局的界定标准，本书认为农机大户可界定为：拥有农机资产原值20万元以上，年作业面积300公顷以上，年农机纯收入5万元以上的农机户。

1.5 研究方法与结构安排

1.5.1 研究的方法与技术路线

1. 研究方法

本书采用定性与定量、理论与实证、调查研究与系统分析相结合的研究方法，综合运用经济学、管理学、系统论、可拓学等基本理论形成的多维理论分析构架，为农机服务组织的形成与发展问题研究提供基本理论框架和应用范例。从研究过程来看，运用调查研究方法，对山东省苍山县农机服务组织的发展现状进行了实地调查，结合文献研究法获取了农机服务组织形成与发展问题研究的基础资料；运用对比分析方法，对国内外农机社会化服务的成因、现状及存在的问题进行了比较研究；运用系统分析方法，在实地调查的基础上，结合博弈论、可拓学、组织行为学、行为经济学、数据包络分析等理论定性定量相结合地对农机服务组织的形成机理、成员行为、作业效率、矛盾问题、发展趋势等问题进行了较为系统深入的研究，取得了一系列具有创新性的研究成果。

2. 技术路线

根据本书的研究思路与研究内容，可绘制本书的技术路线图如图1.1所示。

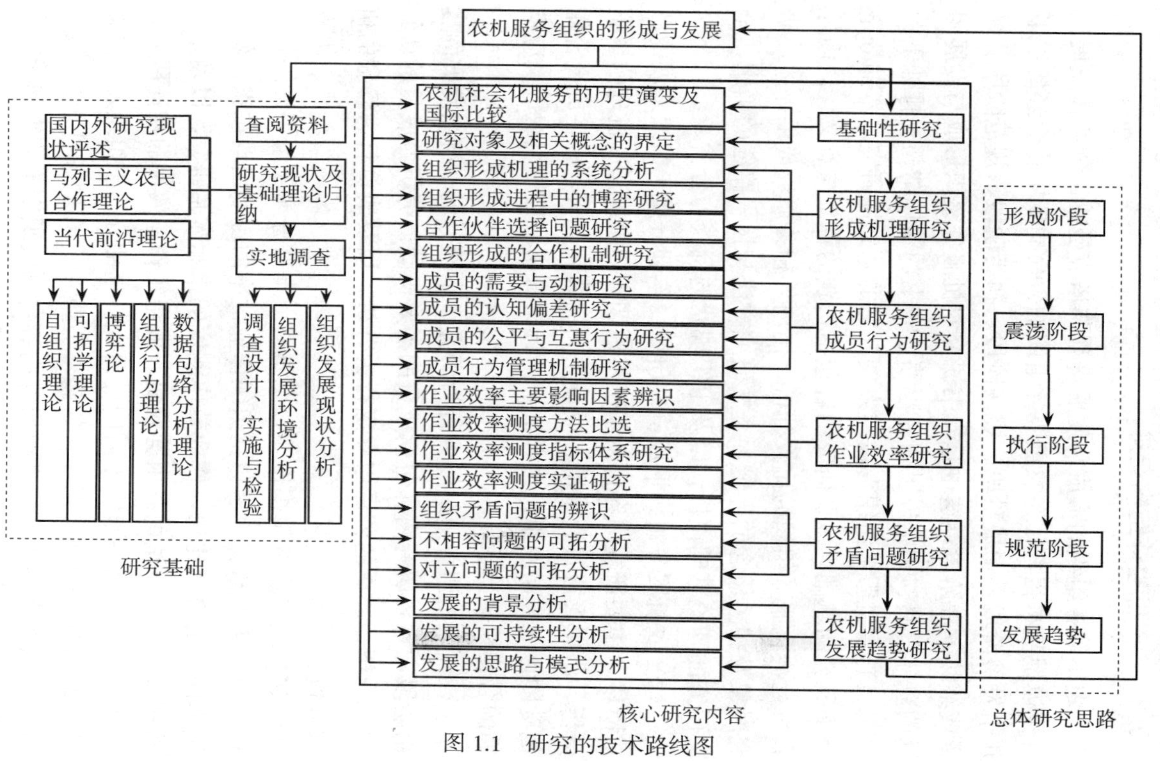

图 1.1 研究的技术路线图

1.5.2 本书的整体结构安排

农机服务组织的形成与发展进程与塔克曼提出的群体发展五阶段模型基本相符，在农机服务组织的生命周期中将会经历以下几个发展阶段：形成阶段、震荡阶段、执行阶段、规范阶段、终止或继续发展阶段，这也是本书研究农机服务组织形成与发展问题的总体思路。根据以上研究思路，本书的整体结构安排如下：

（1）农机服务组织形成与发展问题的基础性研究。本部分是全文研究的基础，主要研究内容包括选题的背景与意义，国内外农机社会化服务组织的比较分析，国内外相关研究成果评述，研究对象及相关概念的界定，全文研究方法与技术路线的确定，全文研究的理论基础评析，以及组织现状的调查与分析。

（2）农机服务组织形成机理研究。本部分属于组织发展的形成阶段，主要研究内容包括基于实地调查的组织形成机理的系统分析，组织形成过程中潜在成员之间的博弈分析，潜在成员合作优度的评判方法及组织选择成员的标准分析，以及组织成员应遵循的合作机制分析。

（3）农机服务组织成员行为研究。本部分属于组织发展的震荡阶段，主要研究内容包括成员的需要与动机分析，成员的认知偏差分析，成员的公平与互惠行为分析，以及成员行为管理的机制分析。

（4）农机服务组织作业效率研究。本部分属于组织发展的执行阶段，主要研究内容包括组织作业效率的影响因素辨识，作业效率测度的方法比选，作业效率测度的指标体系研究，以及基于数据包络分析方法的苍山县农机服务组织作业效率的实证研究。

（5）农机服务组织矛盾问题研究。本部分属于组织发展的规范阶段，其目的是识别并化解组织发展中存在的各种矛盾问题，促进组织的良性发展。主要研究内容包括组织中不相容问题及对立问题的辨识，典型不相容问题及对立问题的可拓分析。

（6）农机服务组织发展趋势研究。本部分属于组织的终止或继续发展阶段，其目的是预测组织中远期发展的趋势与方向。主要研究内容包括组织发展的背景分析，组织发展的持续性分析，组织发展的思路与模式分析。

1.6 小结

本章论述了选题背景、研究目的和意义，从国内外各种文献资料着手，结合实地调查研究了国内外农机社会化服务的历史演变并进行了国内外比较分析。在详细评述国内外相关研究现状的基础上，界定了本书的研究对象及相关的概念，提出了本书研究的方法与技术路线，并对全文的研究内容作了大致安排。

2 农机服务组织形成与发展研究的理论基础评析

农机服务组织的形成与发展问题研究是一项较为复杂的系统工程，所涉及的理论比较庞杂，需要管理学、经济学、社会学、系统科学等多个学科的相关理论支撑。本章以马列主义农民合作理论为基础，综合借鉴当代相关理论研究的前沿成果——自组织理论、可拓理论、博弈论、组织行为理论、数据包络分析理论等，并在简要评析的基础上概述上述理论在相关领域的研究进展，为后文的研究奠定理论基础和应用范例。

2.1 马列主义农民合作理论

本书研究的农机服务组织是一种特殊的农民专业合作组织，因此其最重要的理论基础即为合作理论。随着合作社组织实践的发展，欧美合作社组织理论已从早期的理想主义（视合作社组织为变革现成社会制度，实现理想社会的工具）转向实用主义（视合作社组织为维护人们现实利益，提高市场竞争效率的经济组织），从主要讨论其社会功能转向主要讨论其经济功能和内部制度安排，从西方研究和实践为主流转向东西方并存的格局。我国的农民专业合作组织是基于社会主义制度下的有中国特色的合作组织，因此本书对于农机服务组织的研究主要是沿袭和遵循马列主义的农民合作理论。

2.1.1 马克思、恩格斯的农民合作理论

合作制理论起源于空想社会主义者罗伯特·欧文的合作思

想[62]。马克思、恩格斯继承了空想社会主义的理论，并使之从空想变为科学，合作社组织理论是他们创立的科学社会主义学说的重要组成部分。在这一学说中，他们在批判地继承空想社会主义的劳动公社的基础上，在科学地分析了资本主义条件下小农经济的局限性及其发展趋势后，提出了关于农民合作的相关理论，其主要观点如下：

(1) 小农经济排斥社会化大生产，小农私有制的出路是代之以集体所有的经济合作。马克思认为，以小块土地私有制为基础的小农经济是导致农民贫困的落后的生产方式。在小农经济中，农民总是独立地作为孤立的劳动者同他的家人一起生产自己的生活资料[63]，这种生产方式排斥生产资料的社会积累，排斥同一生产过程内部的协作与分工，排斥社会对自然的统治和支配，排斥社会生产力的自由发展[64]。小农孤立、自给、分散的经营，一方面形成人力物力等的巨大浪费，一方面形成了巨大的社会风险。对小农来说，只要死一头母牛，他就不能按原有规模来重新开始再生产。这样，他就坠入高利贷者的摆布之中，而一旦落入这种地步，他就永远不得翻身[65]。同时，资本主义大工业与大农场也不断排挤小农经济，他们的处境在资本主义还统治着的时候是绝没有希望的，要保全他们的小块土地私有制是绝对不可能的，资本主义大生产将把他们的小生产压碎，正如火车头把独轮手推车压碎一样是毫无问题的。要使农民理解到，要挽救和保全他们的房产和田产，只有把他们变成合作社的占有和生产才能做到[66]。

(2) 建立集体所有制下的农民合作不能采用暴力手段，而要通过示范并对他们提供帮助。摆脱小农经济困境必然要经过合作化道路形成集体所有制经济。恩格斯指出，尚未掌握政权的政党要争取小农，如果他们下了决心，就使他们（小农）易于过渡到合作社。如果他们还不能下这个决心那就给他们（小农）一些时间，让他们在自己的小块土地考虑考虑这个问题[67]。马克思指出，无产阶级革命胜利后将以政府的身份采取措施促进土地私有制向集体所有制过渡，逐步实现基于合作原则的规模经济[68]。对此，恩格斯继续指出，“当我们掌握了国家权力的时候，我们绝不会用暴力去剥夺小农（不论有无报偿都是一样）。”“我们对于小农的任务首先是把他们的私人生产和私人占有变为合作社的占有，但不是采用暴力而是通过示范和为此提供社会帮助[69]。”

马克思、恩格斯关于农民合作的理论阐述是建立在资本主义生产关系基础上的，其意义在于提出了小农走向合作的必然性以及以怎样的方式实现农民的合作。这些理论虽提出较早但具有深远的预见性，其中关于合作的必然性，合作的集体所有制基础，合作的非暴力实现方式，以及按土地、资本、劳动等股份实施分配等理论在我国社会主义制度下仍具有重要的指导意义。

当然，马克思、恩格斯由于受所处时代的限制，加之未能直接参加社会主义合作社组织实践，他们的理论难免存在一定的局限性，主要是：第一，他们主张的合作制是同消灭商品经济联系在一起的，对以商品经济为基础的流通合作基本上持否定态度。马克思说：“我们建议工人们与其从事合作贸易，不如从事合作生产。前者只能触及现代经济制度的表面，而后者却动摇它的基础，建议一切合作社把自己总收入的一部分作为从行动和言论两个方面来宣传自己的原则的基金，也就是说，除了传播自己学说，还要促使建立新的生产合作社[70]。”第二，他们主张的合作制度以公有制、共同经营为特点，对个体经济、家庭经营基本上也持否定态度。第三，他们视合作社组织为从资本主义走向共产主义的过渡，尚没有把合作社组织作为经济组织加以研究，也未认识到合作社组织作为经济组织存在的长期性。

2.1.2 列宁的农民合作理论

由于历史的变迁、实践的发展和对马克思、恩格斯的合作社组织理论认识的不断深化，列宁的合作社组织思想经历了一个转变过程：十月革命前，列宁主要是学习、阐释马恩的合作社组织理论，主张土地国有化，建立生产合作制度式的协作农场；战时共产主义时期，列宁主要致力于发展以一切财产公共占有和平均分配为主要特点的农业公社。由于公社没有效率，直接引致了1918—1921年严重的粮食危机；新经济政策时期，列宁主要对自己在前两个时期的合作社组织思想及战时共产主义时期的实践进行了深刻的反思。通过反思，列宁深化了对合作社组织性质的认识，其关于农民合作理论的观点主要包括：

（1）合作社是具有社会主义性质的一种经济组织。列宁指出，从无产阶级夺得国家政权的时候起，从无产阶级的国家政权着手有系统地建立社会主义制度的时候起，合作社就起了根本的原则的变化，这是一种由量到质的变化[71]。列宁把合作社看成是广大农民容易接受的简单易行的向社会主义制度过渡的最佳途径。他认为，在资本主义条件下，合作社组织是集体的资本主义组织，既是集体企业，又是私人企业，既不同于资本主义私人企业，也不同于国家资本主义企业；在社会主义条件下，合作社组织是社会主义集体经济组织[72]。

（2）农民合作化是一个长期的过程，要实现完全的合作化需要具备一定的条件，包括生产的社会化和商品化，提高农民文化水平和学会作文明商人的本领。列宁从苏联战时共产主义政策和集体农庄建设的实践中得出，社会主义建设时期也存在商品货币关系，因而也存在市场，也需要按照商业的原则来组织和管理经济活动[73]。他认为，集体农庄问题不是当前的问题，农村集体化应逐步实现，要找到私人利益、私人买卖与国家利益的检查、监督相结合的尺度[74]。

（3）农民合作化需要国家的支持。列宁强调要在一定阶级的财政支持下才会产生新制度，要鼓励合作社的发展，国家要给予合作社积极的支持和政策优惠。他指出：“目前我们应该特别加以支持的一种制度就是合作社制度，这一点我们现在必须认识到而且应该付诸行动。在经济、财政、银行方面给合作社以种种优惠，这就是我们对组织居民的新原则应该给予的支持[75]。”

列宁关于农民合作的理论是建立在社会主义制度实践基础上的，是对马克思、恩格斯合作社组织理论的进一步发展。关于合作社组织性质的认识及其发展农产品流通合作社的思想是列宁对马克思主义合作社组织理论最主要的贡献，他十分具体地阐述了合作社实践中遇到的问题并提出了具体的应对措施。因此，列宁的合作组织理论对我国在社会主义条件下发展农机服务组织具有重要的指导意义。

2.1.3 毛泽东的农民合作理论

近现代以来，我国对合作社的研究，特别是对农业合作的研究最杰出的代表是中国的马克思主义经典作家毛泽东。毛泽东把马克思主义合作社理论与中国革命和社会主义农工商业建设的具体实践相结合，丰富和发展了马克思主义合作社组织理论。毛泽东的农民合作思想凝聚了中国共产党第一代领导人的集体智慧，是马克思主义有关农民合作的理论在中国的具体化。

由于社会历史的变迁，毛泽东的合作社组织思想经历了一个转变过程。第一次国内革命战争时期，毛泽东强调消费、贩卖和信用等流通合作。他在 1927 年 3 月所作的《湖南农民运动考察报告》中指出，“合作社，特别是消费、贩卖、信用三种合作社，确实是农民所需要的。”他还分析了当时合作社发展存在的主要问题，“大问题，就是详细的正规的组织法没有。各地农民自动组织的往往不合合作社原则，因此做农民工作的同志，总是殷勤地问‘章程’，假如有适当的指导，合作社运动可以随农业的发展而发展到各地[76]。”同时，毛泽东认为，发展合作社不能搞绝对平均主义，不能破坏工商业。他认为，绝对平均主义以为把整个社会都改造为平均的小农经济，就是实行社会主义是企图用小农经济的标准来认识和改造全世界。农村中的经济竞争使农民之间不可避免地会有新的分化，而不可能永远保持平均的小农经济。否认或反对这种竞争分化，结果就是阻碍生产力的发展，而成为一种反动的空想[77]。革命根据地时期，毛泽东基本上是农业生产合作与流通合作并重。他说："劳动合作社、消费合作社、粮食合作社，组织了全乡群众的经济生活，经济上的组织性达到了很高的程度，成为了全苏区第一个光荣的模范[78]。"社会主义革命和社会主义建设时期，受斯大林后期合作组织思想及原苏联的合作组织实践的影响，毛泽东渐渐地忽视农业流通合作，对农业生产合作给予了越来越多的关注和重视，最后形成了他的"人民公社"理论。

毛泽东的合作理论是为服务国家工业化，保障农业为工业提供原始积累，确保国家掌握农业生产全局而形成的理论。它没有完全顺应社会生产力发展水平和农民个体意愿，是一种行政性的命令集合，达到了预计的为工业积累的目的，但农民为此做出了巨大牺牲，在一定程度上侵犯了农民的利益，伤害了农民与政府的关系。这是在特定历史条件下的合作经济理论，其对合作组织发展的启示是在理解这一理论基础上与时俱进、转变思想，努力在新形势下支持并促进农机服务组织的持续良性发展。

2.1.4 邓小平的农民合作理论

20 世纪 80 年代初，长期的集体经济建设成果为我国家庭经营职能恢复创造了条件，平均主义、权责模糊的集体经济效率下降更直接触发了农民创新生产的动机，开始了包干到户、包产到户等新的农业生产形式，开创了中国农业的新纪元。在这一时期，邓小平进一步继承并发扬了马列主义的农民合作理论，在马列主义合作理论的历史发展与中国的现实结合中创造性地提出了新的农民合作理论，主要内容包括：

实施所有权与使用权分离的土地制度，建立集体经营与家庭经营的双层经营体制。邓小平指出，集体经济是实现农业现代化不可动摇的基础，发展、巩固集体经济的关键是发展生产力[79]。家庭联产承包符合我国农业生产的特点，能够调动人们的生产积极性，有利于发展农业生产力。以土地集体所有为基础的家庭承包经营发挥了集体与个人的双重优势，从人民公社到家庭联产承包是中国农业改革的第一次飞跃。经过长期发展，我国要在家庭经营基础上，发展适度规模经营，发展集体经济，实现第二次飞跃，即在稳定土地承包关系的基础上发展合作经营。家庭经营是合作经济的一个经营层次，在土地集体所有、家庭承包经营基础上的各种形式的经济联合（适应经济发展不平衡特点的）是农业现代化的必由之路。发展合作经营的基础是稳定家庭经营、稳定家庭经营赖以产生的土地承包制度。土地产权改革、市场流通改革、政府职能转变改革等是农民新型合作发展的必要条件[79]。

邓小平的农民合作理论突破了集体产权效益削减的困境，在国家公有、集体所有、个人占有之间找到了有效的融合点，创造性地发展了马列主义农民合作理论，具有划时代的历史意义，是当前以及未来研究农民合作问题的重要指导思想和理论基础。

总之，马列主义农民合作理论对于我国农机服务组织的形成与发展研究工作具有重要的指导和启示意义：第一，发展农机服务组织的前提是农民自愿、互利、平等。政府和相关部门需按照农民意愿进行引导，不能搞暴力合作，在合作过程中要充分体现平等互利，不允许剥削存在于新型农机服务组织中；第二，农机服务组织的引导和建设应该兼顾生产、服务等各个方面，不能片面地强调某一方面而忽视其他方面，要在组织的形成和发展中形成能促进生产力发展和农民增收的具有中国特色的广泛的合作机制；第三，我国的农机服务组织是在稳定的家庭联产承包前提下形成和发展的，其与社会主义市场经济并不矛盾，而是市场经济在农村市场中的重大体现；第四，农机服务组织是社会主义制度下的一种经济组织，应尽量与政治脱钩，不能把组织看作是从资本主义向共产主义过渡的政治形态，更不能因为政治原因强制推行不符合生产力发展和社会需要的合作；第五，农机服务组织作为农村经济发展中的新型微观主体，政府应从法制、财政、政策等方面对其进行扶持和优惠，同时按照马列主义合作理论的思想并结合我国社会经济发展的实际情况对组织类型、发展规模、利益分配及发展方向等问题进行必要的引导和约束。

2.2　涉及的当代前沿理论

马列主义的农民合作理论为研究我国农机服务组织奠定了理论基础。从方法论来看，本书对农机服务组织形成与发展问题的研究还涉及以下理论：自组织理论、可拓理论、博弈理论、组织行为理论、数据包络分析理论等。其中，自组织理论拟用于对农机服务组织的形成、发展与演化问题进行系统分析，可拓理论拟用于分析农机服务组织形成过程中的战略伙伴选择及组织发展过程中的矛盾问题，组织行为理论拟用于分析农机服务组织发展过程中成员的各种行为及其影响，数据包络分析理论拟用于分析农机服务组织的作业效率。对于本书的另一重大理论支撑——系统工程理论，由于以上理论或多或少均体现了系统工程的思想和方法，且该理论早已为人们所熟知，在此不再赘述。

2.2.1　自组织理论

自 1967 年比利时物理学家普里高津提出耗散结构后，人们开始对系统内部非线性作用的强大力量和在一定条件下系统自行组织发展的现象给予了越来越多的关注，自组织理论就是在 20 世纪 60 年代末期开始建立并发展起来的一种系统理论[80]。自组织是指建立于自发性、自由性和自愿性基础之上的私人社团组织形式，这是相对于政府的强制性、行政性组织方式（被组织）而言的[81]。自组织系统无需外界指令而能自行组织、自行创生、自行演化，通过自身内部机制而自我、自主地与外界环境交换物质、能量和信息，以实现其整体从低级到高级，从无序到有序状态的转变，即通过自组织重构系统自身，形成多样化的形态与功能，以适应不断变化的环境，达到与环境协同生存的目的。自组织理论的研究对象主要是复杂自组织系统（生命系统、社会系统）的形成和发展机制问题，即在一定条件下，系统是如何自动地由无序走向有序，由低级有序走向高级有序的。

自组织理论并不是一个单一的理论，而是一个理论群，由耗散结构理论、协同学理论、突变理论、超循环理论、分形结构理论和混沌理论等组成。这些理论都是从不同角度为自组织的形成提供了不同的理论基础和方法论。其中，耗散结构理论为自组织的形成提供了条件方法论，协同学理论为自组织的形成提供了动力学方法论，突变理论为自组织的形成提供了演化途径方法论，超循环理论为自组织的形成提供了结合方法论，分形结构理论为自组织的形成提供了结构方法论，混沌理论为自组织的形成提供了演化过程和图景方法论。

自组织理论在农机服务组织和农民专业合作组织领域的应用尚未见报，主要应用成果集中于企业方面，代表性研究成果有：2001 年，李朝霞[82]在其著作《企业进化机制研究》中对企业进化的基本问题进行了探讨，运用自组织理论论述了企业进化的动力与过程，还将企业进化理论运用到我国国有企业改革的分析之中。该项研究是国内较为系统地研究企业进化机制的第一部专著，对于本书的写作具有重大参考价值；2002 年，刘洪，周健[83]认为，企业创立以后有一个成长、发展和变异的过程，这一过程随着企业的不同而显示出不同的变化规律。他们将系统演化概念引入企业发展研究，提出企业系统演化的概念，并将系统科学有关系统演化的研究成果应用于企业系统演化问题的研究，讨论了企业系统演化的几种规律：周期性、发展——危机间歇性、有限增长性和发展阶段性；2003 年，张铁男，曾庆成[84]用生物学理论来分析企业再造与企业进化问题，认为生物进化的过程是与环境协同进化的过程，生物根据环境变化不断调整自身的结构、功能与行为，具有高度的环境适应性，生物在进化过程中更多的表现出“持续改进”与“协同进化”，而不是“推倒重来”。该项研究还重点研究了企业进化与外部环境之间的协同进化问题，这对本书有很大的借鉴意义；2004 年，范明，汤学俊[85]将企业系统看成是人工复杂系统，具有耗散结构特性，将可持续成长的企业系统看成是产业力纬度、技术力纬度、制度力纬度以及市场权力纬度四者构成的 4 力纬度结构。认为企业可持续成长能力的形成过程是企业系统内部的自组织运动过程，企业可持续成长能力现状、4 力纬度结构和外部环境的随机涨落因素从总体上确定了企业可持续成长能力的跃迁方向、速度和水平；2007 年，井然哲[86]把企业集群视作一个系统来研究，引入了自组织协同论来分析其形成和演化过程，探讨了企业集群系统自组织协同发展机理，并运用动力学方程解释和分析了企业集群系统发展过程，为探索企业集群系统的螺旋上升式持续发展模式提供了理论参考。

以上研究成果是近年来企业（组织）成长与进化研究的代表之作，对本书研究农机服务组织的形成与发展问题具有重要的参考价值。从以上代表性研究成果可知，自组织理论为从社会局部系统到企业、组织等复杂系统的研究提供了新的理论视角和方法，特别适合于对企业及组织的产生、自我更新与成长、不同子系统的协同进化等问题进行研究，是本书进行农机服务组织形成与发展问题研究的重要理论支撑。

2.2.2 可拓理论

可拓学是一门由我国科学家自己建立的、具有深远价值的原创性学科，也是一门横跨哲学、数学与工程学的新学科[87]。1983年，蔡文教授在《科学探索学报》发表了可拓学的开创性文章“可拓集合和不相容问题”[88]，标志着可拓学的诞生。可拓学是用形式化模型研究事物拓展的可能性和开拓创新的规律与方法，用以解决矛盾问题的科学，其主要以客观世界中的矛盾问题为研究对象，其逻辑细胞是基元，包括物元、事元和关系元，逻辑基础是可拓逻辑，基本理论是包括基元理论、可拓集合理论、可拓逻辑的可拓论[89]。目前，可拓学的理论框架基本成熟，形成了以基元理论、可拓集合理论和可拓逻辑为支柱的理论框架和特有的可拓方法，它们在各个领域的应用技术称为可拓工程[90]，而可拓论、可拓方法和可拓工程则构成了可拓学[91]。

可拓学的研究对象是客观世界中的矛盾问题。所谓矛盾问题，就是指人们要达到的目的在现有条件下无法实现的问题。例如，在“曹冲称象”的故事中，要称一头大象，却只有能称20千克的小秤；可拓学的理论框架包括逻辑细胞、可拓模型和三大支柱。其中，物元$R=[o, c, v]$、事元$I=[d, c, v]$和关系元$Q=[a, c, v]$（统称为基元）是可拓学的逻辑细胞，而用基元描述信息、知识、智能和各种问题的形式化模型称为可拓模型[92]。有了可拓模型，就可以根据基元的可拓性，利用可拓论和可拓方法，提出解决各种矛盾问题的策略。三大支柱包括基元理论、可拓集合理论和可拓逻辑。其中，基元的可拓性和物元的共轭性是基元理论的核心，而用形式化符号表示这些性质则是可拓论的重要特点，它们是生成解决矛盾问题的策略的依据。可拓集合是为了克服康托集合和模糊集合无法同时描述事物的量变和质变而创新的集合理论，作为化矛盾问题为不矛盾问题的集合论基础。可拓逻辑是为了克服现有的二值逻辑和模糊逻辑无法作为解决矛盾问题的推理工具而创新的逻辑推理理论，能作为描述事物可变性的工具[93]。可拓学的方法体系包括基于可拓推理的方法体系，以变换为中心的方法体系和描述量变和质变的定量化工具。其中，基于可拓推理的方法体系是指在处理矛盾问题的过程中根据事物的可拓性，变换问题的目标或条件，使目标得以实现的推理方法体系。以变换为中心的方法体系是指通过对与问题的目标或条件相关的事物的变换以解决矛盾问题的方法体系。描述量变和质变的定量化工具是指为了克服基于实变函数的计算公式无法描述量变和质变而建立的基于“距”的，可描述“类内也有异”的可拓定量方法体系。

当前，可拓理论在合作组织领域的研究成果很少，但在相关领域的研究成果较多，代表性研究成果主要表现在以下两个方面：

1. 合作伙伴的选择

合作伙伴的选择是合作组织、供应链企业及其他企业经营过程中极为重要的决策环节，它直接影响着合作质量甚至企业的成败，科学的合作伙伴选择方法可为企业（组织）提供有益的智力支持。该领域代表性的研究成果包括：2005 年，孟繁晶，邓家禔[94]提出了一种定性与定量相结合的合作伙伴可拓综合评价方法。该方法利用可拓理论对经典集合理论和模糊集合理论的语义进行扩展，通过关联度、合格度和优度计算，客观地给出了合作伙伴综合评价结果，并通过 DRAGON 项目的应用场景得到验证；2005 年，苏仕宾，杨茂盛[95]利用可拓层次分析法对供应链合作伙伴选择的最优策略进行研究，解决了在构建模型中对指标的模糊主观判断问题，使得合作伙伴选择模型的最优策略更接近实际；2006 年，刘依[96]在其硕士学位论文中也运用可拓学方法对供应链合作伙伴选择问题进行了研究；2007 年，魏云冰，郑安平，崔光照[97]为了有效地评价第三方物流企业的关键客户，在具体分析第三方物流企业的基础上建立了关键客户多级综合评价参考体系，给出了形式化的关键客户多级综合评价物元模型，提出了一种定性与定量结合的关键客户多级可拓综合评价方法，通过关联函数、合格度和优度计算，客观地给出了综合评价结果。

2. 矛盾和冲突问题的处理

矛盾问题是贯彻人类活动始终的永恒性问题，对矛盾问题进行有效处理不仅能协调关系、提高效率，还能促进组织（企业）管理水平的极大提升。该领域代表性的研究成果有：2001年，张成科[98]提出了转换桥的设计方法，通过在冲突双方之间设计一个起连接和转换作用的机制（转换桥），使冲突双方在这一机制的作用下进行决策时能达到各自满意的一致解，从而使冲突消除；2004年，赵燕[99]从价值涵义出发，对客户价值和企业价值进行了界定，并由此得到客户价值和企业价值之间的矛盾问题。通过建立矛盾问题的可拓模型并利用可拓分析方法对可拓模型进行可拓分析，得到解决矛盾问题的可行途径，从而解决企业和客户两者之间的价值矛盾问题；2006年，李杨，杨春燕，李立希[100]按照人类解决矛盾问题的思维模式，建立相应的可拓模型。并根据已经建立的可拓模型，以企业资金问题为例，结合Windows软件开发技术，详细阐述了企业资源矛盾问题分析与求解系统的设计与实现。

可拓理论的创建不仅为矛盾问题的分析提供了形式化的表达方法和转化思路，还为合作伙伴的选择、组织绩效的评定及危机管理等研究领域提供了可操作性方法体系，能将组织形成与发展过程中事物的质变和量表进行有效的统一和表述。从研究方法来看，对于组织发展中面临的矛盾问题，采用拓展分析方法能使人们摆脱习惯领域的控制，采用共轭分析方法则可研究事物的结构与内外关系，这种开放式的思维模式与可拓变换方法相结合，有利于解决组织发展过程中碰到的矛盾问题。同时，合作伙伴选择的可拓模型建立相对简便，且可以与模糊数学、系统理论、数值分析等方法结合使用，使其在处理问题时既具有方法选择的原则性又具有量化分析的可操作性。因此，可拓理论是本书进行农机服务组织形成与发展问题研究的重要理论支撑。

2.2.3　博弈理论

博弈是指决策主体（个人、企业、集团、政党、国家等）在相互对抗中，对抗双方（或多方）相互依存的一系列策略和行动的过程集合。博弈论又称对策论，是研究具有斗争或竞争性质现象的理论和方法，是应用数学的一个分支，也是运筹学的一个重要分支，是专门研究博弈如何出现均衡规律的学科。博弈理论的初步形成以1944年冯·诺伊曼（J. von Neumann）和摩根斯顿（O. Morgenstern）合著的《博弈论和经济行为》一书的出版为标志[101]。20世纪50年代以来，纳什、泽尔腾、海萨尼等人的研究使博弈论最终成熟并进入实用[102,103,104]。

博弈论的基本概念包括参与者、行动、信息、策略、收益、均衡、结果等。描述一个具体的博弈，参与者、策略、收益是最基本的要素，这些基本要素通过行动和信息构建一个博弈过程[105]。其中，参与者是指参与博弈的决策主体，其目的是通过选择策略（或行动）以最大化自己的收益水平。根据参与者数目的多少，博弈可以分为单方博弈、双方博弈和多方博弈；行动是指参与者在博弈中的某个时点的决策变量。行动顺序对于博弈结果是非常重要的，不同的行动顺序意味着不同的博弈。如果博弈双方同时行动，即在一方在做出行动时并不清楚对手是否已经做出了行动，称之为静态博弈。如果一方在做出行动时，知道对手已经做出了行动（可能不知道具体行动是什么），称之为动态博弈；信息是指参与者有关博弈的知识。博弈中的信息结构主要有完全信息和非完全信息。如果在给定任意策略组合下，每一个参与者的收益都是确定的（包括期望值），那么就是完全信息博弈，否则就是非完全信息博弈；策略是指参与者在给定有关信息情况下的行动规则。策略是行动的规则而不是行动本身，在静态博弈中，策略和行动是相同的。根据策略的数量，可以将博弈分为有限博弈和无限博弈；结果是指所有参与者的每一个可能的行动组合会出现什么样的结果，一般表现为纳什均衡；收益是指在可能的每一个结果上，参与者的所得和所失。收益具有两方面的涵义：一是指参与者在特定策略组合下得到的确定效用水平，二是指参与者得到的期望效用水平。参与者之间的收益是相互牵连和相互制约的。根据不同策略组合下各参与者的收益总和，可以将博弈分为零和博弈、常和博弈、变和博弈三种；均衡是指所有参与者的最优策略的组合。任何一个参与者的最优策略通常依赖于其他参与者的策略选择，即是对其他参与者策略的最优反应。

博弈可以分为合作博弈（Cooperative game）和非合作博弈（Non-cooperative game）[106]，二者的区别主要在于当参与者的行为相互作用时，参与者之间是否存在或形成一个具有约束力的协议，如果有，就是合作博弈，反之就是非合作博弈。合作博弈强调的团体理性，强调的是效率、公正和公平；而非合作博弈强调的是个人理性和个人最优决策，其结果可能是有效率的，也可能是无效率的。博弈的划分还可以从参与人行动的次序和参与人对其他参与人的特征、战略空间和支付的知识信息是否了解两个角度进行。把两个角度结合就得到了 4 种博弈：完全信息静态博弈，完全信息动态博弈，不完全信息静态博弈，不完全信息动态博弈[106]。不同类型的博弈对应着不同的均衡（如表 2.1 所示）。

表 2.1 博弈的分类及对应的均衡

信息 顺序	完全信息	非完全信息
静态	完全信息静态博弈 纳什均衡	非完全信息静态博弈 贝叶斯纳什均衡
动态	完全信息动态博弈 子博弈精炼纳什均衡	非完全信息动态博弈 精炼贝叶斯纳什均衡

当前博弈论在农机服务组织领域的研究成果极为罕见，但针对合作组织的研究成果却已较为丰富，代表性研究成果主要有：1988 年，M. Maleod[107]运用合作博弈论的思想和方法，发现成

功的合作经济组织解决或避免对成员工作进行准确衡量的有效方法，认为一个均衡合约的维持需要对合作参与方的退社行为施加约束；1990 年，林毅夫[108]运用合作博弈论的思想和方法，发现当第三方难以有效监督社员劳动时，如果参与合作的各方都做出努力工作的承诺并遵照“可自我执行协议”隐含的合约，则合作均衡可以维持下去。一旦社员被剥夺退社权，那么“可自我执行的协议”就无法维持，合作社的生产效率就会下降；2003 年，邢永杰[109]运用博弈论研究了虚拟组织的相关均衡的特征与求解并推广到不完全信息条件下的广义相关均衡，对于集体选择中合作失败成本与合作延误成本之间的相互转换关系进行了定量分析。同时运用动态博弈模型对虚拟组织的收益分配关系进行分析，指出了严格按照投入比例分配收益的局限性，以及收益分配与虚拟组织委托权安排之间的关系，并从虚拟组织微观层面——集成工作团队的角度讨论了委托权的安排问题；2004 年，郭鸿鹏[15]运用博弈论通过对农机作业委托利益主体行为的二阶段动态博弈分析和完善契约机制下农机作业委托利益主体行为的动态博弈分析得出农机作业委托的推进急需建立完善契约约束机制。根据中介人（组织）与农户之间的关系建立博弈模型得出是中介人（组织）推动了农机作业委托在我国的发展，要促进农机作业委托的发展就必须有更多的中介人（组织）的结论；2006 年，王孝莹[110]运用博弈论对农业产业组织行为主体的博弈过程进行了系统研究，包括农户与农户之间的博弈，农户与龙头企业之间的博弈，龙头企业之间的博弈及龙头企业与政府之间的博弈。作者分析了农业产业化各个利益主体合作博弈形成的动因，提出了利益分配原则，建立了合作利益分配模型，给出一种可操作的减少违约的方案。同时勾画了龙头企业与农户之间委托—代理博弈模式并建立了农业产业化内部各局中人之间的利润分配和风险共担的模型；2007 年，聂华林，张帅[111]构建了一个农户和发起人之间的完全信息静态博弈模型以研究农民专业合作组织能否得以发展以及发展的影响因素，计算了博弈参与人在各种策略组合下的支付函数，进而求出博弈可能的纳什均衡并重点研究了影响专业合作组织得以发展的约束条件和影响因素。

目前，经济生活中各种力量的联合和对抗不断强化，各种利益主体之间的相互影响、相互依存和相互制约不断增强。面对这样的事实，以完全自由竞争的市场经济为主，把经济中的各种复杂的相互关系只是作为偶然的次要现象的传统经济理论和研究方法显然不能满足需要，而注重经济生活中各个方面、各个个体之间的相互影响，以他们之间的对抗、依赖和制约为研究的前提和出发点的博弈理论则更符合经济生活的要求。博弈论的发展丰富了合作组织的研究方法，引入博弈论后，组织行为不再只取决于市场结构这种客观事实，而且还取决于该组织（成员）对自己行为可能引致的其他组织（成员）反应行为的预期。由此可见，博弈论的进展使合作组织理论对现实经济中的组织行为有更强的解释力。因此，博弈论也是本书进行农机服务组织形成与发展问题研究的重要理论支撑。

2.2.4 组织行为理论

组织行为一直是经济学和管理学研究的核心话题，其原因主要在于组织成员的行为表现直接影响到组织绩效目标的实现。近几十年来，组织行为的研究引起了学术界的普遍关注，组织行为的相关理论也被广泛地应用于人力资源管理、社会心理、军事、经济等诸多领域的研究中。Walras Léon 认为，组织行为的决定不再只是一种客观的经济决定，而与当事人的心理预期紧紧地联系在一起。这就意味着过去认为只能依靠市场实现的瓦尔拉斯均衡（指整个市场上过度需求与过剩供给的总额必定相等的情况）现在可以通过组织内部结构调整等来解决市场问题[112]。事实上，组织行为也不仅仅取决于市场结构，还取决于组织对自己的行为可能引致的其他组织反应行为的预期，即组织的行为是其心理预期的函数，是各个组织所共同拥有的信息结构或判断概率的函数。在组织行为的相关理论中，当前最受关注的是管理心理学理论和行为经济学理论。

管理心理学理论的基础是人性假设的变化，主要包括以下几个假设[113]：

1. "社会人"假设

相对于"经济人"假设，霍桑实验的主持者梅约提出了"社会人"的概念。社会人假设认为，人们在工作中得到的物质利益，对于调动人们的工作积极性只有次要意义，人们最重视在工作中与周围的人友好相处。良好的人际关系对于调动人的生产积极性是决定性因素。霍桑实验结果表明，组织成员为了维护内部的团结，可以放弃部分物质利益的引诱，梅约由此提出"非正式群体"概念，认为在正式的组织中存在着自发形成的非正式群体，这种群体有自己的特殊规范，对成员的行为起着调节和控制作用。

2. "自我实现的人"假设

"自我实现的人"是由马斯洛提出的。他认为人类需要的最高层次就是自我实现。所谓自我实现，是指人都需要发挥自己的潜力，表现自己的才能，只有人的潜力充分发挥出来，人的才能充分表现出来，人才会感到最大的满足。马斯洛认为"每个人都必须成为自己所希望的那种人"，"能力要求被运用，只有发挥出来，它才会停止吵闹。"

马斯洛认为，能够自我实现的人具有以下特征：具有敏锐的观察力，思想高度集中，有创造性，不受环境偶然因素的影响，只跟少数志趣相投的人来往，喜欢独居等。他认为这种人极少，多数人之所以不能达到自我实现的人，是因为受到社会环境的束缚。"自我实现的人"假设认为人的自我实现是一个自然发展的过程，大多数人之所以不能充分地自我实现是由于受到环境的束缚和限制。

3. “复杂人”假设

“复杂人”是20世纪60年代末70年代初提出的假设。长期的研究证明，无论是经济人、社会人还是自我实现的人的假设，虽然各有其合理的一面，但并不适用于一切人。因为人是很复杂的，不仅每个人的行为表现大不相同，而且同一个人本身在不同的年龄，不同的时间和不同的地点会有不同的表现。人的需要和潜力随着年龄的增长，知识的增加，地位的改变以及人与人之间关系的变化而各不相同。“复杂人”假设的主要含义如下：①人的需要是多种多样的，而且这些需要随着人的发展和生活条件的变化而发生改变。每个人的需要都各不相同，需要的层次也因人而异。②人在同一时间内有不同的需要和动机，它们会发生相互作用并结合成为统一的整体，形成复杂的动机模式。③人在组织中的工作和生活条件是不断变化的，因此会不断地产生新的动机。也就是说，在人生活的某一特定时期，动机模式的形成是内部需要和外界环境相互作用的结果。④一个人在不同的组织或同一组织的不同部门会产生不同的需要。⑤由于人的需要不同、能力各异，对不同的管理方式会有不同的反应，因此没有一套适合所有组织的所有成员的行之有效的办法。

如前文所述，研究组织行为的另一重要理论是行为经济学。行为经济学发端于20世纪70年代中期，现已成为经济学的一个重要分支，其诞生是源于对古典经济学的“背叛”，标志性的成果是卡尼曼（Kahneman，D.）和特维斯基（Tversky，A.）发表的一系列论文[114,115,116,117]。和西蒙的研究路径不同，卡尼曼和特维斯基并不是规范地论证理性局限问题，而是通过大量的心理学实验，直接检验新古典经济学的公理化体系，特别是理性经济人赖以生存的理性假定——偏好的完备性和传递性公理。他们的研究发现，这些公理并不符合心理事实。其研究结果概括起来，有五个要点：第一，人们并不具备完备理性，偏好的完备性公理和传递性公理不符合心理事实。人们实际上的决策遵循启发式原则，并受到框架效应等的影响，比如人们常常凭直觉和经验来做决策，而不会深思熟虑。人们常常在判断的时候受决策方案的内容、多个方案的顺序、决策程序、决策情景等的影响；第二，人们不仅关心财富的绝对水平，更关心相对于某个参照点的相对损益，即卡尼曼和特维斯基定义的价值函数；第三，收益和损失函数都呈现出递减的敏感性。也就是说，价值函数在收益部分是凹的，而在损失部分是凸的。价值函数的这个性质反映类似于新古典经济学的边际效用递减规律；第四，损失规避。损失同样利益所带来的痛苦要大于获得同样利益所带来的快乐；第五，概率权重的主观性和非线性。和新古典期望效用函数的线性概率加权不同，卡尼曼和特维斯基等的研究发现，人们实际上并不能准确判断概率权重，通常会出现高估和低估的现象。

卡尼曼和特维斯基的理论为有限理性在经济学中的应用打开了方便之门。价值函数是在新古典期望效用函数的基础上发展而来的，不仅可以包容原先的新古典模型，而且还能够在此基础上拓展，分析那些新古典模型所无法有效分析的部分，这也是行为经济学比新制度经济学成功的地方。由于新制度经济学没有有效地建立有限理性和行为之间的联系，所以也就无法建立和新古典模型兼容的模型，尽管在经验上新制度经济学取得了一定的成功，但在演绎上却非常不够，行为经济学正好弥补了这些缺憾。行为经济学作为理论分析框架，主要由视角、参照系和分析工具三部分构成[118]。视角是指研究的角度和出发点。正如古典经济学以“人是理性并追求利益最大化”为前提一样，行为经济学也有自己的前提——人并非完全理性，人的决策受客观因素之外的心理因素影响。参照系是指理解现实的指标，如一般均衡理论有阿罗—德布罗定理一样，行为经济学有拇指法则（源自认知心理学)。行为经济学的分析工具主要是数学模型和图像模型，和其他现代经济学一样，行为经济学同时也借助于计量和统计检验。

组织行为与组织整体绩效的实现密切相关。当前，组织行为理论在农机服务组织领域的研究尚未见报，针对其他合作组织的研究成果却已相对丰富，代表性成果有：1990 年，Karambayya[119]在研究中观察了工作群体绩效与工作满意感、组织公民行为之间的关系。结果表明，高绩效、高满意感的员工比低绩效的员工更多地表现出组织公民行为；1993 年，Borman 和 Motowidlo[120]提出，关系绩效不是直接的生产和服务活动，而是构成组织的社会、心理背景的行为，包括自愿的行为、组织公民行为、亲组织行为、组织奉献精神以及与特定作业绩效无关的绩效行为，如自愿承担额外的工作，帮助同事等，它能够促进组织的沟通，对社会沟通起润滑作用，降低紧张的情绪反应，可以促进作业绩效，从而提高整个组织的有效性；2003 年，王燕[121]认为影响组织合作行为的外部因素包括报酬结构、工作程序设计、奖惩制度、信任、沟通、外部压力、成员地位等，内部因素包括性别、价值观、行为动机、组织认可度、报复冲动等；2005 年，吴有玉[122]认为行为经济理论可以更好地解说委托代理理论中人的非理性的因素。在行为经济理论框架下，人更富有情感，不只是追求财富的最大化，而是追求综合的满意度。通过考虑企业中人性化的因素，可以使传统委托代理理论的激励困境得到解决，而且可提出更多的企业中关于如何提高效率的激励性手段，这对更好的解决委托代理问题有很大的作用；2006 年，王晓梅[123]以绩效管理的系统理论为背景，探讨了绩效管理过程公平性的构成因素及其对组织公民行为的影响，组织承诺的中介作用，以及工具性期望对组织公民行为的影响；2007 年，周业安，宋翔[124]认为现代行为组织经济学在西蒙、莱宾斯坦、卡尼曼和特维斯基等人的研究基础上，把有限理性具体化为多重动机、公平和互惠等社会偏好以及过度信心等认知偏差等问题，并构造了相关的模型和实验进行深入研究，取得了令人瞩目的成绩，必将给今后组织理论的发展带来革命性的影响。

组织行为理论的研究领域是关于生产力、生产关系、资源的有效配置以及利益分配问题，旨在透过人们在各种经济活动中的行为解释经济现象的本质。它具有如下性质：第一，以组织行为学为基础，研究重点是人的行为（更确切的说是经济行为）及其对组织（企业）及行为主体的影响；第二，借助心理学分析方法，为理性的经济分析提供忽视已久的心理基石，还原人性中某些非理性本质，能更准确地把握经济现象；第三，有效借助可控试验、调查等自然科学和社会科学研究方法，通过分析试验获得的数据得出结论和检验并修正先验理论。第四，在运用过程中能与博弈论有效结合，在有限理性的前提下研究行为主体的众多非理性行为，在现代组织理论与应用研究中具有先天性的优势。因此，组织行为理论也是本书研究农机服务组织形成与发展问题的重要理论支撑。

2.2.5 数据包络分析理论

数据包络分析（Data Envelopment Analysis）简称 *DEA*，由 A. Charnes 和 W. W. Cooper 等人于 1978 年创建并命名的[125]。*DEA* 是数学、运筹学、数理经济学和管理科学的一个新的交叉学科[126]，是将管理科学、系统工程和决策分析、运筹学等相结合，形成的具有特色的模型、方法和理论，是研究具有相同类型的部门、单位或组织间的相对有效性的十分有效的工具，也是处理多目标决策问题的有效方法，更是经济理论中估计具有多个投入、多个产出的“生产前沿面”的有力工具[127]。

1. *DEA* 的效率定义

一般的效率分析，从成本投入最小化角度进行分析，通常要涉及到 5 种效率指数[128,129]，即综合效率（*OE*），技术效率（*TE*），配置效率（*AE*），规模效率（*SE*），纯技术效率（*PTE*）。五种效率的定义可用图 2.1 与图 2.2 表示。

图 2.1 假设一个企业或组织使用两种投入 X_1 和 X_2 来生产

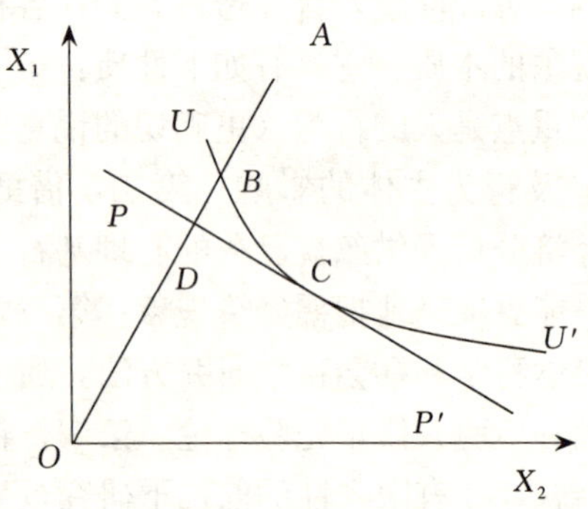

图 2.1　综合、技术与配置效率

一种产出 Y，在规模报酬不变（*CRTS*）和现有技术水平下，企业的等产量曲线为 UU'。很显然，按照 UU' 左下方的投入组合来生产是不可能的，而按照 UU' 右上方的投入组合进行生产则是无效率的。这里假定 PP' 为企业的一条等成本曲线，即预算约束线，等成本线的斜率表示投入价格，则点 C 既是技术有效又是配置有效，其原因是 C 点位于等产量曲线和等成本曲线相切之处。

企业在点 A 的技术效率可定义为利用当前技术的最理想投入（*OB*）与实际投入（*OA*）的比率即：$TE=OB/OA$，技术效率反映点 A 离开 UU' 的“距离”。若 $TE=1$，则为企业技术有效；若 $TE<1$，则为技术无效。企业的资源配置效率可表示为：$AE=OD/OB$，D 点位于等成本线上，反映在目前各种投入的价格条件下，企业是否能选择有效而合理的投入组合。

由图 2.1 可知，若企业在最小成本线上生产，其配置效率为 1，此时企业资源配置为有效，否则为配置无效。综合效率是 *OD*/*OA* 的比率，即是技术效率（*OB*/*OA*）与配置效率（*OD*/*OB*）的乘积，是企业生产目前产出水平的理想成本与实际成本的比率。企业在 C 点生产，其综合效率为 1，即为综合有效，否则为综合无效。

放松规模报酬不变的假设，可把技术效率分解为规模效率与纯技术效率，即 $TE=SE\times PTE$，如图 2.2 所示。

在图 2.2 中，NEF 表示规模报酬不变的生产前沿，BED 表示规模报酬可变的生产前沿。假设某企业在 A 点生产，企业的纯技术效率可表示为：$PTE=MB/MA$，纯技术效率测度的是企业当前的生产点与规模报酬变化的生产前沿之间技术水平运用的差距。企业的规模效率则表示为：$SE=MN/MB$，规模效率衡量的是规模报酬变化的生产前沿与规模报酬不变的生产前沿之间的距离。

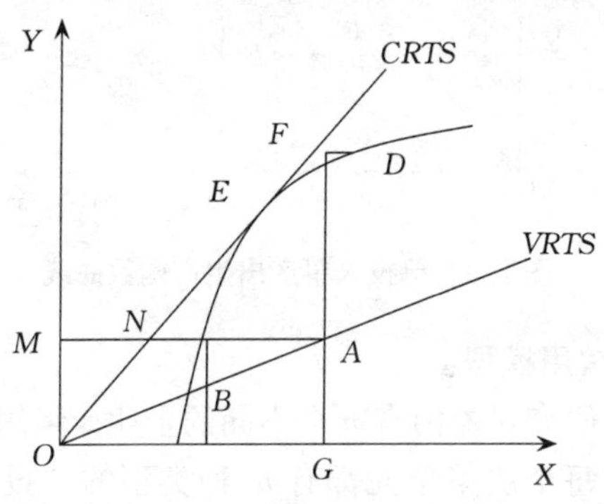

图 2.2　纯技术与规模效率

2. *DEA* 的有效性

图 2.3 表示单投入、单产出的生产函数 $y=f(x)$ 的曲线。它表示生产处于理想状态时，投入量为 x 时所能获得的最大产出量为 y。因此，生产函数曲线上的点 $A(x_1, y_1)$、$C(x_3, y_3)$ 代表的 DMU 都处于“技术有效”的理想状态。而点 $B(x_2, y_2)$ 不在生产函数曲线上，是非技术有效的。点 A 把生产函数分为两部分。在 A 点左边函数“加速上升”，说明增加投入可以获得较高的产出增加，生产处于规模收益递增阶段。在 A 点右边，则是规模收益递减阶段。点 C 所代表的 DMU 是技术有

效的，却不是规模有效的。点 A 既是技术有效的又是规模有效的。图中 B' 为 B 在减少投入的情况下在生产函数曲线上的投影，可见 B' 为技术有效。

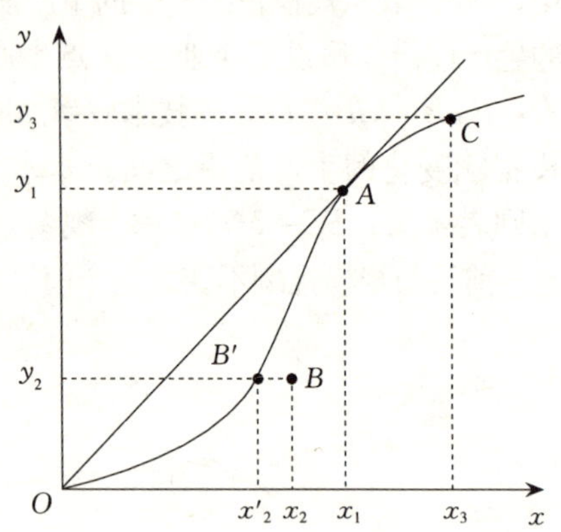

图 2.3　单投入单产出生产函数曲线

3. *DEA* 常用模型

假设在在研究对象内有 n 个不同的企业或组织作为综合评价的决策单元，每个决策单元都有 m 种类型的“投入”指标，以及 s 种类型的“产出”指标，其中投入指标与产出指标是待评企业的投入—产出指标，如表 2.2 所示。其中，$X_j=(x_{1j},\ x_{2j},\ \cdots,\ x_{mj})$ 表示第 j 个决策单元对应的投入量；$Y_j=(y_{1j},\ y_{2j},\ \cdots,\ y_{sj})$ 表示第 j 个决策单元对应的产出量，且 $j=1,\ 2,\ \cdots,\ n$。

表 2.2 中，x_{ij} 为第 j 个决策单元对第 i 种类型投入的投入量；y_{rj} 为第 j 个决策单元对第 r 种类型产出的产出量；v_i 为对第 i 种类型投入的一种度量（“权”）；u_r 为对第 r 种类型产出的一种度量（“权”）；且有：$x_{ij}>0$，$y_{ij}>0$，$v_i\geqslant 0$，$u_r\geqslant 0$，$(i=1,\ 2,\ \cdots,\ m;\ r=1,\ 2,\ \cdots,\ s;\ j=1,\ 2,\ \cdots,\ n)$。其中，$x_{ij}$ 及 y_{rj} 为已知数据，可以根据历史资料或实地调查得到，v_i 及 u_r 为“权”变量。

表 2.2　待评组织的数据信息

		DMU_1	DMU_2	……	DMU_n		
v_1	1→	x_{11}	x_{12}	……	x_{1n}		
v_2	2→	x_{21}	x_{22}	……	x_{2n}		
⋮	⋮	⋮	⋮		⋮		
v_m	m→	x_{m1}	x_{m2}	……	x_{mn}		
		y_{11}	y_{12}	……	y_{1n}	→1	u_1
		y_{21}	y_{22}	……	y_{2n}	→2	u_2
		⋮	⋮		⋮	⋮	⋮
		y_{s1}	y_{s2}	……	y_{sn}	→s	u_s

记 $X_j=(x_{1j},\ \cdots,\ x_{mj})^T$，$Y_j=(y_{1j},\ \cdots,\ y_{sj})^T$，$(j=1,\ 2,\ \cdots,\ n)$ 则可用 $(X_j,\ Y_j)$ 表示第 j 个决策单元 DMU_j。对应于权系数 $v=(x_1,\ \cdots,\ x_m)^T$，$u=(u_1,\ \cdots,\ u_s)^T$，每个决策单元都有相应的规划模型如下：

（1）*CRS* 模型（the constant returns to scale model）。*CRS* 模型是 Charnes，Cooper 和 Rhodes[125] 于 1978 年提出的第一个 *DEA* 模型，也称为 C^2R 模型，其运行的前提假设规模收益不变。如果某评价系统共有 n 个决策单元（*DMU*），评价指标体系由 m 个投入和 s 个产出指标组成，其中第 j 个 *DMU* 的投入和产出向量分别为 $X_j=(x_{1j},\ x_{2j},\ \cdots,\ x_{mj})^T>0$ 和 $Y_j=(y_{1j},\ y_{2j},\ \cdots,\ y_{mj})^T>0$，$j=1,\ 2,\ \cdots,\ n$ 对第 j_0 个 *DMU* 进行评价的带有非阿基米德无穷小量 ε 的 C^2R 模型为：

$$
\begin{cases}
\min[\theta-\varepsilon(\hat{e}^T s^- + e^t s^+)] \\
s.t\sum_{j=1}^{n}\lambda_j x_j + s^- = \theta x_0 \\
\sum_{j=1}^{n}\lambda_j y_j - s^+ = y_0 \\
\lambda_j \geqslant 0, j=1,2,\cdots n \\
s^- \geqslant 0, s^+ \geqslant 0
\end{cases}
\tag{2.1}
$$

式中 θ 表示决策单元的效率，ε 为非阿基米德无穷小量，$\hat{e}^T=$

$(1, 1, \cdots, 1) \in R_m$，$\hat{e}^T=(1, 1, \cdots, 1) \in R_s$，$s^{+0}$，$s^{-0}$为松弛变量，$\lambda_j$ 表示第 j 个决策单元的权值，x_j，y_j 表示第 j 个决策单元的投入和产出向量。

模型的意义是在保证产出不减少的情况下，尽量使各种投入按同一比例缩小，同时 S^+，S^- 给出所评价决策单元的投入产出结构调整信息。该模型对每个决策单元的评价，不仅给出了决策单元是否有效及非有效时的改进方案，同时也对边界生产函数进行了估计，这种估计虽然没有给出边界生产函数的具体形式，但是却给出了任意生产活动（X，Y）在生产边界上的对应点。

若上式中 $\theta=1$，$s^+=0$，$s^-=0$ 则称第 j_0 个 DMU 有效的，即达到了技术有效和规模有效，其含义是此时该决策单元的生产活动是有效的，处于理想状态，即除非增加一种或多种投入，或减少其他种类的产出，无法再增加任何产出；除非增加一种或多种投入，或减少其他种类的产出，无法再减少任何投入。若 $\theta_0=1$，$s^{+0}\neq0$，或 $s^{-0}\neq0$ 则称第 j_0 个 DMU 为弱 DEA 有效，决策单元的水平恰当但存在结构问题，存在投入或产出结构效率损失。若 $\theta_0<1$ 时，该决策单元为非有效，这时存在投入规模不经济的问题，若还存在 $s^{+0}\neq0$，$s^{-0}\neq0$，则还存在着投入或产出结构的不合理。此时，还可计算出它在有效前沿面上的“投影”和欲达到有效边界 X_{j0}，Y_{j0} 应调整的大小：

$$\Delta X_{j0}=X_{j0}-\bar{X}_{j0}=(1-\theta)X_{j0}-s^{-0}\cdots\cdots\text{投入调整} \quad (2.2)$$

$$\Delta Y_{j0}=\bar{Y}_{j0}-Y_{j0}=s^{+0}\cdots\cdots\cdots\cdots\text{产出调整} \quad (2.3)$$

以上两式提供了将 DMU_{j0} 转变为 DEA 有效而在投入与产出方面必须达到的目标。同时，利用 C^2R 的最优解还可以了解 DMU_{j0} 规模收益的变化情况，即：若 $\frac{1}{\theta_0}\sum_{j=1}^{n}\lambda_{j0}=1$，则为规模收益不变；若 $\frac{1}{\theta_0}\sum_{j=1}^{n}\lambda_{j0}>1$，则为规模收益递减；若 $\frac{1}{\theta_0}\sum_{j=1}^{n}\lambda_{j0}<1$，

则为规模收益递增。

(2) *VRS* 模型（the variable returns to scale model)。规模报酬不变下的 *CRS* 模型的假设隐含着 *DMU* 可以通过增加投入等比例地扩大产出规模，即 *DMU* 规模的大小不影响其效率。这一假设在很多情况下并不满足，各种因素如不完全竞争、经济环境甚至产业政策等都有可能导致 *DMU* 难以在理想的规模下运行。在这种情况下，规模报酬不变的假设显然是不符合实际的，并导致当被考察的 *DMU* 不是全部处于最佳规模时，技术效率和规模效率混杂在一起。为解决这一问题，Banker Charnes 和 Cooper[130] 于 1984 年在考虑规模报酬可变的情况下提出了 *CRS* 模型的改进方案即 *VRS* 模型（亦称 *BCC* 模型)。规模报酬可变的假设使得计算技术效率时可以消除规模效率的影响，由此得到的效率就是纯技术效率（*PTE*)。

对应于决策单元 DMU_{j0} 的 *BCC* 评价模型可用下面的一对线性规划对偶问题来描述：

$$\begin{cases} \max\ (\mu^T Y_{j_0} + \mu_0) = V_P \\ \text{s. t.}\quad \omega^T X_j - \mu^T Y_j - \mu_0 \geqslant 0,\ j=1, \cdots, n \\ \qquad\ \ \omega^T X_{j_0} = 1 \\ \qquad\ \ \omega = (\omega_1, \cdots, \omega_m)^T \geqslant 0, \\ \qquad\ \ \mu = (\mu_1, \cdots, \mu_s)^T \geqslant 0 \end{cases} \tag{2.4}$$

其对偶规划为：

$$\begin{cases} \min\quad \theta = V_D \\ \text{s. t.}\quad \sum_{j=1}^{n} X_j \lambda_j + s^- = \theta X_{j_0} \\ \qquad\ \ \sum_{j=1}^{n} Y_j \lambda_j - s^+ = Y_{j_0} \\ \qquad\ \ \sum_{j=1}^{n} \lambda_j = 1, \lambda_j, s^-, s^+ \geqslant 0, j = 1, \cdots, n \end{cases} \tag{2.5}$$

若线性规划问题（2.4）、（2.5）存在最优解 ω^0 ，μ^0 ，μ_0^0 满足 $V_P=\mu^{0T}Y_{j_0}+\mu_0^0=1$ ，则 DMU_{j_0} 为弱 DEA 有效（ BCC ）；若进而满足 $\omega^0>0$，$\mu^0>0$，则 DMU_{j_0} 称为 DEA 有效（ BCC ）。

（3）规模报酬判定定理模型——NIRS 模型。当用 CRS 和 VRS 模型测算出 DMU 的技术效率、纯技术效率，进而计算出其规模效率后，还不能根据这些结果来判断 DMU 的规模到底合理不合理，是否为规模经济，即该 DMU 是处于规模报酬递增区域，还是规模报酬递减区域，或者是规模报酬不变区域，这就降低了规模效率测度的作用，也是上述模型的一个缺陷。Coelli[131] 提出，可以通过求解一个规模报酬非增（$NRIS$）的 DEA 问题来判断被考察的 DMU 规模处于哪个区域。将式（2.5）所表示的 VRS 模型中的约束条件 $\sum_{j=1}^{n}\lambda_j=1$ 改为 $\sum_{j=1}^{n}\lambda_j\leqslant 1$，即可得到 $NRIS$ 模型：

$$\begin{cases}\min \quad \theta=V_D \\ \text{s.t.} \quad \sum_{j=1}^{n}X_j\lambda_j+s^-=\theta X_{j_0} \\ \qquad \sum_{j=1}^{n}Y_j\lambda_j-s^+=Y_{j_0} \\ \qquad \sum_{j=1}^{n}\lambda_j\leqslant 1,\lambda_j,s^-,s^+\geqslant 0,j=1,\cdots,n\end{cases} \tag{2.6}$$

通过比较 $NRIS$ 和 VRS 模型得出的效率值，即可以判断被评 DMU 所处的区域。若 $TE_{NIRS}\neq TE_{VRS}$，表明被评 DMU 处于规模报酬上升区域，其规模无效来源于规模过小，可通过扩大规模来提高其效率；若 $TE_{NIRS}=TE_{VRS}$，表明被评 DMU 处于规模报酬递减区域，DMU 规模偏大导致规模无效，需通过缩小规模来提高效率。如果技术效率、纯技术效率和规模效率值都为 1，表明 DMU 处于生产前沿上，处于规模报酬不变区域。

4. *DEA* 的研究进展

由于 *DEA* 理论和方法直接产生于实际问题的需要，具有明显的经济意义，而且相对于其他评价与决策方法，又有着许多优点，人们对 *DEA* 的应用就更加关注。*DEA* 的首次运用是评价为弱智儿童开设的公立学校项目。随着研究和实践深入，*DEA* 的应用范围不仅由非赢利的公共事业单位扩大到企业，而且也由横向的管理效率评价延伸到同一个决策单元的纵向评价，但在合作组织领域的研究成果较少。代表性研究成果如下：

1988 年，魏权龄等人[132]用 *DEA* 方法对全国学会进行效益评价，不仅合理地确定了评价学会工作的指标体系，而且通过 *DEA* 模型的计算为中国科协提出了科学的管理与决策建议，引起了国内学者的浓厚兴趣；2004 年，杨印生等人[133,134]研究了基于偏好锥的 *DEA*－*DA* 模型并分析了增加决策单元的 *DEA*－*DA* 模型的灵敏度；2004 年，孙福田等人[135]运用 *DEA* 方法在考虑农业技术进步情况下测算了农业机械化对农业产出的贡献率；2005 年，孙巍等人[136]以“结构—行为—绩效”的 *SCP* 范式为基础研究了商业银行绩效的演化趋势及其形成机理；2005 年，李军[137]运用 *DEA* 方法研究了农村信用合作社前沿效率；2006 年，庞瑞芝[138]运用数据包络分析法（*DEA*）对我国两类商业性银行 2000 年到 2004 年的技术效率、纯技术效率和规模效率进行了测算，并对效率差异进行统计鉴定；2006 年，常亚青等人[139]选取《中国统计年鉴》中未变动工业行业划分的 5 年数据，采用数据包络分析方法（*DEA*）对工业各行业的全部国有及规模以上非国有企业的技术效率、规模效率及全要素生产率（以 Malmguist 指数衡量）进行计算，总结出若干关于优化产业结构、促进行业发展的合理建议；2008 年，王大鹏等人[140]运用超效率数据包络模型（*SDEA*）研究了华东地区六省一市 2003—2005 年农业发展状况，并提出改进措施；2008 年，汪旭晖等人[141]运用 *DEA* 模型对我国 31 个地区的农业生产效率进行了综合评价，发现2003—2005年间一些农业大省的农业生产效率始终在较低的水平徘徊。

以上研究成果是近年来*DEA*理论与应用研究的代表之作，对本书研究农机服务组织的作业效率具有重要的参考价值。从以上代表性研究成果可知，数据包络分析理论为具有“同类型”特征的决策单元的相对效率评价研究提供了新的理论视角和方法，特别适合于对具有同质性的多个学校、医院、企业、组织等进行相对效率评价并寻求前沿效率改进的方法与措施。虽然*DEA*在农机社会化服务领域的研究成果尚未见报，但由于*DEA*方法本身所具有的一系列特点和优点，使得其对于农机服务组织作业效率的测度十分可行，是本书进行农机服务组织形成与发展问题研究的重要理论支撑。

2.3 小结

本章梳理了农机服务组织形成与发展问题研究所涉及的主要理论并回顾了各理论在相关领域的代表性研究成果，简要评析了各理论对于本研究的适宜性，拟对后文的研究奠定理论基础和应用范例。所涉及的理论包括为本书奠定理论基础的马列主义农民合作理论以及从方法论上为本书提供支撑的自组织理论、可拓理论、博弈理论、组织行为理论和数据包络分析理论。其中，马列主义农民合作理论拟用于奠定本书研究的理论基础并指导研究方向；自组织理论拟用于分析农机服务组织的形成、发展与演化问题；可拓理论拟用于分析农机服务组织形成过程中的战略伙伴选择及组织运行过程中的矛盾问题；博弈理论拟用于分析农机服务组织形成中的各种博弈问题；组织行为理论拟用于分析农机服务组织运行过程中成员的各种行为及其影响；数据包络分析理论拟用于分析农机服务组织的投入产出效率。

3 农机服务组织现状调查与分析

准确把握农机服务组织发展现状是进行系统研究的基础。本章在实地调查的基础上从多个角度对农机服务组织的发展现状进行描述和分析，有助于达到以下两个目的：一是系统深入地把握农机服务组织的发展现状如发展的环境、组织的特点、组织的管理水平、成员的行为特点及组织的投入产出情况等，为后文的研究奠定基础；二是发现和揭示农机服务组织形成及发展进程中存在的问题，为后文的研究指明方向并提供数据支持。

3.1 调查的设计、实施与检验

3.1.1 调查对象的确定及量表的设计

由于本书研究的对象是在家庭联产承包的前提下，潜在成员（农机大户、散机户、机手、技术人员、普通农民及其他人员）自发形成合作的，以各种农机具为载体的，在农业生产周期中（包括产前、产中、产后，主要指产中）跨越县级以上行政区域进行小麦、水稻、玉米等农作物作业活动并以追求效用最大化为主要目标的各级农机作业服务组织。因此，调查的主要对象是农机服务组织的现有成员，调查的目的是了解农机服务组织形成与发展的现状如组织概况、作业环境、合作机理、投入产出、利益分配等等。

针对确定的调查对象，按照量表设计的相关规范，设计了一套半开放式调查量表（见附录）。量表的内容主要包括个人背景、农机服务组织的概况及其特点、农机服务组织作业和发展环境、农机服务组织管理的管理及成员行为、农机服务组织作业的投入与产出等。从问题设计来看，满意度调查运用 5 分制（5-point）总加量表（李斯特量表）方法，将答案设计为“很满意”、“满意”、“一般”、“不满意”、“极不满意”五个层次，每个层次对应的值分别是 5 分、4 分、3 分、2 分和 1 分。根据被调查者选择的满意度就可以进行相应的赋值，从而把主观满意度进行合理量化。除满意度调查外，其他问题根据需要分别采用单项、多项选择或填空的方式进行调查。

3.1.2 调查地点的选择及调查的实施

1. 调查地点的选择

我国地域宽广，南北地区农业生产条件差异很大，各地农机社会化服务发展模式与发展水平也存在很大差异。总的来看，北方地区平原地带较多，小麦、水稻、玉米等主要农作物种植的规模化程度较高，农机社会化服务体系也相对发达。例如，北京市近年来加强了对农机服务组织规模化、社会化的引导，制定了农机发展资金主要针对农机服务组织的政策，在现有农机服务组织的基础上，积极培育农机个体大户、股份合作制企业、农机合作社等不同类型的大型农机服务组织，使北京市的农机社会化服务在全国处于领先水平，其发展历程在全国具有一定的代表性；位于我国中西部过渡区域的山西省是我国农机跨区服务的起源地，虽然其农业机械化的发展在全国各省市中一直处于中等水平，但在某些领域和方面却处于全国领先水平。山西省的农机社会化服务体系经改革开放后 20 多年的探索和实践，已逐步形成了以农机大户为主体，多种经营形式并存的农机服务组织体系，初步构建了新型农机服务组织的基本框架，在全国具有一定的代表性；位于东北地区中部的吉林省是我国主要的商品粮基地之一，其农机社会化服务体系建设相对比较落后。近年来，吉林省农业、农机部门致力于开展农业机械化示范区建设。经过多年的探索和调整，农业机械化示范区建设取得了阶段性成果，示范区农业机械化发展速度明显加快，农机装备水平、作业水平和管理服务水平明显提高，新的农机管理体制、经营机制已见雏形，带动了当地效益农业的发展和农民人均收入的稳步提高，初步形成了以榆树市弓棚镇为代表的六种经营模式，在我国农机社会化服务体系建设中具有一定的典型性。

从调查的具体实施来看，由于时间、精力等众多因素的限制，作者重点对山东省的农机服务组织形成与发展现状进行了实地调查，而对于北京市、山西省、吉林省等其他省、直辖市和自治区，则主要通过查询其农机部门和统计部门的相关统计资料来获取资料。选择山东省作为实地调查对象，主要基于以下理由：第一，山东省农业机械化发展水平较高，农机服务组织发展的基础和环境较好。“十五”以来，山东省农业机械化多项指标连续居于我国前列。截止到2005年底，山东省农机总动力达到9 190万千瓦，农机总值达到490亿元，拖拉机数量达到206万台，农业生产综合机械化水平接近70%。2006年，山东省在101个农业县实施了国家和省购机补贴政策，共落实国家和省两级补贴资金4 561万元，补贴农民4 229户，补贴各类机具5 331台，购机总额达到1.56亿元。通过积极实施农机购置补贴政策，推动了全省农机化又好又快地发展。截止到2006年底，其农业机械化综合水平达到70.2%。第二，山东省农机服务组织发展模式全面且典型，在全国具有很强的代表性。山东省在建立新型农机服务组织和服务体系工作中，按照“农机服务市场化、服务组织实体化，服务实体规范化，服务群体行业化”和“因地制宜、多元创办、政府扶持、市场运作”的思路，在改革发展基层农机站的同时，用现代工业的管理理念改革创新农机服务组织，初步形成了以新型农机站、农机协会、农机作业公司、农机服务合作社为龙头，以农机大户为骨干，以农机户为主体的农机服务组织新体系。截止到2007年6月，全省已建立各类新型农机服务组织1.2万个，成为农村市场经济中新的微观主体，有力地推动了全省农机服务市场化、专业化、行业化的发展。由此可见，山东省不仅农机服务组织数量多，其发展模式也较为典型，能为调查和开展相关研究提供丰富的素材。

在对山东省的调查中，考虑到人力、时间的限制及调查的可行性，重点对苍山县的农机服务组织形成与发展情况进行了调查，理由如下：第一，苍山县的农机社会化服务水平较高，在山东省具有一定的代表性。苍山县是国家优质小麦基地县，位于山东省最南部。截止到 2007 年 6 月，苍山县共有农机户 3.04 万户，涉及人数 4.77 万人；农机作业专业户 2.89 万户，涉及人数 3.30 万人；各类农机作业服务组织 348 个，涉及人数4 238人。近年来，苍山县农机部门把跨区作业作为社会化服务的“品牌工程”和“民心工程”，每年均提前与河南、安徽、江苏等地联系，了解当地信息，分析市场行情，为跨区作业做充分准备，并对参加跨区作业的农机具进行统一的安全性能检测。同时，县农机局还派出跨区作业指挥车和技术配件服务车，抽调专业技术人员组成服务队，随机全程为机手提供技术维修、配件供应、纠纷协调等各项服务，为跨区作业的机群保驾。仅 2007 年“三夏”期间，苍山县保有的约 560 台联合收割机中就有 300 多台参加了跨区作业，作业里程1 000多公里，作业总收入达到 700 余万元。第二，在苍山县进行调查具有较好的可行性。苍山县是作者导师的家乡，人文环境比较熟悉，社会关系良好，较容易获得当地政府部门的支持和协助，有利于提高调查的效率并节约时间、经费和人力，同时还可最大限度地消除被调查对象的戒备心理，便于获取准确的调查结果。

2. 调查的具体实施

对苍山县农机服务组织的形成与发展现状进行实地调查的时间为 2007 年 6 月 14 日至 28 日，此时苍山县 2007 年“三夏”小麦跨区机收工作基本结束，外出作业的农机服务组织已返回家乡。参与调查的人员为包括作者在内的 2 位老师和 3 位博士研究生，调查地点包括苍山县政府相关部门，兰陵镇坊前村、王田营村等，磨山镇花庄村、宋庄村等，层山镇沙埠村、房杨庄村等，共计16个乡镇的近40个自然村。调查对象主要是各农机服务组织代表，具体包括农机大户代表、农机手代表、技术人员代表及参与农机服务组织的其他人员（如普通农民、乡村教师、农村基层干部等）代表。调查人员共分2组，经过为期15天的实地调查，共调查了包括神山镇西庄农机服务队、三合乡富民农机合作社、兰陵镇沃土农机作业服务队、磨山镇山南农机服务队、层山镇沙埠农机服务队等在内的18个农机服务组织，其组织形式包括作业服务队、农机合作社及农机协会等。考虑到农机服务组织大部分成员来自农民，其总体文化素质偏低，无法独立完成量表的填写，在调查过程中主要采取面谈的方式，即由调查人员口述问题，组织成员作答并由调查人员代为填写。这样虽然调查效率较低、耗时较多，但能有效避免无效量表的产生。经过为期15天的实地调查，共得到有效量表105份。

3.1.3 量表的有效性检验

对量表本身进行信度（Reliability）和效度（Validity）检验，是量表数据处理的第一步，它们是对所获得的量表的准确性、统计分析结论的科学性以至于研究成果的质量的检验和测度。

1. 信度检验

量表的可信度（亦称信度）是指量表调查结果所具有的一致性或稳定性的程度，它代表反复测量结果的接近程度。信度包括同质性信度、分半信度和再测信度[142]。其中，同质性信度也称为内部一致性，指的是测验量表内部项目间的一致性，适合于只有一次调查的量表；分半信度是在调查以后对调查项目按某种标准分为两半并分别记分，由两半分数之间的相关系数得到信度系数。由于分类标准的主观性加上题目被分为两半，常会造成信度偏低的现象；再测信度是指在不同的时间由同一组人员对同一项目进行两次调查，两次测试所得分数的相关系数即为再测系数，以此来验证调查的可靠性，适用于具有两次调查量表的情况。一个量表的信度越高，说明量表越稳定，采用该量表测试或调查的结果就越可靠和有效[143]。

由于作者只进行了一次调查，因此采用克伦巴赫（L. J. Cronbach）所提出的 α 系数方法检验量表内部一致性程度即同质性信度。可利用 SPSS 软件计算 α 系数，其计算公式为

$$\alpha = \frac{K}{K-1}\left(1-\frac{\sum S_i^2}{S_x^2}\right) \tag{3.1}$$

式（3.1）中，α 值常被称为 Cronbach’s α 系数，代表了量表题项的内部一致性，它等于所有可能组合的折半法信度系数的平均值。K 为量表所包括的总题数，S_x^2 为测验量表总分的变异量，S_j^2 为每个测验题项得分的变异量。α 系数值界于 0—1 之间，一般认为，α 系数值界于 0.65～0.70 间是最小可接受值，α 系数值界于 0.70～0.80 之间相当好，α 系数值界于 0.80～0.90 之间非常好。一般要求量表的 α 系数大于 0.80。值得注意的是，许多量表测量的内容包括几个领域，宜分别对其估算 α 系数，否则整个量表的内部一致性较低[144]。

利用 SPSS 软件对调查得到的 105 份量表进行信度测算。在计算过程中，文字填空项根据所填范围设定区间转化为选择项代入计算。比如对于年龄，由于组织成员的年龄呈现出离散型分布，因此在有效性检验过程中将年龄划分为 20～29 周岁、30～39 周岁、40～49 周岁、50～59 周岁、60 周岁及以上这几个范围区间，根据成员填写的实际年龄就可将之转化为以上几个选择项中的某一个。有些填空项由于不便转化，在此忽略不计，如个人或组织拥有农机的品牌。因此，本次检验的是量表主要题项的信度，计算结果如表 3.1 所示：

表 3.1　农机服务组织调查量表信度检验结果

题项＼检验项	Cronbach's α 系数	F 检验	Fig	检验结果
个人背景	.704	61.482	.000	相当好
所在组织的概况及其特点	.722	55.323	.000	相当好
所在组织的作业和发展环境	.873	38.819	.000	非常好
所在组织的管理	.806	76.276	.000	非常好
所在组织的成员行为	.691	71.601	.000	最小可接受
所在组织跨区作业的投入产出情况	.689	41.234	.000	最小可接受

由表 3.1 可知，针对农机服务组织的量表各分量表的内部信度均达到了可接受的临界水平，据此可判断所设计的调查量表具有较好的内部一致性，调查结果可信。

2. 效度检验

效度指测量结果与试图达到的目标之间的接近程度，评价的是测量偏倚和系统误差问题。就调查量表而言，效度是指量表能够在多大程度上反映它所测量的理论概念。本书以探索性因素分析检验量表中所编制的题项是否如原先所预定的分别落入六个因素中。本量表以主轴法（principal axis method）抽取因素，并以斜交法（oblimin）进行因素转轴，而且在抽取因素时，直接指定所要抽取的因素为六（因为本量表设计的架构为六个分量表，在进行因素分析时就以六个因素来抽取因素。若原定各分量表的题目能落入其设定的因素中，即代表本量表具有建构效度。若有题目未能落进其设定的因素中，就必须剔除掉）。本量表经上述的分析后，所得结果如表 3.2、表 3.3 所示。

表 3.2　KMO and Bartlett 检验

KMO 取样适切性量数		.836
Bartlett 球形检定	近似卡方分配	805.164
	自由度	345
	显著性	.000

由表 3.2 可知，KMO 值为 0.836，根据统计学家 Kaiser 给出的标准，适合作因素分析。Bartlett 球度检验给出的相伴概率为 0.000，小于显著性水平 0.05，因此拒绝 Bartlett 球度检验的零假设，认为也适合作因素分析。

表 3.3 农机服务组织形成与发展量表的因素分析结果

题 项	投入产出	组织管理	成员行为	作业环境	概况特点	个人背景
对组织内部人际关系的满意度	.699					
一台联合收割机平均每年作业面积	.678					
所在组织的客户保持率	.616					
对作业过程中组织内部人身及财产安全的满意度	.609					
一台联合收割机平均每年维修费用	.608					
收获一亩小麦耗油成本	.598					
农户对作业效果的满意度	.480					
跨区收获一亩小麦一般毛收入	.423					
农户对作业效果不满意的原因	.417					
一台联合收割机每年折旧摊销	.401					
当前的农机服务是否能满足农户需要	.397					
所在的组织是否有明文的规章制度		.785				
所在组织评价成员或他人的标准		.730				

（续）

题 项	投入产出	组织管理	成员行为	作业环境	概况特点	个人背景
所在组织中农机所有权归属		.728				
所在组织进行决策的依据		.713				
所在的组织在作业之前是否会与委托人或中介组织签订合同		.698				
对组织合作机制的满意度		.686				
所在的组织联系业务的主要方式		.658				
所在的组织中成员与组织的关系		.649				
所在组织成员加入农机服务组织的途径		.645				
所在的组织如何进行利益分配		.613				
对组织成员行为控制能力的满意度		.584				
对组织凝聚力的满意度		.462				
所在的组织如何分配作业任务		.418				
参与农机服务组织的目的			.697			
对自己在组织中的收益期望			.631			
外出作业时，是否愿意与别人互相帮助			.609			
对实际收益和收益差异重要性的认识			.579			
是否赞同设定惩罚机制来规范成员行为			.577			

（续）

题　项	投入产出	组织管理	成员行为	作业环境	概况特点	个人背景
在组织中遭受不公平待遇时的表现			.506			
得到别人的帮助后的表现			.493			
是否关注过自己收入和别人收入的差异			.461			
外出作业时，您比较愿意帮助的对象			.449			
所在的组织是否存在不公平现象			.398			
对国家和地方相关政策的满意度				.726		
对委托人（农户）的满意度				.721		
对道路交通状况的满意度				.697		
农户需要农机跨区服务的原因				.688		
对农机厂家售后维修服务的满意度				.666		
对中介组织的服务及收费标准的满意度				.639		
对跨区作业市场价格的满意度				.602		
农户对组织的了解程度				.587		
作业地区接受农机跨区服务的农户比例				.569		
对地方农机部门引导和服务的满意度				.531		
从生产过程来看，农户对农机服务的需要				.510		
农户对跨区作业收费标准的满意度				.421		

（续）

题 项	投入产出	组织管理	成员行为	作业环境	概况特点	个人背景
农户不接受农机跨区服务的原因				.419		
从作物类别来看，农户对农机服务的需要				.407		
组织成立的年限					.774	
所在组织的规模					.718	
所在组织作业范围主要是					.713	
组织拥有的农机原值					.642	
所在组织拥有联合收割机数量					.620	
对联合收割机质量的满意度					.607	
对组织成员业务能力的满意度					.581	
外出作业时一台联合收割机配备的人数					.552	
所在组织成员平均文化程度					.449	
性别						.683
个人从事跨区作业的年限						.659
文化程度						.627
年龄						.598
第一职业						.561
个人拥有农机的原值						.532
在组织中的角色						.513
相关证件的完备性						.474
家庭人均年收入						.416
解释变异量	16.47%	12.32%	7.40%	5.85%	4.41%	3.79%
累积变异量	16.47%	28.79%	36.19%	42.04%	46.45%	50.24%

由表3.3可知，第一个因素共包含“所在组织跨区作业的投入产出下情况”下的所有题项，虽然“当前的农机服务是否能满足农户需要”的因素负荷量是0.397，未能达0.4的标准，但因距0.4已是非常接近，所以还是保留下来。第二个因素包含“所在组织的管理”下的所有题项，第三个因素包含“所在组织的成员行为”下的所有题项，其中“所在的组织是否存在不公平现象”的因素负荷量是0.398，保留下来。第四个因素包含“所在组织的作业和发展环境”下的所有题项，第五个因素包含“所在组织的概况及其特点”下的所有题项，第六个因素包含“个人背景”下的所有题项。由所得因素分析结果对照原定的架构，所有题项都落入既定的因素中，因此都属有效的项目，全部可以使用。

由上述信度和效度的检验得知，本书设计的调查量表具有较高的内部稳定性，且量表数据能够较好的反映调查量表的结构和内容，因此农机服务组织形成与发展量表是一份具有信度和效度的研究工具。

3.1.4 调查对象的统计描述

收回的105份有效问卷分别对应105位农机服务组织成员。这105位组织成员从性别来看，男性为94人，占总人数的89.5%；从年龄来看，30～39岁与50～59岁各30人，分别占总人数的28.6%。40～49岁45人，占总人数的42.8%；从受教育水平来看，文盲10人，占总人数的9.5%。小学文化程度61人，占总人数的58.1%。初中和高中文化程度均为15人，分别占总人数的14.3%。大专及以上文化程度的4人，占总人数的3.8%；从家庭人均年纯收入来看，1 500～2 000元22人，占总人数的21.0%。2 000～2 500元28人，占总人数的26.7%。2 500～3 000元15人，占总人数的14.3%。3 000元以上40人，占总人数的38.1%；从个人的第一职业来看，普通农民51人，占总人数的 48.6%。农机服务从业者 29 人，占总人数的 27.6%。乡村干部 8 人，占总人数的 7.6%。农村教育、科技、医疗或文化艺术从业者 7 人，占总人数的 6.7%。农村个体经营者和其他劳动者各 5 人，分别占总人数的 4.8%；从个人拥有的农机原值来看，5 万以内 8 人，占总人数的 7.6%。5 万～10 万与 10 万～15 万各 23 人，分别占总人数的 21.9%。15 万～20 万 13 人，占总人数的 12.4%。20 万～25 万 18 人，占总人数的 17.1%。25 万以上 20 人，占总人数的 19.0%；从个人从事跨区作业的年限来看，3 年以内 29 人，占总人数的 27.6%。3～5 年 37 人，占总人数的 35.2%。5～8 年 24 人，占总人数的 22.9%。8 年以上 15 人，占总人数的 14.3%；从从事农机跨区服务相关证件的拥有情况来看，拥有全部证件 31 人，占总人数的 29.5%。拥有部分证件 35 人，占总人数的 33.3%。不拥有任何相关证件 39 人，占总人数的 37.1%；从个人在组织中的角色来看，普通农机手 25 人，占总人数的 23.8%。技术维修人员 26 人，占总人数的 24.8%。后勤服务人员 24 人，占总人数的 22.9%。管理人员 14 人，占总人数的 13.3%。组织发起人 9 人，占总人数的 8.6%。其他人员 7 人，占总人数的 6.7%。

3.2 组织形成与发展的环境分析

3.2.1 政策环境

从农机化发展的政策环境来看，我国对农业机械化的发展非常重视，从政策上一直加以扶持，尤其是近几年的扶持力度明显增大。其中，2004 年的中央一号文件以促进农民增收为着力点，在国家实行“两减免三补贴”的惠农政策中农机补贴占据了重要一席；2005 年的中央一号文件以提高农业综合生产能力为着力点，将农业机械化作为提高农业综合能力、增强农业增长潜力的有效手段；2006 年的中央一号文件以推进社会主义新农村建设为着力点，农业机械化在新农村建设中的作用更加显现；2007年的中央一号文件以建设现代农业为着力点，再一次为农业机械化发展“加温”，提出改善农机装备结构，提升农机装备水平，走符合国情、符合各地实际的农业机械化发展道路；2008年中央一号文件再次聚焦农机化发展，提出加快推进粮食作物生产全程机械化，对农机作业服务实行减免税，对从事田间作业的拖拉机免征养路费，继续落实农机跨区作业免费通行政策，扶持发展农机大户、农机合作社和农机专业服务公司等一系列优惠措施。这五个一号文件由农民到农业、农村，再到现代农业，标志着我国工业化、城市化、现代化的建设进入到一个统筹城乡发展的新阶段，也标志着农业机械化发展已经站在一个新的历史起点上。

从农机服务组织发展的政策环境来看，2000年4月3日农业部发布《联合收割机跨区作业管理暂行办法》，对联合收割机跨区作业的组织管理、信息服务和作业合同、安全生产与作业质量等作出了明确的规定和要求；2003年9月1日起施行的《联合收割机跨区作业管理办法》对中介服务组织、跨区作业管理、跨区作业服务、奖励与处罚等问题作了更详尽的规定，并同时废止了2000年4月3日发布的《联合收割机跨区作业管理暂行办法》；2003年10月，党的十六届三中全会做出的《中共中央关于完善社会主义市场经济体制若干问题的决定》中关于“支持农民按照自愿、民主的原则，发展多种形式的农村专业合作组织”的论述，为建立农机社会化服务组织指明了方向；2004年10月1日起施行的《拖拉机驾驶证申领和使用规定》，对规范农机跨区作业服务市场起到了积极作业；2004年11月1日正式实施的《中华人民共和国农业机械化促进法》对农机作业服务组织做出了明确的规定：“国家鼓励和支持农民合作使用农业机械，提高农业机械利用率和作业效率，降低作业成本。”“农民、农业机械化作业组织可以按照双方自愿、平等协商的原则，为本地或者外地的农民和农业生产经营组织提供各项有偿农业机械作业服务。

有偿农业作业应当符合国家或者地方规定的农业机械作业标准。”等，从法律上为农机社会化服务和农机服务组织的发展提供了法制保障，为创新农机社会化服务机制，推动农机服务产业化，促进农机服务组织的发展奠定了坚实的法律基础；2007 年的中央一号文件中，首次明确提出了“积极培育和发展农机大户和农机专业服务组织，推进农机服务市场化、产业化”的要求，这在我国农机服务组织的发展进程中具有里程碑意义；2006 年 11 月 1 日中华人民共和国第十届全国人民代表大会常务委员会第二十四次会议通过了《农民专业合作社法》，并于 2007 年 7 月 1 日起施行。《农民专业合作社法》为农业社会化服务及农机作业体系建设中农民的组织创新奠定了法律基础地位，同时也使农机服务组织能够作为独立的经济实体在农村经济中发挥作用，有力地促进了农机服务组织的迅速发展。同时实施的还有《农民专业合作社登记管理条例》和《农民专业合作社示范章程》，这两项法令对于规范农机服务组织的管理，促进其健康发展具有重大战略意义。2007 年 10 月，为引导农机服务组织建设，规范农机社会化服务市场，农业部办公厅公布了《农机社会化服务作业合同》(范本)。合同范本分别对农机社会化服务中的作业内容、作业标准及结算方式、签订合同双方的权利与义务、违约责任、发生纠纷的调解方式等各方面内容进行了详细规定，并对具有特殊性的水稻机插秧服务附带了补充协议，不仅可有效保护机手与农户双方的利益，为规范农机服务市场提供一个有效途径，还有利于进一步促进农机服务向市场化、专业化、产业化方向发展。

从农机服务组织成员对国家和地方相关政策的满意度来看，105 位成员中有 55 位表示很满意，占成员总数的 52.4%；有 28 位表示满意，占成员总数的 26.7%；有 22 位表示感觉一般，占成员总数的 21%。由此可见，组织成员对当前农机服务组织发展的政策环境总体上很满意，105 位受访者中无一人表示不满意或极不满意。可见近年来国家出台的一系列政策法规确实是考虑并在很大程度上解决了农机服务组织成员和普通农户的现实问题，而且满足甚至超越了组织成员的心理期望，有力地促进了农机服务组织的发展。

3.2.2 社会环境

农机服务组织形成与发展的社会环境主要包括地方农机部门的引导质量和服务、道路交通状况、农机生产厂家的售后维修服务、中介组织的服务、农民（委托人）对农机服务组织的认知、农民（委托人）的配合程度等。

从地方农机部门的引导质量和服务效果来看，105 位成员中有 21 人对地方农机部门的引导和服务表示很满意，占成员总数的 20%。60 人表示满意，占成员总数的 57.1%。21 人表示感觉一般，占成员总数的 20%。3 人表示不满意，占成员总数的 2.9%。可见农机服务组织成员对地方部门的引导和服务总体上比较满意。事实上，地方农机部门的引导和服务在农机服务组织的形成与发展中起到十分积极的作用，他们不仅引导农机具的购买和农机服务组织的组建，还对农机服务组织成员进行培训服务、信息资讯服务、作业任务联系服务及作业过程中的协调与安全保障服务；从道路交通状况来看，105 位成员中有 14 人表示很满意，占成员总数的 13.3%。40 人表示满意，占成员总数的 38.1%。39 人表示感觉一般，占成员总数的 37.1%。10 人表示不满意，占成员总数的 9.5%。2 人表示极不满意，占成员总数的 1.9%。可见，组织成员对道路交通状况的满意度不算太高。他们比较满意的是高速或国道的道路交通状况，不仅免交各种费用，还能得到公安、交通部门的各种优待。不满意主要集中在乡村道路和田间作业道路，认为不仅路况不好，道路人文环境也不好。

从对农机厂家售后维修服务的满意度看，105 位成员中有 24 人表示很满意，占成员总数的 22.9%。34 人表示满意，占成员总数的32.4%。36人表示感觉一般，占成员总数的34.3%。8人表示不满意，占成员总数的7.6%。3人表示极不满意，占成员总数的2.9%。厂家的维修服务质量在很大程度上关系到农机服务组织的作业效率，近年来各大农机厂家一般都派专门的维修人员深入作业第一线进行跟踪服务，力争在第一时间解决农机故障并降低农机服务组织的损失。从实际效果来看，厂家跟踪维修的力度和范围还不足以让所有组织成员满意，主要是由于厂家人力和成本等因素的制约；从中介组织的服务及收费标准来看，105位成员中有11人表示很满意，占成员总数的10.5%。35人表示满意，占成员总数的33.3%。38人表示感觉一般，占成员总数的36.2%。16人表示不满意，占成员总数的15.2%。5人表示极不满意，占成员总数的4.8%。中介组织在农机服务组织的作业过程中不仅提供接机、带机等业务联系活动，而且一般还为组织成员提供食宿，但同时也收取一定的费用，一般是5元/亩或是按照作业毛收入的10%提成。从调查结果来看，组织成员对中介组织的不满主要表现在收费偏高或食宿条件较差。

从农民（委托人）对农机服务组织的认知看，105位成员中有12人认为农民对组织很了解，占成员总数的33.3%。29人认为农民对组织基本了解，占成员总数的27.6%。64人认为农民对组织不了解，占成员总数的61%。由此可见，农民对农机服务组织了解程度还不够高，由于彼此间缺乏有效的沟通，他们不了解农机服务组织的组织结构、规章制度、分配机制等，双方只是简单的委托（大多数情况是口头委托）与被委托关系，干完活、付完工钱后委托即结束，双方不存在任何关系；从对委托人（农民）的满意度看，105位成员中有11人表示很满意，占成员总数的10.5%。34人表示满意，占成员总数的32.4%。44人感觉一般，占成员总数的41.9%。15人表示不满意，占成员总数的14.3%。1人表示极不满意，占成员总数的1.0%。成员对农民的满意度主要表现在农户对组织作业的配合上，例如“三夏”

期间天气炎热、酷暑难耐，一部分农民会考虑到这一点而主动给服务于自己家的组织成员免费送水，而有的农民则完全不管，认为自己既然已付了工钱，就不用管其他的了，完全未考虑组织成员的生理和心理需求。

3.2.3 市场环境

农机服务组织形成与发展的市场环境主要包括农户对农机服务的具体需要、农户接受农机服务的比例、农户接受或不接受农机服务的原因、跨区作业的市场价格以及农户对跨区作业收费标准的满意度等等。

从作物类别来看农户对农机服务组织的具体需要，105 位成员中有 55 人认为农户的需要主要是小麦作业，占成员总数的 52.4%。有 20 人认为农户的需要主要是玉米作业，占成员总数的 19.0%。有 24 人认为农户的需要主要是水稻作业，占成员总数的 22.9%。有 6 人认为农户的需要主要是其他农作物作业，占成员总数的 5.7%。组织成员的不同回答主要是由于所作业地区的种植结构差异决定的，虽然本次调查的组织成员大多仅从事小麦跨区作业，但由于各成员作业的地方不同，对应地方农户的需求也不同。从调查结果来看，当前农民对农机服务的需求主要集中在小麦，但玉米和水稻的需求也很旺盛，这两个市场尤其是玉米作业市场将是未来农机服务组织的发展方向之一；从生产过程来农户对农机服务组织的具体需要，105 位成员中有 10 人认为农户的需要主要是翻耕地，占成员总数的 9.5%。有 21 人认为农户的需要主要是播种，占成员总数的 20.0%。有 16 人认为农户的需要主要是田间管理，占成员总数的 15.2%。有 58 人认为农户的需要主要是作物收获，占成员总数的 55.2%。同上，成员回答的差异源自他们作业地区的差异和成员自身的认知差异。

从接受农机跨区服务的农户比例看，105 位成员中有 12 人认为接受农机服务的农户比例在 30%以内，占成员总数的 11.4%。有 27 人认为界于 30%～50%，占成员总数的 25.7%。有 41 人认为界于 50%～70%，占成员总数的 39.0%。有 20 人认为占 70%以上，占成员总数的 23.8%。同样，由于作业地区和成员认知的差异，受访成员对该问题的回答很不一致。可以肯定的是，并不是所有的农户当前都需要跨区服务，随着农村劳动力的进一步转移和农村人力资本的升值，接受跨区作业服务的农户比例会逐步增加；从农户需要农机跨区服务的原因看，105 位成员中有 16 人认为是耕地太多，忙不过来，占成员总数的 15.2%。21 人认为是家里主要劳动力外出打工，占成员总数的 20.0%。23 人认为是方便快捷，有利于抢农时，占成员总数的 21.9%。18 人分别认为是与雇人工相比更划算和比人工作业效果更好，分别占成员总数的 17.1%。有 6 人认为是看别人用，自己也用，占成员总数的 5.7%。有 3 人认为是其他原因，占成员总数的 2.9%。由此可知，虽然在此过程中农户的需要都相同，即需要农机进行跨区作业，但各农户催生该需要的动机却多种多样；从农户不接受农机跨区服务的原因看，105 位成员中有 15 人认为是为了省钱，占成员总数的 14.3%。有 19 人认为是用人工就能胜任，没有必要用机械作业，占成员总数的 18.1%。有 27 人认为是作业收费太高，占成员总数的 25.7%。有 22 人认为是怕农机对土地有损害，占成员总数的 21%。有 15 认为是农户自己家有农机，占成员总数的 14.3%。还有 7 人认为是其他原因，占成员总数的 6.7%。由此可见，虽然各农户的行为均相同，即拒绝聘请农机服务组织为自己家作业，但在农机服务组织成员眼中其行为动机却多种多样，这当然还与组织成员的认知水平有关系，有可能存在认知偏差。在调查中还发现，部分农民认为运用农机翻耕地会破坏土地的原有结构，运用农机进行收获会压实土地，甚至认为遗漏的机油、柴油等会对土地产生污染，这些都是农户尤其是年纪偏大的农户拒绝使用农机的重要原因。

从农户对跨区作业市场价格的满意度来看，105 位成员中 7 人表示很满意，占成员总数的 6.7%。49 人表示满意，占成员总数的 46.7%。34 人感觉一般，占成员总数的 32.4%。9 人表示不满意，占成员总数的 8.6%。6 人表示极不满意，占成员总数的 5.7%。可见当前组织成员对作业市场价格的满意度较低。从调查中得知，当前农机服务组织跨区机收小麦的价格一般是35～50 元/亩，且大块地较为便宜，小块碎地价格较贵。另外，由于市场竞争的不规范，各组织之间相互压价，最低价格甚至达到 30 元/亩，虽然大多数成员对此价格并不满意，但在激烈的竞争中只能接受；同样对于作业的收费标准，105 位成员中有 22 人认为农户很满意，占成员总数的 21.0%。有 46 人认为农户满意，占成员总数的 43.8%。有 28 人认为农户感觉一般，占成员总数的 26.7%。有 7 人认为农户不满意，占成员总数的 6.7%。有 2 人认为农户极不满意，占成员总数的 1.9%。可见，超过 60%的组织成员认为农户对当前的收费标准较为满意或很满意，也就是他们认为该收费标准对于农户十分优惠而对于自己不够实惠。另外，也有部门组织成员认为有一部分农户对该价格不满意或极不满意，认为这是某些农户拒绝使用农机跨区作业的原因。需要说明的是，在调查中发现有的农户对农机服务组织作业收费标准很满意，但由于其他原因却拒绝使用农机服务，另外一些农户虽然对收费标准不满意，却由于某些原因（比如耕地太多，劳动力外出打工，抢农时等）不得不聘请农机服务组织为自己作业。

3.3 组织发展现状分析

3.3.1 组织的概况与特点

农机服务组织的概况和特点主要包括组织成立的年限、组织的规模、成员的平均文化程度、组织成员的业务能力、组织拥有的联合收割机数量及质量、组织拥有的农机原值、联合收割机外出作业时的人员配备及组织作业的主要范围等等。

从所属组织成立的年限来看，选择3年以内的22人，占总人数的21.0%。选择3～5年的33人，占总人数的31.4%。选择5～8年的30人，占总人数的28.6%。选择8年以上的20人，占总人数的19.0%。可见农机服务组织成立的年限均不是太长，尤其是近5年来成立的组织数量骤增；从所属组织的规模来看，选择10人以内的11人，占总人数的10.5%。选择11～20人的17人，占总人数的16.2%。选择21～30人的16人，占总人数的15.2%。选择31～40人的20人，占总人数的19.0%。选择41～50人的28人，占总人数的26.7%。选择51以上的13人，占总人数的12.4%。可见当前苍山县农机服务组织的规模主要集中在21～50人这个范围内，规模太小或太大的组织均很少；从所在组织成员的平均文化程度来看，选择小学的有42人，占总人数的40.0%。选择初中的有48人，占总人数的45.7%。选择高中及以上的有15人，占总人数的14.3%。可见当前苍山县农机服务组织成员的总体文化水平较低，这主要是由于成员年龄总体偏大造成的；从所在组织成员的业务能力来看，4人表示很满意，占总人数的3.8%。35人表示满意，占总人数的33.3%。43人表示感觉一般，占总人数的41.0%。20人表示不满意，占总人数的19.0%。3人表示极不满意，占总人数的2.9%。这里业务能力主要指成员的驾驶技术、维修技术、联系业务的能力、内部协调能力及必要的管理能力等。由调查结果可知当前农机服务组织成员的业务能力比较差，即使组织内成员也感觉不太满意。这主要是由于组织成员大部分来自于农民，受文化水平、思想意识等因素的限制，再加上相关的培训不充分，导致组织成员的业务能力比较弱。

从所在组织所拥有的联合收割机数量来看，选择3台以内的13人，占总人数的12.4%。选择3～5台的18人，占总人数的

17.1%。选择6~8台的24人，占总人数的22.9%。选择9~12台的19人，占总人数的18.1%。选择13~18台的20人，占总人数的19.0%。选择19台以上的11人，占总人数的10.5%。从调查结果看，当前苍山县农机服务组织所拥有的联合收割机数量不是太多，主要集中在6~15台之间，规模较大、管理规范的农机服务组织在苍山县还未出现；从联合收割机质量来看，8人表示很满意，占总人数的7.6%。52人表示满意，占总人数的49.5%。26人表示感觉一般，占总人数的24.8%。13人表示不满意，占总人数的12.4%。6人表示极不满意，占总人数的5.7%。联合收割机是一种结构复杂、易损件较多的农用大型机械，随着世界农机工业的发展，近年来小麦联合收割机的质量和性能逐步提高，已基本满足了用户的需求。但由于在跨区作业过程中联合收割机长途迁徙、连轴运转，再加上缺乏必要的保养或操作不当，很容易发生故障从而导致用户的不满；从组织拥有的农机原值来看，选择20万元以内的4人，占总人数的3.8%。选择20万~50万元的21人，占总人数的20.0%。选择50万~100万元的34人，占总人数的32.4%。选择100万~200万元的26人，占总人数的24.8%。选择200万元以上的20人，占总人数的19.0%。可见当前农机服务组织一般都拥有20万元以上原值的农机，从实地调查来看，一个组织至少应拥有3台联合收割机，按平均一台原值8万元计算，其农机原值应超过24万元；从一台联合收割机作业时的人员配备来看，选择2人的有5人，占总人数的4.8%。选择3人的有46人，占总人数的43.8%。选择4人的有44人，占总人数的41.9%。选择5人及以上的有10人，占总人数的9.5%。可见一台联合收割机外出作业时一般配备3~4人，其中2人为农机手，1人为测量员，一般还有1人专门负责后勤和收费；从所在组织作业范围来看，选择本县的有13人，占总人数的12.4%。选择周边市县的有24人，占总人数的22.9%。选择外省的有68人，占总人数的

64.8%。可见，当前苍山县超过80%的农机服务组织其作业范围主要是外省（市）。

3.3.2 组织的管理

农机服务组织的管理主要包括规章制度的完备性、组织纳新的评判标准、成员加入组织的途径、农机设备所有权归属、组织与成员的关系、联系业务的方式、作业合同的完备性、作业任务的分配方式、收益的分配方式、组织合作机制、组织的凝聚力以及组织对成员行为的控制能力等。

从组织规章制度的完备性来看，105位组织成员中有76人选择自己所在的组织没有明文的规章制度，占总人数的72.4%。可见当前苍山县农机服务组织的规章制度还很缺失，需逐步制定并规范；从所在组织评价成员或他人的标准来看，4人选择外部特征或第一印象，占总人数的3.8%。17人选择道德品行，占总人数的16.2%。25人选择行为特征，占总人数的23.8%。27人选择业务能力，占总人数的25.7%。26人选择人际关系，占总人数的24.8%。6人选择其他，占总人数的5.7%。可见当前农机服务组织评价成员或他人的标准比较单一甚至存在某些偏差，主要表现在对潜在成员的评价上还缺乏较为系统的评判标准，行为特征、业务能力和人际关系在组织的评价准则中占据着重要地位；从加入组织的途径来看，73人选择通过各种人际关系加入，占总人数的69.5%。9人选择通过正式的考评加入，占总人数的8.6%。23人选择通过其他方式加入，占总人数的21.9%。可见当前农机服务组织吸纳新成员的主要渠道仍然是各种社会关系网络，比如亲缘、地缘、学缘等等，绝大多数组织还缺乏对潜在成员进行系统评价的意识和能力。

从组织中农机设备所有权归属来看，4人选择国家和集体所有，占总人数的3.8%。25人选择组织所有，占总人数的23.8%。76人选择私人所有，占总人数的72.4%。可见当前绝大部分农机服务组织中农机设备均为私人所有，组织成员一般通过设备入股或技术入股等方式进行合作，当然也有的组织是通过成员资金入股后新购买农机设备，此时农机归整个组织所有。国家或集体所有是指原有乡镇农机站通过改革、转制，成立农机服务组织进行跨区作业，或者是基于合作的农机服务组织从农机站租赁农机设备进行跨区作业等；从所在组织中成员与组织的关系来看，8 人选择组织拥有农机并聘用农机手和技术人员等，占总人数的 7.6%。30 人选择成员用农机设备入股并提成，占总人数的 28.6%。49 人选择成员共同出资购买农机并形成合作关系，占总人数的 46.7%。18 人选择其他关系，占总人数的 17.1%；从组织联系业务的主要方式看，5 人选择组织中专门有人负责联系业务，占总人数的 4.8%。44 人选择通过中介组织联系业务，占总人数的 41.9%。37 人选择通过政府统一安排，占总人数的 35.2%。19 人选择通过熟人或老客户联系，占总人数的 18.1%。可见当前组织联系业务的主要方式仍然是中介组织或政府相关部门，在联系业务的过程中，地方政府充当了免费的中介组织；从作业合同的完备性来看，15 人选择作业之前会与委托人或中介组织签订合同，占总人数的 14.3%。42 人选择不会签订合同，占总人数的 40.0%。48 人选择偶尔会签订，占总人数的 45.7%。可见，绝大多数组织在作业过程中不会与委托方签订任何合同，双方仅依靠口头合约进行约束，这不利于保护农户和组织成员的利益，经常存在反悔、误时及纠纷等情况。今后组织在作业过程中应严格按照农业部办公厅发布的《农机社会化服务作业合同》（范本）执行，依据合同对作业内容、作业标准及结算方式、签订合同双方的权利与义务、违约责任等进行详细约定，以保护双方正当的权益。

从作业任务的分配方式看，71 人选择组织统一协调分配，占总人数的 67.6%。19 人选择成员自己抢着干并尽量多干，占总人数的 18.1%。15 人选择其他分配方式，占总人数的

14.3%；从组织的利益分配方式看，54 选择组织统一收取作业费并按照协商好的分配机制进行分配，占总人数的 51.4%。32 人选择成员自己作业，自己收取费用并归自己所有，占总人数的 30.5%。19 人选择其他分配方式，占总人数的 18.1%。可见成员的作业态度、作业分配方式与组织的利益分配机制有着密切的联系。在当前的农机组织中，有的组织形成了严格意义上的合作，组织统一管理、统一作业并统一分配，有的组织则是散机户之间为了保障安全而纯粹的搭伙，各成员或小团体是独立的经济体，他们自己作业、自己收费、自己花销，组织实际上仅是一个空名；从组织的决策依据来看，41 人选择根据领导的经验进行决策，占总人数的 39.0%。30 人选择靠组织成员的商量进行决策，占总人数的 28.6%。20 人选择参考别的组织进行决策，占总人数的 19.0%。14 人选择依据组织的规章制度进行决策，占总人数的 13.3%。可见当前农机服务组织的决策机制尚不成熟，组织管理还比较混乱；从组织合作机制来看，13 人表示很满意，占总人数的 12.4%。45 人表示满意，占总人数的 42.9%。30 人表示感觉一般，占总人数的 28.6%。17 人表示不满意，占总人数的 16.2%。可进当前组织合作机制还不足以令绝大多数成员感到满意，需要结合实际情况进行调整；从组织凝聚力来看，27 人表示很满意，占总人数的 25.7%。60 人表示满意，占总人数的 57.1%。13 人表示感觉一般，占总人数的 12.4%。4 人表示不满意，占总人数的 3.8%。1 人表示极不满意，占总人数的 1.0%。可见当前绝大多数组织成员认为组织凝聚力很高，这除了与组织的合作机制有关外，主要还取决于组织成员之间的人际关系。由于同一组织的成员大都相互具有某种社会关系，即要么是亲戚，要么是邻居、同学或朋友，而且参与组织的目的大致相同，因此组织凝聚力比较高；从组织对成员行为控制的能力来看，4 人表示很满意，占总人数的 3.8%。30 人表示满意，占总人数的 28.6%。40 人表示感觉一般，占总人数的 38.1%。26 人表示不满意，占总人数的24.8%。5人表示极不满意，占总人数的4.8%。成员的行为对组织的形成、作业和发展均具有极大地影响，组织对于成员行为较强的控制能力是一个组织发展的必要条件之一，只有对负面行为和不规范行为进行有效的控制，才能促进组织的和谐发展。从调查结果来看，当前农机服务组织对于成员的控制能力比较弱，这主要是由于某些成员本身的纪律性、组织性差，受小农思想的约束以及组织规章制度、奖惩机制和组织文化的缺失造成的。

3.3.3 成员的行为

组织成员的行为包括加入组织的目的、对自己收益的期望、对收益差距的关注、对不公平现象的关注、对互惠行为的关注和对利他行为的理解与关注。

从参与农机服务组织的目的来看，39人选择为了赚更多钱，占总人数的37.1%。43人选择为了自身及农机的安全，占总人数的41.0%。10人选择为了交更多的朋友，占总人数的9.5%。7人选择为了赢得别人的尊重，占总人数的6.7%。6人选择为了实现自己的价值，占总人数的5.7%。成员加入组织的目的实际上是他们内心潜在的需求与期望，由调查结果可知主要集中在赚钱和安全方面。另外，即使成员加入组织的需求与期望相同或类似，他们的行为动机也有可能存在很大的差异；从成员对自己在组织中的收益期望看，6人选择与其他成员一样多，占总人数的5.7%，他们是绝对的“公平人”，受“大锅饭”思想影响比较严重。27人选择按自己的劳动和投入获取收入，占总人数的25.7%，他们是比较理性的人，希望实现按劳分配或按投资分配。72人选择自己的收入水平在组织所有成员中位于前1/3行列，占总人数的68.6%，他们是关注收益差距和不公平现象的人，并有可能通过努力去达到自己的期望；从对自己的收入水平和组织内部其他成员的收入水平的比较来看，78人选择关注过，占总人数的74.3%，可见收入差异确实是影响人们心理与行为的一个重要因素，也是多数人关注的内容之一；从对实际收益和收益差距重要性的认识来看，40人选择实际收入水平更重要，占总人数的38.1%，他们是比较务实的人，且很少与别人进行比较。29人选择与别人的收益差距更重要，占总人数的27.6%，他们是典型的具有“不公平厌恶”的人。36人选择差不多一样重要，占总人数的34.3%。他们对这个问题认识不深入或者确实认为差不多重要。

从组织内部不公平现象的存在性来看，75人选择大量存在，占总人数的71.4%。26人选择很少存在，占总人数的24.8%。4人选择几乎不存在，占总人数的3.8%。可见公平与否确实是组织内部绝大多数人所关注的对象，而且某些人对不公平现象比较敏感；从遭受不公平待遇时的表现来看，39人选择抱怨，占总人数的37.1%，这是最常见的表现方式。6人选择消极怠工，占总人数的5.7%。21人选择退出组织，占总人数的20.0%，这是比较极端的表现方式，表现出这种反应的成员一般具有严重的不公平厌恶倾向。29人选择想办法报复，即使在报复过程中自己会遭受一定的损失，占总人数的27.6%，具有这种反应的人是典型的互惠人群，而且此时表现的是消极互惠里的极端行为方式。10人选择为了挣钱，能忍就忍，占总人数的9.5%。这是比较中庸的处理方式，也是很多成员的处事原则；从惩罚机制的设定来看，67人赞成设定一定的惩罚机制来规范成员的行为，占总人数的63.8%，说明他们是积极互惠人群，而选择不赞同的人要么具有较中庸的处世态度，要么出于面子问题或其他的考虑。

从成员之间的互相帮助来看，93人选择外出作业时愿意与别人互相帮助，占总人数的88.6%，说明他们具有互惠倾向且考虑到了组织的整体利益。与之相对应，选择不愿意的人则是完全自利的人，他们只考虑自己的利益而对于别人的困难和问题毫不关心；从愿意帮助的对象来看，51人选择自己的家人或亲戚，占总人数的48.6%，说明他们具有亲缘利他倾向。23人选择愿意帮助与自己关系良好的人，占总人数的21.9%，这是完全处于感情的考虑。21人选择愿意帮助那些帮助过自己的人，占总人数的20.0%，说明他们具有互惠利他倾向。10人选择愿意帮助组织内所有的人，只要别人有需要，占总人数的9.5%。这种人具有纯粹的利他行为，他们一般是从组织整体利益的角度考虑，比如组织的领导者。当然也有的是完全出于自己的本能，所追求的是心理上的满足和快感；从得到别人帮助后的行为表现看，37人选择一定想办法报答，占总人数的35.2%。45人选择记在心里并与他搞好关系，占总人数的42.9%。23人选择去帮助其他人，占总人数的21.9%。可见，互惠行为模式在农机服务组织中确实广泛地存在，但每个成员的具体行为表现会有所差异。

3.3.4 组织的投入产出

农机服务组织的投入产出主要包括农户对作业效果满意度、组织的客户保持率、联合收割机作业的成本与产出、组织内部人际关系的协调性、组织成员自身及财产安全性等。

从农户对作业效果的满意度来看，105位成员中有25人选择很满意，占总人数的23.8%。62人选择满意，占总人数的59.0%。14人选择感觉一般，占总人数的13.3%。4人选择不满意，占总人数的3.8%。从组织成员的角度来看，农户对作业效果总体上比较满意，但未达到全部满意；从农户对作业效果不满意的原因来看，15人选择作业时间不准时，占总人数的14.3%，这主要是指实际作业时间与口头或合同约定的具体时间之间存在差异。10人选择违约率较高，占总人数的9.5%。由于缺乏合同的约束，双方的违约率较高，如农户可以违约将自己家的农活以更低的价格委托给别人，组织成员也有可能因接到价钱更高的活而违约或拖延时间。25 人选择作业质量不够好，占总人数的 23.8%，这主要是由于时间的仓促而对边角处作业得不彻底。22 人选择收费太高，占总人数的 21.0%。虽然农机服务组织成员普遍认为当前的收费标准已很低，但部分农民却认为偏高。23 人选择作业态度不够好，占总人数的 21.9%。这主要是由于成员脾气、修养、文化素质、责任心等因素的影响而表现出服务态度不够好，这也是引发纠纷的原因之一。10 人选择其他原因，占总人数的 9.5%；从组织客户保持率来看，51 人选择 85%以内，占总人数的 48.6%。20 人选择 85%～90%，占总人数的 19.0%。26 人选择 90%～95%，占总人数的 24.8%。8 人选择 96%以上，占总人数的 7.6%。从实地调查来看，客户的损失有多方面的原因，如作业效果不够好，连年作业地点不统一，等等。

从联合收割机的年折旧摊销来看，2 人选择3 000元以内，占总人数的 1.9%。16 人选择 3 000～4 000 元，占总人数的 15.2%。22 人选择4 000～5 000元，占总人数的 21.0%。17 人选择5 000～6 000元，占总人数的 16.2%。35 人选择6 000～7 000元，占总人数的 33.3%。13 人选择7 000元以上，占总人数的 12.4%。对于联合收割机年折旧摊销的差异主要来自于购买价格的差异和对使用年限估计的差异，总体来看主要集中在4 000～7 000元/年；从联合收割机的年维修费用来看，8 人选择几乎没有，占总人数的 7.6%。36 人选择1 000～1 500元，占总人数的 34.3%。28 人选择1 500～2 000元，占总人数的 26.7%。24 人选择2 000～2 500元，占总人数的 22.9%。9 人选择2 500元及以上，占总人数的 8.6%。年均维修费用的差异与联合收割机的品牌、新旧程度及操作的技巧等均有关系，从调查结果来看年均维修费用主要集中在1 000～2 500元，可见联合收割机确实是故障多发的农业机械；从收获一亩小麦的耗油成本来看，39 人选择 5～8 元，占总人数的 37.1%。54 人选择 8～10 元，占总人数的 51.4%。12 人选择 10 元以上，占总人数的 11.4%。作业的成本主要与联合收割机的功率、新旧程度和油价有关，从调查结果来看主要集中在 6～10 元/亩；从一台联合收割机年均作业面积看，7 人选择 500～800 亩，占总人数的 6.7%。29 人选择 800～1 000亩，占总人数的 27.6%。26 人选择1 000～1 200亩，占总人数的 24.8%。18 人选择1 200～1 500亩，占总人数的 17.1%。25 人选择1 500亩以上，占总人数的 23.8%。联合收割机年均作业面积主要与机械质量、组织管理、作业地区等因素有关，从调查结果来看主要集中在 800～1 200亩之间；从跨区收获一亩小麦的毛收入来看，30 人选择 30～40 元，占总人数的 28.6%。75 人选择 40～50 元，占总人数的 71.4%。该项指标主要与联系业务的方式和作业的地区有关；从作业过程中组织成员人身和财产安全状况来看，28 人选择很满意，占总人数的 26.7%。60 人选择满意，占总人数的 57.1%。15 人选择感觉一般，占总人数的 14.3%。2 人选择不满意，占总人数的 1.9%。总的来看，通过参与农机服务组织，成员的人身和安全状况基本能得到有效保障，但也不排除极个别的情况，例如由于地区差异、从业人员素质较低等原因，作业纠纷时有发生，有时甚至引发群体事件。有些地区治安状况较差，社会闲杂人员截车、抢车、抢财物的情况偶有发生，严重影响了成员的人身及财产安全；从组织内部人际关系来看，9 人选择很满意，占总人数的 8.6%。49 人选择满意，占总人数的 46.7%。34 人选择感觉一般，占总人数的 32.4%。12 人选择不满意，占总人数的 11.4%。1 人选择极不满意，占总人数的 1.0%。可见，在跨区作业过程中和作业之后，组织内部的人际关系总体上趋于满意，但也存在一些不和谐的因素；从当前的农机服务能否满足农户的农机服务需要来看，62 人认为不能满足，占总人数的 59.0%。32 人认为基本能够满足，占总人数的 30.5%。11 人认为能够完全满足，占总人数的 10.5%。可见，绝大多数农机服务组织成员认为当前的农机服务水平并不能满足农户的农机服务需求，尤其是对于玉米、水稻、棉花等作物的需求。

3.4 小结

本章在实地调查的基础上对山东省苍山县农机服务组织的形成和发展情况进行了统计分析，主要研究内容和结论如下：①山东省不仅农机服务组织数量多，其发展模式也较为典型，能为调查和开展相关研究提供丰富的素材。由于受时间、精力和调查可行性等因素的制约，作者于2007年夏季对山东省苍山县农机服务组织的形成和发展情况进行了实地调查并获取了105份量表。②通过采用克伦巴赫（L. J. Cronbach）α 系数方法和探索性因素分析方法对设计量表的信度和效度进行检验，结果表明所设计的量表具有较高的内部稳定性，且量表数据能够较好的反映量表的结构和内容，调查资料能用于下一步分析和研究。③农机服务组织形成和发展的环境包括政策环境、社会环境和市场环境。从政策环境看，由于近年来国家连续出台相关政策法规来引导、鼓励和规范农机服务组织的发展，当前组织发展的政策环境较好；从社会环境来看，地方农机部门的引导和服务质量较好，但道路交通状况、农机生产厂家的售后维修服务、中介组织的服务、农民（委托人）对农机服务组织的认知及农民的配合程度等仍有待改进；从市场环境看，农户对农机服务的具体需要比较旺盛，但农户接受农机服务的比例有待提高。由于无序和恶性竞争的存在，组织成员对作业的市场价格满意度较低，但农户的满意度较高。④从农机服务组织的发展概况来看，当前组织的人员规模和农机具规模较小，成员的文化水平与业务能力比较低；从组织的管理来看，当前组织规章制度的完备性、纳新评判标准的科学性、作业合同的完备性亟待加强，成员加入的途径、作业过程管理和作业利益分配管理不尽合理，组织的凝聚力较高但成员行为的控制能力较低；从组织成员的行为来看，成员加入组织的需要与动机各异，同时很大部分成员还关注组织内部的收益差距、不公平现象和对互惠行为并表现出各种行为反应；从组织的投入产出来看，农户对作业效果满意度、组织的客户保持率、组织内部人际关系的协调性和组织成员自身及财产安全性等方面较好，但联合收割机作业本身的投入产出水平有待提高。

4 农机服务组织形成机理研究

在农机服务组织的形成阶段，潜在成员之间都在相互接触、相互认识和相互熟悉，直到在解释组织目标，确定组织内部适当行为和合作机制等方面取得共识。当行为个体真正地感到自己已经是组织内部的一员，农机服务组织的形成阶段结束。因此，在实地调查的基础上系统深入地辨明农机服务组织的形成机理不仅有利于增强对农机服务组织的理解，还有利于对其发展过程中的一系列问题进行研究。农机服务组织的形成机理研究不仅应包括对其形成过程的系统分析，还应更深入地探讨在农机服务组织形成过程中潜在成员之间的博弈过程，组织发起人选择合作伙伴的方法以及组织成员之间应遵循的合作机制等问题。

4.1 组织形成机理的系统分析

本书以实地调查地点——山东省苍山县为例探讨农机服务组织的形成过程与内蕴机理。根据实地考察和调查量表分析结果，认为农机跨区服务是农村剩余劳动力转移的一种特殊形式，而且是连带着自有资产（农机）一起周期性转移的，属于候鸟式短期转移行为。苍山县第一个农机服务组织形成于 1997 年，最初是由县农机局和镇（乡）分管部门牵头，在作业季节到来之前就与农机需求地区的相关部门联系并签订合约，到季节组织苍山县零散的农机户、农机手和少量其他人员根据不同地域的季节差按照由南向北的顺序进行小麦跨区机收作业，使参与人员获取了丰厚的经济利益。行为经济学的参照系理论认为，人们通常不会过多地留意所处环境的特征，而是对自己的现状与参照水平之间的差别更为敏感[118]。根据以上理论，当这部分人员首先从农机跨区服务中获取可观收益时，他们无疑就成为广大农民的参照系。当广大农民逐步认识到农机作业服务市场中蕴含的经济效益并深深地感知到自己与这部分人之间的收入差异时，在各种动机的驱使下就会产生强烈的加入跨区作业行列的需要。除此之外，由于从中央到地方各级政府部门都从各个角度引导、支持农民购机并开展跨区服务，近年来苍山县大型农机具的数量急速上升。以联合收割机为例，截止到2006年底苍山县联合收割机保有量达到555台，比2005年底增长了12.12%，这个增长趋势还在延续。事实上，苍山县本地的联合收割机需求量仅为280台左右，可见目前苍山县有半数左右的联合收割机是为了开展跨区作业而存在的。

新购机农户并不能马上上岗，他们需要接受相关部门组织的包括驾驶技术、安全常识、作业指导等相关知识与技能培训。就苍山县而言，此类培训由县农机局组织并负责实施。新购机农户需参加县农机局组织的为期一月的农机综合知识培训并参加结业考试，考试合格后由县农机监理部门办理驾驶证和学习证，证件有效期为2年。取得学习证和驾驶证后，相关部门将免费为学员办理跨区作业证。跨区作业证是由农业部统一印制，由各省公安厅、省交通厅、省农机局签发的联合收割机参加全国跨区机收的必需证件，一般需要接受年度检审验。外出作业的农机和车辆凭跨区作业证可免费使用高速公路，并且还将得到农机、交通、公安等部门的关照和优待。组织培训是苍山县规范农机跨区作业市场、提高农机服务质量的重要途径之一，在我国其他地方也普遍采用这种方式。

组织培训只是农机服务组织形成的基础条件之一。由于跨区服务一般路途较远，加上农机具本身价值较高，行驶速度较慢，且外来农机与本地农机之间存在着利益竞争，或是某些农村地痞无赖存在着欺生的念头，致使单辆农机外出作业很难保证机手自身安全与农机具的安全，这与农机外出作业追求经济利益的主要目标相悖。在苍山县调查期间，花庄村的杨氏兄弟向作者陈述了他们 2007 年夏天外出作业时遭遇的事故。据杨氏兄弟讲，2007 年他们兄弟俩结伴外出作业，在行至某县村道时被一电瓶车追尾，结果骑车男子下车用砖头将联合收割机玻璃砸坏。该县公安局在地方保护主义的驱使下，在处理这起交通事故时将“追尾”定义成“相碰”，从而使该男子仅受到拘留 5 日的处罚，而杨氏兄弟的农机损失、误工损失、精神损失等均被忽略掉，给杨氏兄弟造成不小的损失。他们提供的该县公安局关于本案的处理结果如图 4.1 所示。

以上案例只是农机跨区服务中发生的众多类似案例中的代表。事实上，经过几年的跨区实践，绝大多数从事跨区服务的人员已经意识到单机作业的弱质性，要保证他们在迁徙、作业过程中的人身、财产安全并争取合法的权益，必须组织起来共同外出作业以抵御各种风险，于是农机服务组织就成为现实需要。

除了安全因素外，降低成本也是绝大多数农机服务组织成员参加组织的主要原因之一。以联合收割机为例，作为复杂的大型农机具，联合收割机在外出作业过程中经常会出现各种故障，如果单机外出作业又恰遇上随机人员不会维修，则需要联系厂家售后维修人员进行维修（注：在“三夏”、“三秋”繁忙季节，各大农机厂商会派维修人员深入到田间地头进行跟踪服务）。虽然厂家维修人员会尽快处理机械故障，但也会形成一定的时间和经济成本。如果参加农机服务组织，则一般情况下组织内部都会有精通维修的技术人员，在不更换部件的情况下可通过组织内部人员对机械故障进行及时的处理，能够大大地降低成本。除维修成本外，农机服务组织由于成员的专业化分工与合作，还能大大降低迁徙成本和生活成本。

由于绝大多数人都存在“损失厌恶”倾向，即等量的损失要比等量的获得对人们的感觉产生更大的影响。换句话说，人们在作出决策的过程中，往往会潜意识地将赋予损失的权重明显地大于赋予获得的权重，人们厌恶一切形式的损失并尽量使这种损失不发生。因此，大多数理性的农机大户、散机主、农机手和相关技术人员等会选择参加某个农机服务组织来规避风险、减少损失，以获取更大的效用水平。如前文所述，本书研究的农机服务组织是在家庭联产承包的前提下，潜在成员（农机大户、散机户、机手、技术人员、普通农民及其他人员）自发形成合作的农机服务组织，在现实中一般以某个（些）有经验、威信高、懂维修、会驾驶的人为核心，或以某个农机大户为核心，其他农机手团结在他们周围合作而成，而且一般全由男性成员组成。在这种组织结构下，处于核心地位的人是组织的核心，所有的信息都向他集中，而其他成员则是围绕在他周围的"卫星"。如果核心人员离开，该组织就不能正常运营并很有可能趋于瓦解。通常情况下，一个组织至少包括 3 台大型农机，如联合收割机。一台联合收割机一般配备 3～4 人，包括 2 位农机手，1 位测量员，还有 1 位专门负责后勤和收费。从成员关系来看，组织成员一般是通过亲缘、友缘、地缘、学缘和业缘等社会关系网络而构成，即要么是亲戚朋友或老乡在一起形成合作，要么是同学或熟悉的同行在一起形成合作，当然也有这几种关系交叉的情况出现。通过以上社会关系形成的农机服务组织其成员之间比较了解，而且是受利益驱动而自发或自觉地组织起来，从本质上来看是一种农民专业合作组织，其形成机理如图 4.1 所示。

随着农机和服务组织数量的增加，单靠地方农机相关部门牵头联系作业任务已不能满足农机服务组织的需求，于是农机服务中介组织应运而生。中介组织一般由交际广、威信高、有经营意识的人牵头组成，目前苍山县大的中介组织有 3 个。中介组织一般由一个领头人依靠其社会关系组织亲戚、朋友或邻居而形成，利用其威信高、交际广的优势，形成比较稳定的客户网络。中介组织的主要工作内容之一是联系"委托人"——需要农机跨区作

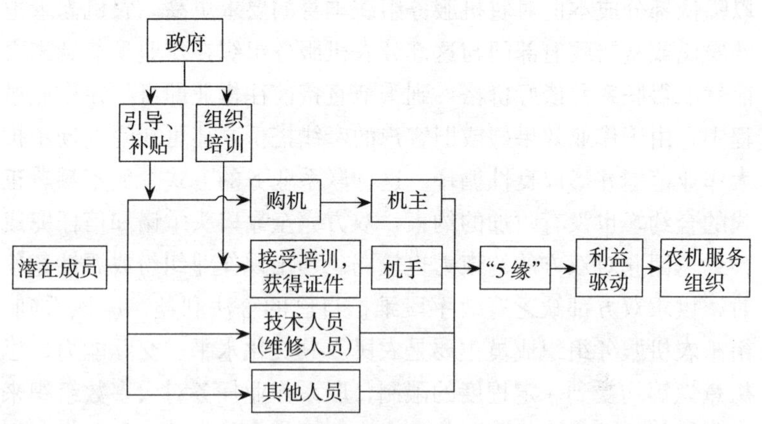

图 4.1　农机服务组织形成机理模型

业的农户，掌握其所需要的服务种类与农机数量。另一个重要工作是“接机”，即将外地跨区到本地的农机服务组织领到田间地头并与自己联系好的委托人进行交涉，交涉的内容主要是价格，交涉成功即开始作业。事实上，由于外地农机服务组织并不熟悉作业地区哪些地方需要农机服务，因此中介组织的“接机”就显得很重要。中介组织一般与“带机人”合作并通过某种契约分配利润，由“带机人”将外来农机带到田间地头并安排作业。从收费方面来看，通过中介组织参与作业的外来农机一般交给中介组织 5 元/亩的中介费，或是按照作业毛收入的 10%提成，该费用包括了外来农机手的食宿。该收费标准要高于“山东省物价局、农业厅关于联合收割机跨区作业中介服务费收费标准的批复”（鲁价费发［2000］98 号）的相关规定，但已被当事双方普遍接受并执行多年，说明目前我国很多地方农机作业服务中介收费还很不规范。

当然，也有一小部分农机服务组织不依靠中介组织联系业务，而是通过往年的服务与外地农民或基层政府形成了良好的合作关系，或者是组织内部有成员专门负责联系作业任务，这样可以降低部分成本但对农机服务组织本身的要求更高。农机需求地的农民或基层政府部门与这部分农机服务组织在作业季节到来之前就取得联系并谈好价格，到季节直接前往作业即可。在作业过程中，由于作业效果好或旧客户的牵线搭桥，还可在附近逐步扩大作业范围并形成良性循环。这种联系业务的方式一般不签署正式的合约，也没有附加的约束，双方完全靠口头承诺和信任完成预约，因此对双方的约束力也较弱。当出现作业纠纷或恶性竞争时，供求双方都缺乏有效手段维护自己的合法利益。应该看到，由于农机服务组织成员主要是农民，其文化水平、交际能力、思想意识等均受到一定程度的限制，联系作业任务对大多数组织来说是一件难事，因此利用组织自身联系作业任务的组织所占比例较小。在苍山县的农机服务组织中，仅有不到10%的组织采取这种联系业务的方式。

综上，结合图 4.1，可构建更宽泛的农机服务组织形成机理模型，该模型不仅包含农机服务组织本身的形成机理，还包括其联系作业任务的渠道形成机理。当这二者同时形成后，一个较为完整的农机服务组织体系就形成了，如图 4.2 所示。

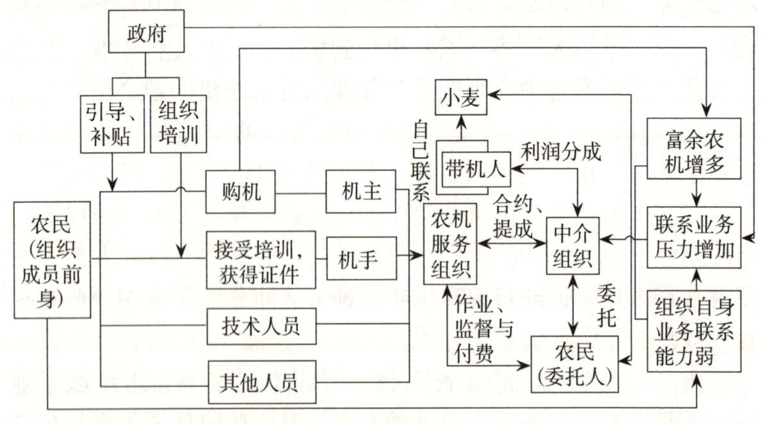

图 4.2　农机服务组织体系形成机理模型

事实上，潜在成员加入农机服务组织除了可以更好地保证安全、规避风险和降低作业成本外，参加农机服务组织还能提高成员的作业效益，只不过这一点很多成员加入之前并未考虑到。随着服务组织数量的增加和农机社会化服务市场的日趋成熟，单机作业的劣势越发地显现出来。首先，单机作业缺乏必要的团队配合与管理，在农机具管理和作业质量控制上均无法与农机服务组织抗衡，即使从事了很多年跨区服务也不能形成品牌。其次，委托人即农户更愿意聘请规模较大、管理规范的农机服务组织，这样在服务质量上能得到充分的保证，相比之下单机作业由于其自身劣势很难具有市场和价格竞争力。再次，部分农机服务组织虽以组织形式外出作业，但在作业收入上却基本按成员独立核算，这在组织内部也形成一个较为激烈的竞争环境，有利于提高作业效率。除内部竞争外，组织成员之间还能进行较为有效的分工与配合，这从管理机制上大大优于单机作业，有利于更好地应对其他服务组织的竞争，因此作业效益也相对较好。

4.2 组织形成进程中的博弈分析

4.2.1 博弈的存在性分析

从农机服务组织的形成机理来看，其形成过程实际上是组织发起人（本书主要指参与农机跨区服务的农机大户，或是经验多、交际广、威信高的农机手，以及其他的农机服务组织发起人，以下简称发起人）和普通成员［指以发起人为核心而加入到农机服务组织中的其他成员，包括散机主、机手、技术人员（主要指维修、测量人员）或其他从业者］之间的博弈过程。从农机服务组织的发展来看，其实质也是地方政府、农机服务组织、中介组织以及委托人之间的博弈过程。因此，农机服务组织能否顺利形成并健康发展，取决于组织内外多方博弈的结果，而非某一局中人单方面的意愿。

从组织内部来看，在农机服务组织化、市场化的发展过程中，众多行为主体之间既存在明显的共同利益，又由于“理性人”身份的存在，各主体均存在对自身效用最大化的追求，相互之间难免存在利益冲突。因此，本书认为农机服务组织内部成员的合作是非完全共同利益的合作，其博弈过程也是非完全共同利益的合作博弈。在农机服务组织这样一个由多个利益主体构成的群体内，成员之间首先存在共同的利益目标，同时也存在相互冲突的个人利益目标。因此，本书研究的农机服务组织内部的合作博弈，是存在促进组织成员合作的具有约束性机制的博弈。

具体来说，发起人和普通成员为实现某些共同目标（如前文所述，主要是安全目标、降低成本目的和提高效益的目标），会自发的或者在政府的引导、监督、支持下形成合作群体——农机服务组织，在建立一定的合作机制后会进行大量的资源（人、财、物）投入与组合。随着合作机制的运行及各主体之间相互作用与反作用的复杂化，在组织中就会暴露出原来不存在的或处于潜伏状态的各种矛盾，这时本来处于完全合作的组织呈现出许多冲突的裂痕，导致成员之间利益不完全相同，于是出现合作—竞争—冲突问题，非完全共同利益博弈由此而生。这些冲突可表现为对财和物的投入、组合、分配不满意，也可表现为因权力分配的失衡，成员价值观、信仰的冲突而导致的心理变化等等。在冲突过程中必然伴随着不同行为主体之间的博弈，通过对各主体的行为博弈进行深入的研究并寻找有效的刚性或柔性、定性或定量方案去促进组织成员之间的合作，是化解冲突、促进协调的有效途径。本节主要研究农机服务组织形成过程中组织发起人与普通农户（主要指潜在成员）间的相互关系及合作的条件博弈。

4.2.2 组织形成的条件博弈

1. 引例：智猪博弈

“智猪博弈”是以一对充满理性与智慧的猪来阐释博弈论所

揭示的竞争合作行为[145]。故事概要如下：猪圈里有两头猪，一头大猪，一头小猪。猪圈的一端有一个猪食槽，另一端安装一个按钮以控制猪食的供应。按一下按钮会有10个单位的猪食进槽，但谁按按钮就需要付2个单位的成本。若小猪去按，则大猪先到，大猪吃到9个单位的猪食，小猪只能吃到1个单位；若大猪去按，则小猪先到，大猪吃到6个单位，小猪吃4个单位；若两猪同时按，则同时到猪食槽。大猪吃7个单位，小猪吃3个单位，并扣除2个单位的成本，得益分别为5和1；若两个猪都不去按，则都吃不到，得益均为零。表4.1是两头猪的决策得益矩阵，前后两个数字分别表示大猪、小猪的得益。

表4.1 智猪博弈得益矩阵

大猪＼小猪	按	不按
按	5，1	4，4
不按	9，－1	0，0

两只有理性的猪面对表4.1中的决策收益情况时，很明显小猪会选择“搭便车”策略，舒舒服服地等着大猪去按按钮，而大猪为了能吃上一口饱饭不得不一次次地主动出击，不知疲倦地奔波于按钮和食槽之间。其原因在于小猪主动去按按钮所得收益反而不如等在食槽旁边，也就是说无论大猪如何行动，小猪等在食槽边是其最佳策略。该博弈的均衡结果就是：每次都是大猪主动去按，大小猪共同享用，共同生存。也就是说，在该博弈中小猪的最佳策略为“搭便车”。当然，这种博弈均衡的出现，是在大猪的食物份额没有受到小猪的严重威胁时才会出现。

2. 组织发起人与普通农户博弈的前提假设

农机服务组织从酝酿到变成现实，一般都由一些农机大户或农村精英作为发起人，而其他普通农户（为了与发起人相对应，将发起人之外的，与农机服务组织有关的人统称为普通农户，主要指散机户、技术人员及其他相关人员）则以发起人为核心，在地方政府的引导、扶持下共同形成，也有可能是纯民间的经济行为，与政府无关。发起人要么拥有超越普通农户的见识、更为敏锐的洞察力或更为出色的组织能力，要么拥有较多的农机资产和熟练的维修技术，或者是良好的人际关系、较高的威信及丰富的经验等等，或者是同时拥有以上因素中的几种甚至全部。他们走在农村经济发展的前列，是农村经济体系中的精英和农村经济建设的中坚力量。同时，他们也认识到在日益激烈的市场竞争中，包括他们自己在内的农民所处的弱势地位，以及农业小生产与大市场有效对接的必要性。伴随农机化的快速发展，通过农机跨区作业被证明的农业小生产与机械化大作业的有效对接方式为他们指出了一个很好的发展方向。在跨区作业的摸索与实践中，他们深刻地体会到单一农户进入农机社会化服务市场的弱质性，从内心萌生了对农机服务组织的需求。鉴于此，发起人为了增强自己在农机社会化服务中的市场竞争力以获取更大的利益而主动牵头承担各种风险和成本，开始组建农机服务组织。普通农户一般先是观望、等待，当意识到参加农机服务组织的各种优越性后，有可能会积极加入，但他们一般不愿意承担组建农机服务组织的前期成本与风险。

在运用“智猪博弈”理论模型分析农机服务组织形成过程中各主体的行为时，把农村大户或精英（发起人）看作“智猪博弈”中的大猪，普通农户（潜在成员）看作小猪。同时给出一定的假设条件：

（1）假定农机服务组织的发起人和普通农户都是理性的经济人，具备完全的计算能力，能够计算组建或参与农机服务组织前后其所有收益和成本并将它们折现，在此基础上做出决策。他们的目标都是追求效用的最大化。

（2）假定在组建农机服务组织过程中，对影响组织建立的其他变量不予考虑。博弈只在发起人和农户之间展开，两者是博弈的决策主体和策略的制定者，且博弈是完全信息静态博弈。

(3) 将发起人和普通农户在组建组织中的决策简单地分为主动组建（农机服务组织）和等待加入（农机服务组织）两种行为。他们的收益和损失既包括实际的经济利益，又包括经济利益之外的地位、满足感等非经济收益。

(4) 假定农机服务组织建立后得到有效运营并取得预期的效果，设博弈双方总收益为 a ，且作为博弈双方的发起人和农户通过组建农机服务组织所能获得的收益或损失以及付出的成本可以被衡量，而且这种收益或损失是建立在一定的合作机制之上的。

3. 组织发起人与普通农户的博弈过程

为了方便研究，本书假定农机跨区作业的风险主要表现为收益风险，收益风险可看作是考虑各种风险之后的综合效用水平，其本身已包含了安全风险、成本风险等各种风险在内。当收益水平低于不参加农机跨区作业时，认为风险发生。

假设当收益风险发生时，从事农机跨区作业的亩均净收益为 P_1 ，没有收益风险发生时，亩均净收益为 P_2（ $P_1 < P_2$ ），且净收益由农机社会化服务市场外生决定。假定收益风险发生的概率为 θ，人均年作业规模为 A 。则从事农机跨区作业的人均预期年净收益函数为：

$$R = [\theta P_1 + (1-\theta) P_2]A$$

在正常的市场竞争条件下，设普通农户的作业规模为 A_1 ，其能够承受的最高收益风险发生概率为 θ_1^* ，则普通农户最低年平均预期收益为：$R_1^* = [\theta_1^* P_1 + (1-\theta_1^*) P_2]A_1$ ；设发起人的作业规模为 A_2 ，其能够承受的最高收益风险发生概率为 θ_2^* ，则发起人最低年平均预期收益为：$R_2^* = [\theta_2^* P_1 + (1-\theta_2^*) P_2]A_2$ 。

在农机服务组织形成博弈中，普通农户的策略有参与或不参与农机服务组织两种。发起人的策略也有两种，即组建或不组建农机服务组织。如果农户选择参与，同时发起人选择组建，那么农机服务组织就会顺利形成，否则组织就失去了形成的基础。农户和发起人作为博弈参与人，在理性假设条件下其策略选择取决于各种策略组合下他们的收益函数的大小。

普通农户和发起人组建和参加农机服务组织的收益主要来源于降低收益风险发生概率 θ 的收益，以及除此之外的惠顾收益 S 。两者的区别在于：降低收益风险发生概率的收益主要表现为参加农机服务组织可通过提高组织成员外出作业的人身及财产安全水平，通过组织内部的合作与分工降低外出作业成本，以及通过组织的管理规范成员行为、提高组织声誉并提升组织的市场竞争力等。这种收益由成员参与农机服务组织后在服从组织的管理与协调机制条件下直接获得，收益的大小由农机服务组织内部成员的联结方式和组织的管理水平所决定，组织实力越强，管理水平越高则收益越大；惠顾收益是组织成员获得的除降低收益风险收益以外的所有来自组织的收益，主要来源于单机作业时的期望收益，由于资产性投入所获得的收益分配，以及由利益转移机制所带来的转移收益，其多少取决于农机服务组织的利益分配机制。

同时，加入农机服务组织的合作成本对于农户和发起人来讲又有所不同：对于农户来讲，其参与成本主要是农机服务组织运营成本的分摊，表现为迁徙费用、食宿费用、维修费用、油耗费用及机具折旧等等，记为农户的参与成本 C_1 ，其大小取决于组织运营成本的高低；对于发起人来讲，其成本不但包括组织运营成本分摊 C_2 ，还包括发起人的组织成本即创建农机服务组织的成本 C_0 ，其中组织成本是指发起人在发起组建农机服务组织的组织成本、谈判成本、注册成本等，其大小取决于发起人本身能力（包括个人能力、威望及社会关系等），政府的支持力度，以及参与人对农机服务组织的认知程度等。

在没有农机服务组织存在时，假设普通农户正常进行跨区作业的预期收益风险发生概率为 θ_1^0（$\theta_1^0 < \theta_1^*$），则农户预期平均收益为：$R_1^0 = [\theta_1^0 P_1 + (1-\theta_1^0) P_2] A_1$；发起人正常的预期收益风险发生概率为 θ_2^0（$\theta_2^0 < \theta_2^*$），则发起人的预期平均收益为：$R_2^0 = [\theta_2^0 P_1 + (1-\theta_2^0) P_2] A_2$。当农机服务组织形成以后，由于存在降低各成员的收益风险发生概率，同时农户和发起人还将获得惠顾收益，所以假定农机服务组织形成后成员的收益风险发生的概率降为 $\theta (0 < \theta < \theta_2^0 < \theta_1^0 < \theta_1^* < \theta_2^*)$。惠顾收益 S_i 的大小由单机作业的期望收益、农户和发起人个人对于组织的投入及对组织所做的贡献即转移收益共同决定。为方便研究，可将之看成是成员参加农机服务组织前所得期望收益的一个比值，即有：

$$S_i = [\theta P_1 + (1-\theta) P_2] A v \quad (i = 1,2)$$

当 $i = 1,2$ 时，S_i 分别表示农户的惠顾收益和发起人的惠顾收益。也就是说，在参与农机服务组织之前各成员如果所获期望收益越高，则参与组织后其惠顾收益也越高，反之亦然。

当农户选择不参与且发起人选择不组建或农户选择参与且发起人选择不组建时，农机服务组织不存在，假设他们的收益函数分别为 π_1^0、π_2^0；当农机服务组织存在时，假设农户和发起人的收益函数分别为 π_1^1、π_2^1；当农户选择不参与但发起人选择组建时，他们的收益函数分别为 π_1^0、π_2^2，此时农机服务组织不存在但发起人的收益函数发生了变化。

根据以上分析，可得出以下几点结论：

（1）当农户选择不参与或发起人选择不组建，或农户选择参与且发起人选择不组建时，农机服务组织不存在。此时，农户的收益函数为：$\pi_1^0 = R_1^0 - R_1^* = (P_2 - P_1)(\theta_1^0 - \theta_1^*)$。发起人的收益函数为：$\pi_2^0 = R_2^0 - R_2^* = A(P_2 - P_1)(\theta_2^0 - \theta_2^*)$。

（2）当农户选择参与且发起人选择组建时，农机服务组织将会形成。此时农户的收益函数为：$\pi_1^1 = R_1^1 - R_1^* + S_1 - C_1 = [(1+v)\theta - \theta_1^*](P_2 - P_1) + vP_1 - C_1$，发起人的收益函数为：$\pi_2^1 = R_2^1 - R_2^* + S_2 - C_0 - C_2 = A[(1+v)\theta - \theta_2^*](P_2 - P_1) + vAP_1 -$

$C_0 - C_2$ 。

(3) 当发起人选择组建，但是农户选择不参与时，农机服务组织将不会存在。农户的收益函数与没有农机服务组织存在时的收益函数相同。但是，发起人的收益函数则发生了变化，因为发起人付出了组织成本 C_0 ，没有任何新增收益。此时发起人的收益函数为：$\pi_2^2 = R_2^0 - R_2^* - C_0 = A(P_2 - P_1)(\theta_2^0 - \theta_2^*) - C_0$ 。

把农机服务组织组建的博弈参与人在各种策略选择下的收益用表 4.2 表示，并运用划线法来求出该博弈的纳什均衡。

表 4.2 农机服务组织形成博弈收益矩阵

农户 \ 发起人	组建	不组建
参与	$\underline{\pi_1^1}, \underline{\pi_2^1}$	$\underline{\pi_1^0}, \underline{\pi_2^0}$
不参与	π_1^0, π_2^2	$\underline{\pi_1^0}, \underline{\pi_2^0}$

当农户选择参与策略时，在完全信息的假设下，发起人则通过比较收益 π_2^1, π_2^0 的大小来做出其策略选择。

$$\pi_2^1/\pi_2^0 = \frac{\theta - \theta_2^*}{\theta_1^0 - \theta_1^*} + \frac{S_2 - C_0 - C_2}{\pi_2^0}$$

由于 $|\theta - \theta_2^*| > |\theta_1^0 - \theta_1^*|$ ，故 $\theta - \theta_2^* / \theta_1^0 - \theta_1^*$ 大于1，因此只要 $S_2 - C_0 - C_2 > 0$ ，则有 $\pi_2^1 > \pi_2^0$ ，即若发起人的惠顾收益大于发起人的组建成本与分摊的经营成本之和时，发起人就会选择组建农机服务组织。当农户选择不参与时，发起人选择组建策略，其收益函数为 π_2^2 ，发起人选择不组建策略，其收益函数为 π_2^0 ，显然，$\pi_2^2 > \pi_2^0$ ，故发起人的最优策略选择为不组建。

同理，当发起人选择组建策略时，完全信息假设使理性农户通过比较收益函数 π_1^1, π_1^0 的大小来决定其策略选择。

$$\pi_1^1/\pi_1^0 = \frac{\theta - \theta_1^*}{\theta_1^0 - \theta_1^*} + \frac{S_1 - C_1}{\pi_1^0}$$

由于 $|\theta-\theta_1^*|>|\theta_1^0-\theta_1^*|$ ，故 $\theta-\theta_1^*/\theta_1^0-\theta_1^*$ 大于1，因此只要 $S_1-C_1>0$ ，则有 $\pi_1^1>\pi_1^0$ ，即若惠顾收益大于农户的参与成本，农户的最优策略选择为参与。当发起人选择不组建策略时，农户的收益函数在参与和不参与策略下没有变化，因此其在参与和不参与两个策略之间无差异。

从以上分析可得到两个纳什均衡：首先，发起人选择组建的同时农户选择参与可能是一个纳什均衡，此时农机服务组织将会顺利形成，但是存在着约束条件。其次，发起人选择不组建且农户选择不参与也是一个纳什均衡，此时农机服务组织不会自发地形成。在约束条件满足的情况下，$\pi_1^1>\pi_1^0$ ，$\pi_2^2>\pi_2^0$ ，即农户和发起人的收益在农机服务组织形成时要大于其不存在时的收益。当农机服务组织与农户联结方式以及利益分配机制满足博弈参与人的要求时，农机服务组织的发展将使农户和发起人的收益同时得到改善，即组建农机服务组织是一种帕累托改进的纳什均衡。

从以上分析可知，在农机服务组织形成博弈中，纳什均衡不是惟一的。参与—组建和不参与—不组建都是该博弈的纳什均衡，两个均衡都有可能作为最终结果出现。前文已经证明，前者是一个帕累托改进的纳什均衡。农机服务组织的形成能否作为一种帕累托改进从可能性转化为现实性，需要对模型假设前提以及模型中各个参数变量进行重新的审视和深入的分析。

从参与组建的均衡存在即农机服务组织得以形成的约束条件来看：首先是 $S_2-C_0-C_2>0$ ，$S_1-C_1>0$ ，即发起人预期其获得的惠顾收益要大于其组织成本 C_0 与运营成本分摊 C_2 之和，同时理性的普通农户也预期从合作组织中获得的惠顾收益要大于农户的参与成本 C_1 ，这两个条件需同时满足。其次是 $\theta<\theta_2^0<\theta_1^0$ ，即建立农机服务组织后收益风险发生概率 θ 要小于农户单机跨区作业的预期风险发生概率 θ_1^0 ，也要小于发起人单独外出作业的预期风险发生概率 θ_2^0 。在此基础上，π_1^1/π_1^0 与 π_2^2/π_2^0 的值越

大，即参与—组建均衡相对于不参与—不组建的收益值越大，农机服务组织的形成就越有可能作为一种帕累托改进被发起人和普通农户所选择。

4.3 合作伙伴选择问题研究

由前文可知，在农机服务组织的形成过程中，不论是组织发起者还是参与者，在策略决策中首先基于理性判断，即组建和参与农机服务组织是否能产生高于不合作的预期收益，而且该收益是否高于参加合作组织的机会成本，当预期收益满足心理期望时，农机服务组织形成的前提条件成立。此时不论组织的发起者还是参与者都将面临一个现实问题，即合作伙伴的评价与选择问题。由于此时合作尚未真正形成，本书将待选合作伙伴统称为潜在伙伴，决策的依据是潜在伙伴的合作优度。合作优度评价是伙伴选择决策的基础，是动态合作联盟、供应链等企业间的合作组建和管理的重要问题之一，它直接影响着合作的质量甚至成败[95]。潜在伙伴合作优度评价是一个不确定性因素较多的多准则有限方案决策问题，科学、有效的评价方法是评价结果客观准确的有力保证。目前已经有多种解决方法，如层次分析法、模糊综合评判法、可拓优度评价法等[146,147,148]，但是这些方法或是由于理论适用的局限性，或是由于考虑边界条件过于简化等原因，致使这些方法虽然各具优点，但也存在一定的不足之处。

4.3.1 现有的合作伙伴选择方法及不足

一定的本体性安全感和信任感是人类行为选择中的一个偏好，行为主体一般不会使用他不熟悉的方式选择和利用资源，尽管该方式可能获得更大收益。对山东省苍山县农机服务组织形成及作业机理的实地调查表明：当前农机服务组织成员大多互为亲戚、朋友、乡邻、同学或同行，其合作伙伴的选择完全是基于亲缘、友缘、地缘、学缘和业缘等社会关系网络，采取这种方式会使行为主体产生安全感。但一个重大缺陷是在组织成员即合作伙伴的选择过程中缺乏科学的评判依据，因而在组织的形成环节上就决定了其经营和作业效率的低下。基于亲缘、地缘等关系形成的农机服务组织内部由于各方利益主体的非完全共同利益性，即由于各参加者参与合作的原始动力在于实现自身利益最大化，加上其加入组织的时间、方式存在差异，其行为动机和所受约束也存在差异，如果没有强有力的制度约束，在个体理性的驱使下，他们之间的竞争与合作、矛盾与冲突将在很大程度上影响农机服务组织的投入产出效率，实地调查结果也证实了这一点。因此，科学地评价潜在伙伴的合作优度并在此基础上择优进行合作，是保障农机服务组织持续良性发展的重要基础。

4.3.2　基于相似系数的多级可拓评判方法提出

本书在实地调查分析基础上，构建农机服务组织潜在伙伴合作优度评价指标体系，运用可拓优度进行权数分配并采用相似系数比较的方法计算相似权作为评价指标的综合权数，并应用多级可拓综合评价方法对潜在伙伴的合作优度进行评价，认为该方法在一定程度上可弥补上述其他方法的不足，可为潜在伙伴合作优度的评价和决策提供一种新的科学方法。

1. 潜在伙伴合作优度评价物元模型的构建

（1）确定经典域和节域。当 O_j 为农机服务组织潜在伙伴合作优度的标准等级，关于评价指标 c_i 的量值范围 $v_{ji}=<a_{ji},b_{ji}>$ 时（$j=1,2,\cdots,m;i=1,2,\cdots,n$，$m$ 为等级个数，n 为评价指标个数），经典域的物元可表示为式 4.1；由标准等级 O_j 的全体加上可转化的所有待评潜在伙伴所组成的物元 R_P 称为节域物元，$v_{pi}=<a_{pi},b_{pi}>$ 为节域物元关于指标 c_i 的比相应标准区间扩大了的量值范围。节域物元可表示为式 4.2。

$$R_j = (O_j, c, v) = \begin{bmatrix} O_j & c_1 & <a_{j1}, b_{j1}> \\ & c_2 & <a_{j2}, b_{j2}> \\ & \vdots & \vdots \\ & c_i & <a_{ji}, b_{ji}> \\ & \vdots & \vdots \\ & c_n & <a_{jn}, b_{jn}> \end{bmatrix} \quad (4.1)$$

$$R_p = (O_p, c, v) = \begin{bmatrix} O_j & c_1 & <a_{p1}, b_{p1}> \\ & c_2 & <a_{p2}, b_{p2}> \\ & \vdots & \vdots \\ & c_i & <a_{pi}, b_{pi}> \\ & \vdots & \vdots \\ & c_n & <a_{pn}, b_{pn}> \end{bmatrix} \quad (4.2)$$

式（4.2）中 O_p 为待评潜在伙伴合作优度等级的全体。显然，这里有 $<a_{ji}, b_{ji}> \subset <a_{pi}, b_{pi}> (i = 1, 2, \cdots, n)$。

（2）确定待评价对象物元。对于待评价潜在伙伴 O，将实地调查所得数据用物元 R 表示为：

$$R = \begin{bmatrix} O & c_1 & v_1 \\ & c_2 & v_2 \\ & \vdots & \vdots \\ & c_n & v_n \end{bmatrix} \quad (4.3)$$

R 称为潜在伙伴合作优度待评物元，式中 O 表示待评对象，v_i 表示待评潜在伙伴关于评价指标 c_i 的量值。

2. 多级可拓综合评价方法

传统的可拓优度评价方法可解决一般的决策问题，但它只限于一级指标的综合评价[149]，而农机服务组织潜在伙伴合作优度的评价指标至少应包括二级以上的指标，因此需要对传统的可拓优度评价方法进行改进，即使用多级可拓综合评价方法进行评价[150]。多级可拓综合评价法与可拓优度评价法的根本区别在于它不限于一级指标的评定，因此适用范围更广。其步骤如下：

（1）因素分类。设将众多的因素分为 n 类，即 $C=\{C_1,C_2,\cdots,C_n\}$，设每个因素子集 $C_i(i=1,2,\cdots,n)$ 有 n_i 个子因素，即 $C_i=\{C_{i1},C_{i2},\cdots,C_{in_i}\}$，其中，$C_{ik}$ 表示第 i 类因素子集的第 k 个子因素。

（2）确定权重。本书以可拓学为基础来确定指标权重，其优点是客观性强，可有效避免主观因素的干扰。其原理是由待评事物指标量值与经典域内各等级量值间的关联函数确定相应参评因素可拓权重数值。

因素类权重：设第 i 类因素 C_i 的权重为 $\alpha_i(i=1,2,\cdots,n)$，且 $\sum_{i=1}^{n}\alpha_i=1$。由于本书指标均属正域有限区间，根据正域有限区间关联函数的定义可知，

$$r_{i_kj}(v_{i_k},V_{i_kj})=\begin{cases}\dfrac{2(v_{i_k}-a_{i_kj})}{b_{i_kj}-a_{i_kj}}, & v_{i_k}\leqslant\dfrac{a_{i_kj}+b_{i_kj}}{2}\\[2ex] \dfrac{2(b_{i_kj}-v_{i_k})}{b_{i_kj}-a_{i_kj}}, & v_{i_k}>\dfrac{a_{i_kj}+b_{i_kj}}{2}\end{cases} \tag{4.4}$$

其中，$i=1,2,\cdots,n$，$k=1,2,\cdots,n_i$，$j=1,2,\cdots,m$，V_{i_kj} 为经典域，则有 $r_{ij\max}(v_{i_k},V_{i_kj})=\max\limits_{k}\{r_{i_kj}(V_{i_k},V_{i_kj})\}$，利用式（4.4）还可确定各指标值关于各等级的优度并形成单指标优度评价矩阵 S_{ikj}。正向指标和逆向指标的 r_i 可依据式（4.5）和（4.6）确定：

$$r_i=\begin{cases}j_{\max}\times[1+r_{ij\max}(v_{i_k},V_{i_kj})]\\ \text{当 } r_{ij\max}(v_{i_k},V_{i_kj})\geqslant-0.5\text{ 时；}\\ j_{\max}\times0.5\\ \text{当 } r_{ijmax}(v_{i_k},V_{i_kj})<-0.5\text{ 时}\end{cases} \tag{4.5}$$

$$r_i=\begin{cases}(m-j_{\max}+1)\times[1+r_{ij\max}(v_{i_k},V_{i_kj})] \\ 当\ r_{ij\max}(v_{i_k},V_{i_kj})\geqslant -0.5\ 时; \\ (m-j_{\max}+1)\times 0.5 \\ 当\ r_{ijmax}(v_{i_k},V_{i_kj})<-0.5\ 时\end{cases} \tag{4.6}$$

于是因素 C_i 的权重为：$\alpha_i=r_i\Big/\sum_{i=1}^{n}r_i$。 (4.7)

子因素权重：设第 i 类因素 C_i 的二级子因素中第 k 个子因素的权重为 α_{ik}，且 $\sum_{k=1}^{n_i}\alpha_{ik}=1$。利用式（4.4）计算各指标值关于各等级的优度，可构造第 i 类因素 C_i 的二级子因素的单指标优度评价矩阵 $(S_{ikj})_{n_i\times m}$。

$$(S_{ikj})_{n_i\times m}=\begin{bmatrix}S_{i11} & S_{i12} & \cdots & S_{i1m} \\ S_{i21} & S_{i22} & \cdots & S_{i2m} \\ \vdots & \vdots & \vdots & \vdots \\ S_{in_i1} & S_{in_i2} & \cdots & S_{in_im}\end{bmatrix} \tag{4.8}$$

设 $\alpha_{0k}=\frac{1}{n_i}$，即在等权的情况下，可形成等权向量 $\alpha_0=\left[\frac{1}{n_i}\quad\frac{1}{n_i}\quad\cdots\quad\frac{1}{n_i}\right]_{1\times n_i}$，则有

$$S_{ij}=\alpha_0(S_{ikj})_{n_i\times m} \tag{4.9}$$

S_{ij} 为待评对象 a 的第 i 类因素 C_i 的二级子因素的综合优度评价向量，可以认为该向量在等权的情况下反映待评对象在 C_i 的总体评价水平，而单指标优度评价向量（$S_{ik1},S_{ik2},\cdots,S_{ikm}$）与综合测度评价向量的贴近程度体现了指标 C_{ik} 反映第 i 类因素 C_i 总体情况的能力，二者越贴近，说明 C_{ik} 越能体现 C_i 总体情况，即 C_{ik} 的权数越大。

对这两个非负向量的贴近程度可采用相似系数法进行比较，设相似系数 r'_{ik} 为：

$$r'_{ik}=\frac{1}{n_i}\sum_{j=1}^{m}S_{ikj}S_{ij}^{T} \tag{4.10}$$

则指标 C_{ik} 的权数可定义为：

$$C_{ik}=r'_{ik}\Big/\sum_{k=1}^{n_i}r'_{ik} \text{ 且} \sum_{k=1}^{n_i}\alpha_{ik}=1 \tag{4.11}$$

(3) 一级评价。对于每一个因素 C_i 进行一级评价，计算出待评对象 a 对于因素 C_i 关于等级 j 的关联度：

$$K_{ij}(a)=\sum_{k=1}^{n_i}\alpha_{ik}k_j(v_{ik}) \tag{4.12}$$

式中：$k_j(v_{ik})$ 为关联函数，需根据各指标的最优值在区间中的位置而具体选取[151]。当最优点 v_{ik} 在区间 X_0 中点取得最大值时，取：

$$k(v_{ik})=\begin{cases}\dfrac{\rho(v_{ik},X_0)}{D(v_{ik},X_0,X)}-1, \rho(v_{ik},X_0)=\rho(v_{ik},X) \text{ 且 } v_{ik}\overline{\in}X_0\\ \dfrac{\rho(v_{ik},X_0)}{D(v_{ik},X_0,X)}, \text{其他}\end{cases} \tag{4.13}$$

当最优点 v_{ik} 在区间 X_0 中点的左侧或右侧取得最大值时，取：

$$k(v_{ik})=\begin{cases}\dfrac{\rho(v_{ik},x_0,X_0)}{D(v_{ik},X_0,X)}-1, \rho(v_{ik},X_0)=\rho(v_{ik},X) \text{ 且 } v_{ik}\overline{\in}X_0\\ \dfrac{\rho(v_{ik},x_0,X_0)}{D(v_{ik},X_0,X)}, \text{其他}\end{cases} \tag{4.14}$$

其中，$\rho(v_{ik},X_0)$ 表示点 v_{ik} 与区间 $X_o=\langle a,b\rangle$ 的距；$\rho(v_{ik},x_0,X_0)$ 为 v_{ik} 与区间关于 x_0 的侧距；$D(v_{ik},X_0,X)$ 表示点 v_{ik} 与 X_0 和 X 组成的区间套关系，即位值。

(4) 二级评价。计算待评对象 a 关于等级 j 的综合关联度：

$$K_j(a) = \sum_{i=1}^{n} \alpha_i k_{ij}(a) \tag{4.15}$$

式中，关联函数 $k_{ij}(a)$ 的选取标准同上。

等级评定：若 $K_{j_0}(a) = \max\limits_{j \in \{1,2,\cdots,m\}} k_j(a)$ (4.16)

则评定 a 属于等级 j_0。也可以通过计算等级变量特征值 j^* 来确定潜在伙伴的合作优度等级，

$$j^* = \sum_{j=1}^{m} j \times \bar{k}_j \Big/ \sum_{j=1}^{m} \bar{k}_j \text{ , } \bar{k}_j = \frac{k_j - \min\limits_j k_j}{\max\limits_j k_j - \min\limits_j k_j} \tag{4.17}$$

则评定该对象属于等级 j^*。

4.3.3 组织合作伙伴选择的多级可拓评判实证

1. 潜在伙伴合作优度评价指标体系的构建

本书以农机大户的合作伙伴选择为例构建潜在合作伙伴合作优度评价指标体系。农机大户作为农机服务组织的发起者，其本身具有经验多、威信高、懂维修、会驾驶等优势，而且具有一定的经营能力和经过理性思考后的合作意愿。当他把合作意愿合理表达后，假设其周围的（认识与不认识的，本地与外地的）农机散户、农机手、普通农民或其他从业者（本书统称为潜在伙伴）均具有与其合作的行为动机，为了保证组织的市场竞争力和经营效率，在人数众多的潜在伙伴中该农机大户必须做出合理判断并择优选择，因此设定合适的指标体系以评判潜在伙伴的合作优度是非常必要的。

为简化研究，本书以普通农机手作为潜在伙伴来设定合作优度的评判指标体系（见表 4.3），设定的依据是对山东省苍山县农机服务组织形成及作业机理的实地调查并广泛征求该领域专家的意见。由表 4.3 可知，农机服务组织潜在伙伴的合作优度评价属于一个二级评价问题。

表 4.3 农机服务组织潜在伙伴合作优度评价指标体系及评价标准建议值

因素子集 C_i	权重	评价因子 C_{ik}	权重	很好	好	一般	差	极差	某潜在伙伴 a 取值
合作能力 C_1	0.148	合作动机强度 C_{11}	0.265	＜85，100＞	＜75，85＞	＜60，75＞	＜40，60＞	＜0，40＞	65
		个人信誉 C_{12}	0.218	＜90，100＞	＜80，90＞	＜60，80＞	＜40，60＞	＜0，40＞	88
		团队精神 C_{13}	0.23	＜85，100＞	＜75，85＞	＜60，75＞	＜40，60＞	＜0，40＞	70
		合作成本 C_{14}	0.287	＜0，50＞	＜50，100＞	＜100，250＞	＜250，500＞	＜500，1 000＞	125
工作能力 C_2	0.32	驾驶技术水平 C_{21}	0.282	＜90，100＞	＜80，90＞	＜60，80＞	＜40，60＞	＜0，40＞	98
		维修技术水平 C_{22}	0.192	＜90，100＞	＜80，90＞	＜60，80＞	＜40，60＞	＜0，40＞	86
		协调能力 C_{23}	0.104	＜85，100＞	＜75，85＞	＜60，75＞	＜40，60＞	＜0，40＞	70
		业务联系能力 C_{24}	0.232	＜80，100＞	＜70，80＞	＜60，70＞	＜40，60＞	＜0，40＞	85
		预期服务态度 C_{25}	0.19	＜95，100＞	＜80，95＞	＜70，80＞	＜50，70＞	＜0，50＞	90
个人素质 C_3	0.355	所受教育年限 C_{31}	0.287	＜12，16＞	＜9，12＞	＜6，9＞	＜3，6＞	＜0，3＞	10
		从业年限 C_{32}	0.554	＜7，10＞	＜5，7＞	＜3，5＞	＜1，3＞	＜0，1＞	6
		权力欲望 C_{33}	0.159	＜0，30＞	＜30，50＞	＜50，60＞	＜60，85＞	＜85，100＞	65

（续）

因素子集 C_i	权重	评价因子 C_{ik}	权重	很好	好	一般	差	极差	某潜在伙伴 a 取值
物质基础 C_4	0.177	拥有农机的数量 C_{41}	0.413	<5，10>	<3，5>	<2，3>	<1，2>	<0，1>	4
		拥有农机的质量 C_{42}	0.178	<85，100>	<75，85>	<60，75>	<40，60>	<0，40>	80
		证件拥有情况 C_{43}	0.409	<85，100>	<70，85>	<60，70>	<40，60>	<0，40>	99

2. 基础数据的获取与指标权重的计算

如表 4.3 所示，本书中某潜在伙伴 a 调查值以及各指标关于各等级标准的参考值均来源于作者对山东省苍山县农机服务组织形成及作业机理的实地调查和量表分析结果。

由式（4.4）可知，所构建的 4 个一级指标所属的子因素对各自所属经典域的关联函数

$$r_{i_k j}(v_{i_k}, V_{i_k j}) = \begin{bmatrix} 0.67 & 0.40 & 0.53 & 0.33 & \\ 0.40 & 0.80 & 0.67 & 0.50 & 0.67 \\ 0.67 & 1 & 0.40 & & \\ 1 & 0.60 & 0.13 & & \end{bmatrix}$$

由于所构建的 4 个一级指标均为正向指标，由式（4.5）、（4.7）可算得其权重为 $W=[0.148, 0.320, 0.355, 0.177]$，如表 4.3 所示。根据式（4.4）计算各因素所包含二级指标调查值关于各级别优度，可得如下单指标优度矩阵：

$$(S_{1kj})_{4\times 5} = \begin{bmatrix} -2.67 & -2 & 0.67 & -0.5 & -1.25 \\ -0.4 & 0.4 & -0.8 & -2.8 & -2.4 \\ -1.87 & -0.8 & 0.53 & -1.1 & -1.55 \\ -3 & -1 & 0.33 & -1 & -1.5 \end{bmatrix}$$

$$(S_{2kj})_{5\times5}=\begin{bmatrix}0.4 & -1.6 & -1.8 & -3.8 & -2.9\\ -0.8 & 0.8 & -0.6 & -2.6 & -2.3\\ -2 & -1 & 0.67 & -1 & -1.5\\ 0.5 & -1 & -3 & -2.5 & -2.25\\ -2 & 0.67 & -2 & -2 & -1.6\end{bmatrix}$$

$$(S_{3kj})_{3\times5}=\begin{bmatrix}-1 & 0.67 & -0.67 & -2.67 & -4.67\\ -0.67 & 1 & -1 & -3 & -10\\ -2.33 & -1.5 & -1 & 0.4 & -2.67\end{bmatrix}$$

$$(S_{4kj})_{3\times5}=\begin{bmatrix}-0.4 & 1 & -2 & -4 & -6\\ -0.4 & 0.6 & -0.93 & -2.2 & -2.1\\ 0.13 & -1.87 & -5.8 & -3.9 & -2.95\end{bmatrix}$$

根据式（4.9）可求得等权数下的多指标综合评价矩阵，对第一个因素 C_1 所包含的 4 个二级指标，取 $\alpha_{0k}=1/4$，则：

$(S_{1j})_{1\times5}=[-1.983\quad -0.85\quad 0.183\quad -1.35\quad -1.675]$。

根据式（4.10）求出相似系数 r'_{1k}，则有：

$$r'_{1k}=[2.470\quad 2.027\quad 2.140\quad 2.681]^T$$

根据式（4.11）求出 C_1 因素子集下各二级指标的权重分别为：$\alpha_{1k}=[0.265\quad 0.218\quad 0.230\quad 0.287]^T$。

对其他三个因素子集，分别取 $\alpha_{0k}=1/5$，1/3，1/3，同理可得其权重向量分别为：

$\alpha_{2k}=[0.282\quad 0.192\quad 0.104\quad 0.232\quad 0.190]^T$，

$\alpha_{3k}=[0.287\quad 0.554\quad 0.159]^T$，

$\alpha_{4k}=[0.413\quad 0.178\quad 0.409]^T$。

3. 潜在伙伴合作优度评价

根据式 4.12、4.13、4.14，首先对该潜在伙伴 a 的合作优度进行一级评价，结合前文得到的指标权重可得评价结果如下：

$$k_{ij}(a)=\begin{bmatrix} -2.08420 & -0.9138 & 0.2206 & -1.2829 & -1.6415 \\ -0.5128 & -0.50693 & -1.6295 & -2.6348 & -2.2414 \\ -1.0273 & 0.5068 & -0.9043 & -2.3637 & -7.3033 \\ -1.1819 & -0.2437 & -3.3643 & -3.6387 & -4.0584 \end{bmatrix}$$

$$i=1，2，\cdots，4；j=1，2，\cdots，5$$

该结果表示待评潜在伙伴 a 对于因素子集 C_i 关于等级 j 的合作优度值，要得到合作优度综合评价值，还需要在此基础上进行二级评价。

由式（4.15）可计算该待评潜在伙伴 a 关于等级 j 的综合关联度：$K_j(a)=\sum_{i=1}^{n}\alpha_i k_{ij}(a)=[-0.8695\quad -0.1607\quad -1.4053\quad -2.5162\quad -4.2712]$，如果将五个评定等级“很好”、“好”、“一般”、“差”、“极差”分别赋值为 1、2、3、4、5，由该评价结果可知，$K_2(a)=\max\limits_{j\in\{1,2,\cdots,5\}}K_j(a)=-0.1607$，由此可初步判断该待评潜在伙伴的合作优度为“好”。为了得到更为精确的决策依据，根据式（4.16），（4.17）可以算得 $j^*=2.2451$，由该结果可知，该待评潜在伙伴的总体合作优度为“好”，但并未完全达到“好”，而是介于“一般”与“好”之间，更偏向于“好”。

通过以上分析，可以得出如下结论：①可拓评价方法是一种将待评事物的量与质相结合、将定性分析与定量计算相结合的方法。用可拓学理论建立评价模型解决组织潜在伙伴的合作优度评价问题是可行的。与普通的可拓优度评价方法相比，本书采用的多级可拓评价方法能有效解决二级甚至多级评价问题，其应用范围更广。②本书提出的利用可拓优度进行权数分配并采用相似系数比较的方法计算相似权作为评价指标的综合权数，是一种可行的客观分析方法。该方法是建立在大量调查数据基础上的，权数计算结果是否合理与所占有的数据量有关，而且对不同的评价对象各指标所得的权重分配不同，说明该方法是一种动态变权方法，适合于有丰富实测样本条件下的多指标决策问题。③可拓评价模型不仅能通过关联度值判定潜在伙伴的合作优度等级，而且能判定各潜在伙伴的优劣程度，与其他方法比较具有明显的优越性。要提高判定结果的正确性关键在于正确、合理地构建评价指标体系并正确分配各指标的权数，此外经典物元的区间分级也会对评价结果产生很大影响。

4.4 组织形成的合作机制分析

在农机服务组织形成与发展中，组织内生的合作机制起着重要作用。调查表明，现实中各成员的合作不完全是基于利他，而主要是利益主体（即组织成员）自利需要伙伴。合作能把成员的自利整合成实现各成员目标的联盟，而竞争则把成员的自利推进为你争我夺的斗争，从而损失效率。因此，在合作的情景下，组织成员会把其他利益群体的活动视为其正外部条件，而在竞争情景下，利益主体则视其他利益群体的活动为负外部条件[152]，这也是成员选择合作并组建农机服务组织的主要动机之一。农机服务组织形成与发展中，共有三种内生的合作机制发挥着重要作用，分别是理性机制、利益转移机制和协商机制。

4.4.1 理性机制

只有参加农机服务组织的各成员收益大于或等于不参加合作的收益和参加合作的机会成本，组织发起人（主要指农机大户）才有发起或组建农机服务组织的动力，普通成员（主要指普通农机手和其他参与组织的农民）才有参加农机服务组织的外在激励，农机服务组织成员间的合作才能形成并导致组织的发展和壮大。这符合经济学中“理性经济人”的假设[153]，即假定发起人和普通成员在逐利决策中均为完全理性的。虽然现实生活中人并不能像经济学中所假设的那样具有完全理性，但任何一个人（包括农机服务组织的发起人和普通成员）作决策之前，都会尽量根据自己的理性水平去判断风险、成本、收益等，因此农机服务组织成员间的合作机制首先应该是理性机制。

设 $\forall i,j \in N$，记 (i,j) 为一个相互合作关系，其中 i 为任何一个欲参与合作的潜在成员，j 为组织现有成员的统称。在相互关系 (i,j) 中，记 δ_j^i 为 i 从 (i,j) 合作中得到的收益增加量，π_i^j 为 i 不参加 (i,j) 合作得到的收益增加量或参加 (i,j) 合作的机会成本，对于理性潜在成员 i 而言，当且仅当 $\delta_j^i \geqslant \pi_i^j$ 时，他才有动力和内在激励去参加农机服务组织，即与 j 形成 (i,j) 合作。同理，对于已经形成的农机服务组织是否接纳新成员 i，组织也会基于群体理性进行判断。只有成员 i 对组织的贡献不小于其参加组织的收益时，组织才有可能接纳 i 成为新成员。当二者同时判断出参与合作的收益大于或等于不参加合作的收益或参加合作的机会成本，(i,j) 合作关系才可能形成。

综上可知，在自利的心理驱动下，理性机制是农机服务组织得以产生和发展壮大的前提。

4.4.2 利益转移机制

由于参加农机服务组织的成员综合实力各异，其对参加农机服务组织的预期收益也各不相同。预期收益较多而实际收益较少的成员如果得不到合理的利益补偿，合作是难以展开的。因此，在农机服务组织的合作中应该存在成员之间的利益转移机制并促使收益分配的公平性。具体来说，在不合作中获益较多的成员应从不合作中获益较少的成员那里得到利益补偿，也就是说，在合作中获益较少的成员应从合作中获益较多的成员那里得到补偿。公平的组织利益分配构成了农机服务组织成员奋斗的前景和动力，在共同利益的驱动下，组织成员间能形成一定程度的融合，增强彼此间的信任感和亲密感，较易出现正反馈现象。

将农机服务组织中相关的 n 个利益主体视为一个系统，设其边界为 B_s。在合作博弈理论的分配模式中，Shapley 值兼顾了个人理性与集体理性的统一，其主要根据组织联盟成员对各个可能的子联盟的边际贡献来分配附加收益[154]。设 S 是含有 i 的子联盟（主要指农机服务组织中由家庭成员、近亲或特要好的朋友之间构成的组织内部的非正式组织)，i 在该子联盟中的边际贡献为 $v(S)-v(S/i)$，那么 i 在 n 人合作博弈中得到的利益分配为：

$$\phi_i(v)=\sum_{S\in\varphi(i)}q(S)[v(S)-v(S/i)]$$

上式中：$q(S)=[|S|!(n-|S|-1)!]/n!$，$\varphi(i)$ 为所有包含 i 的子联盟，$|S|$ 表示 S 中所包含的成员个数。

设成员 i 与系统 S 外结盟时所获得的最大利益为 P_i，实际上也是 i 加入农机服务组织的机会成本，那么成员 i 加盟的必要条件是：

$$\phi_i(v)\geqslant P_i,(i=1,2,\cdots,n)$$

由此可知正确评估利益主体在不同联盟的边际贡献以及它与系统 S 外结盟可能获得的收益对于组织的协调及成员之间的有效融合很重要。Shapley 分配向量是群体博弈的一个核心，其中必定蕴含着为保证组织形成而在成员之间发生的利益转移机制。

为确定具体的利益转移量，对效用可转移的博弈（N,v)，如果对 $\forall i,j\in N$，存在固定的数值 g_j^i，使得对所有 $S\subseteq N$ 和所有的 $i\notin S$，$v(S\cup\{i\})=v(S)+v(i)+\sum_{j\in S}(g_i^j+g_j^i)$，则 Shapley 值为：$\varphi_i(N,v)=v(i)+\frac{1}{2}\sum_{j\in N}(g_i^j+g_j^i)$。为方便分析，假定参加农机服务组织的全体成员之间的合作行为对组织外成员没有影响，即成员与非成员之间的关系在成员参与农机服务组织前后保持一致，于是可定义以下特征函数：

$$v(S)=\sum_{i\in S}\{R_0^i+\sum_{j\in N}K_j^i-\sum_{j\notin S}\delta_j^i+\sum_{j\notin S}\pi_j^i\}$$

上式中第一项是未合作之前各成员各自的保留效用，第二项是形成联盟 N（多个农机服务组织的大联盟）时农机服务组织 S

内全体成员获益总和；第三项是组织 S 的成员倘若与组织外其他成员（ N 内的）合作可能获得的收益；第四项是未参加组织 S 的成员（仍在 N 内的）对 S 造成的收益损失。

对 $h \notin S$ ，有 $v(S \cup \{h\}) = v(S) + v(h) + \sum_{j \notin s}[(\delta_h^j - \pi_h^j) + (\delta_j^h - \pi_j^h)]$ ，令 $h = i$ ，并定义：$g_i^j = \delta_i^j - \pi_i^j, g_j^i = \delta_j^i - \pi_j^i$ ，则有：$\varphi_i(N, v) = R_0^i + \sum_{j=1}^{n} k_j^i + \frac{1}{2}\sum_{j=1}^{n}[(\pi_j^i - \delta_j^i) - (\pi_i^j - \delta_i^j)]$ ，于是，对合作博弈 $[N, V]$ ，Shapley 值可表示为：

$$\varphi_i(N, v) = R_0^i + \sum_{j=1}^{n} K_j^i + \frac{1}{2}\sum_{j=1}^{n}[(\pi_j^i - \delta_j^i) - (\pi_i^j - \delta_i^j)]$$

$$i = 1, 2, \cdots, n$$

由上式可知，每个成员参与农机服务组织的收益等于合作但没有效用（收益）转移时的收益加上相互合作时收益之差的一半，其两者之差就是执行 Shapley 值分配时的效用（收益）转移量。于是，当联盟内全体成员均参加合作时，位于核心的 Shapley 值利益分配矢量将给每个成员的利益补偿量为：

$$T_i = \frac{1}{2}\sum_{j \neq i}^{n}[(\pi_j^i - \delta_j^i) - (\pi_i^j - \delta_i^j)] \qquad i = 1, 2, \cdots, n$$

对任意成员 i、j ，π_j^i 是 i 不与 j 合作（与其他成员合作）的收益，δ_j^i 是 i 不与 j 合作造成的损失，所以，$\pi_j^i - \delta_j^i$ 是 i 不与 j 合作的净收益。同理，$\pi_i^j - \delta_i^j$ 是 j 不与 i 合作的净收益。因此，补偿给 i 的总的净收益或从 i 处取出补偿其他成员的总的净收益（ T_i 可正可负）就是 i 与其合作伙伴净收益之差的和。任意比较双边的利益补偿量可知，在不合作中获益较多的成员 i 应从不合作获益较少的成员那里得到利益补偿（ $T_i > 0$ ），也就是说，在合作中获益少于期望收益的成员应从合作中获益较多的成员那里得到补偿。因此，在合作中获益较多的成员应主动给合作中获益较少的成员一定的补偿，只有这样才有希望达成合作协议并促使农机服务组织形成并发展壮大。同时，利益转移机制的运行应满足理性机制即获益成员在补偿损失成员后其获益也应该不小于未合作时的收益或合作的机会成本。

通过效用转移机制的运行，可以充分发挥农机服务组织成员合作过程中的激励和约束的双边效用。利益补偿机制对于像农机服务组织这样的非完全共同利益合作群体的合作形成是必需的，通过该机制的作用可使各利益主体获得合理的收益，促进农机服务组织的产生和发展，这也是群体合作实践的内在本质，即“双赢”。

4.4.3 协商机制

在农机服务组织的作业过程中，达成合作各方共同认可的具有约束力的协议，对实现成员之间的有效合作是十分重要的，而约束协议的达成必须通过各合作成员之间的有效协商来实现。合作成员进行有效协商是指如果合作成员各自策略的一个可行变化可以使合作成员都从中得到合理的效用，那么其他成员就会同意做出这样的一个策略变化。除非参加合作的某些成员可以与没有参加合作的联盟内成员达成协议，形成同样有效的合作，或是某些成员存在非理性行为如恶意的破坏与报复等。

协商过程实际上是一个谈判过程，不可避免会出现这样或那样的冲突。事实上，各成员一经合作，着眼点就从博弈转到了博弈前的谈判，即协商。协商的目的是为了达到帕累托改进，即消除潜在或显现的矛盾冲突，使合作效率得到改进。为了寻求能使双方达到满意的谈判调解程序，假设农机服务组织中的局中人的可能收益构成了一个有界闭凸集 P，一个特殊的收益 $(u_0, v_0) \in P$ 称为维持现状点，它是局中人达不成协议时均能接受的收益。

Nash 教授提出了一组公理，他认为一个独立的调解者遵循这些公理将能使博弈按照一定的调解程序达到令双方满意的合作解，即满足这些公理的调解程序能够达到合作解 (u^*, v^*)，并将调解程序 Ψ 定义为一个从 (u_0, v_0) 和 P 到 P 中的 (u^*, v^*) 的映射，即 $\Psi[(u_0,v_0),P]=(u^*,v^*)$ 。Nash 教授认为该调解程序满足个人理性、可行性、帕累托最优性、无关备选对象的独立性等一系列性质。在此基础上，Nash 教授 1950 年证明了如下重要定理：设 $(u,v)\in P$ ，$u>u_0,v>v_0$ ，则函数 $f(u,v)=(u-u_0)(v-v_0)$ 在唯一一点 (u^*,v^*) 取得极大值，即 $\Psi[(u_0,v_0),P]=(u^*,v^*)$ 是满足个人理性、可行性、帕累托最优性、无关备选对象的独立性等一系列性质的唯一调解程序[155]。

这一定理不仅保证了满足 Nash 谈判公理的调解程序的存在性和唯一性，而且在选定了维持现状点 (u_0,v_0) 之后，还指出了在谈判集中选择合作解 (u^*,v^*) 的计算方法。很自然，在二人合作博弈中，选定 $u_0=v_1,v_0=v_2$ 作为维持现状点，此处 v_1 和 v_2 是局中人 1 和 2 在非合作情况下也至少能获得的收益。于是，我们把 $\Psi[(u_0,v_0),P]$ 得出的结果 (u^*,v^*) 叫做合作博弈的极大极小谈判解。

通过有效的谈判协商，农机服务组织中各成员可建立一种利益平衡机制，使得合作中获益较少的成员确信暂时的收益受损可以从长期的合作中得到补偿，而获益较高的成员会自愿在某些方面为其他成员的利益作出一定的让步。也就是说，从长期看，一种稳定的合作会使农机服务组织中所有的合作成员分得大致公平的利益。由此可见，有效的协商机制是在理性机制的基础上，保证利益转移机制发挥效用的必要条件。

4.4.4 三种机制的耦合作用

农机服务组织能否形成的关键是如何解决利益分配问题，利益分配方案不仅要满足个体理性和集体理性，而且要满足组织的群体理性。为了保障农机服务组织成员的顺利合作，上述三种机制缺一不可，它们并不是单独作用的，而是相互作用与影响，形成一个合力，共同促进农机服务组织的形成和发展，可构建其互动关系模型如图 4.3 所示。

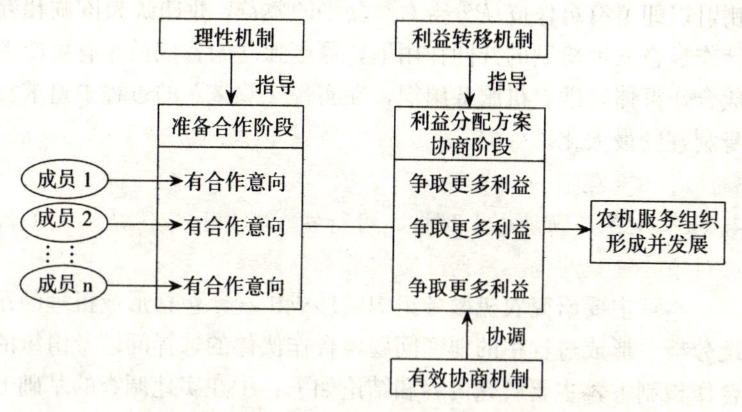

图 4.3 三种合作机制互动关系模型

由图 4.3 可知，理性机制是农机服务组织形成的基础，成员的个体理性必须与组织的群体理性大致相符，才能促进合作。对农机服务组织各成员的合作，虽然在作业过程尤其是利益分配上存在诸多矛盾和冲突，但至少存在一种使各方均能接受的利益分配方案，这就要求组织内各成员均参加合作，并且在合作中获益较多的成员应该给获益较少的成员一定的利益补偿，即效用转移机制可以在一定程度上解决这种利益分配上的冲突，使组织内各成员均能得到满意的效用，以避免不公平感的产生并对农机服务组织的发展起逆向作用，使农机服务组织作业效率和经营绩效遭受损失。在一定的假设条件下，利益转移机制是通过利益转移量确定的，并且这种利益补偿机制有可能吸引那些综合实力较强，对其他成员有较大正外部性的成员的参与。因此，农机服务组织成员各自追求自身利益最大化的行为本身会促使这种正外部效应的内部化，这不但可以使具有这种正外部效益的参加者，同时也能使其他参加者获得更大的合作效益。同时，在一般情况下，农机服务组织成员之间是通过协商谈判来解决利益冲突的，通过有效协商即谈判，各合作方可以建立一个被普遍接受的利益平衡机制，以使所有合作成员分得大致公平的效益，促进成员间的相互合作。在三种机制的共同作用下，原本独立的各成员才有可能形成合作群体，即农机服务组织，在实现“双赢”的过程中追求自身利益的最大化。

4.5 小结

本章主要研究农机服务组织的形成机理，包括形成机理的系统分析、形成过程中的博弈问题、合作伙伴的选择问题及组织的合作机制等，主要研究内容和结论如下：①在实地调查的基础上构建了农机服务组织形成机理模型和农机服务组织体系形成机理模型，认为农机服务组织是在政府的引导和支持下，在潜在成员自身利益的驱动下通过亲缘、友缘、地缘、学缘和业缘等社会关系而形成。②在农机服务组织的形成过程中，组织发起人和普通成员之间存在博弈过程。通过构建完全信息的博弈模型得出，只有二者均认为创建或加入农机服务组织能获得大于单独作业的收益水平时，农机服务组织才有可能形成。③通过亲缘、友缘、地缘、学缘和业缘选择合作伙伴的方法缺乏科学依据，本章提出了合作伙伴选择的多级可拓评判方法并进行了潜在伙伴合作优度评定的实证研究，为农机服务组织形成中合作伙伴的选择提供了科学方法。④农机服务组织在形成过程中需遵循三种合作机制——理性机制、利益转移机制和协商机制，只有三种机制有效耦合并协同作用，原本独立的潜在成员才有可能组建或参与农机服务组织并实现组织和自身利益的最大化。

5 农机服务组织成员行为研究

农机服务组织成员大多来自于农民，由于各成员性格、心理与文化水平不同，参与农机服务组织的需要和动机也存在较大差异，因此其行为表现也各不相同。农机服务组织绩效水平并不是成员个人绩效的简单相加，组织成员的行为将在很大程度上影响组织目标的实现和成员需要的满足。如果组织成员齐心协力、互相配合、协同行动，组织的绩效会大大超过个人绩效的总和。反之，如果组织成员之间勾心斗角、相互拆台，则组织的工作绩效会大大低于成员个人绩效的总和，这样就失去了组建农机服务组织的意义。也就是说，农机服务组织要达到其目标，必须首先了解成员的行为规律，进而控制、影响和调节成员的行为，这也是本章研究的意义所在。

5.1 成员的需要与动机分析

农机服务组织成员的行为都是在某种需要的诱发下，在某种动机的驱动下为达成某个目标的有目的活动。也就是说，农机服务组织成员的行为是在需要、动机和目标的共同作用下引发的，行为由动机支配而动机则由需要引起。其中，成员的心理和行为取决于内在需要和周围环境的相互作用，而激发人的工作动机（即激励），调动人的工作积极性则是组织管理工作的首要任务。准确把握农户组建和参与农机服务组织的需要和动机，有利于引导和控制成员的合作行为，调动成员的积极性，提高农机服务组织的管理效率。

5.1.1 需要

1. 需要的内涵及形成机理

人的心理、行为取决于内在需要和周围环境的相互作用。需要是个体缺乏某种东西时所产生的一种主观状态，是客观需求的反映，也是人的工作积极性的源泉和基础[113]。当人的需要未得到满足时，会产生内部力场的张力，此时周围环境因素起着导火线的作用。因此，人的行为取决于内部力场与情景力场（环境因素）的相互作用，而主要的决定因素是内部力场的张力，即需要。人既是生物有机体，具有自然性，同时又是社会的成员，具有社会性。在社会生活中，人们为了求得自身的生存和发展，必定要求取得一定的事物。因此，需要是个体的一种主观常态，它总是反映有机体内部生理条件向外部社会条件的某种要求，通常以意向、欲望、动机、兴趣等形式表现出来。

需要的产生需要具备两个条件：一是缺乏、不足之感；二是期待、求足之感。这就是说，由于个体内部维持生理的和社会的功能缺乏某种东西，并期待获得满足，就会产生需要。需要的产生与刺激分不开。刺激可以分为两大类：一是来自于自身机体的刺激，它是通过内部感觉器官感受到的，如饥渴、情感等，它是人的本能和心理活动的反映。二是来自外部的刺激，它是通过外部感觉器官，如眼、耳、鼻、舌等感觉到的，并通过心理加工而形成，包括自然和社会的各种环境在人的大脑中的反映。需要获得满足后，会反过来影响人的本能和客观环境，促进新的需要产生（如图 5.1 所示）。

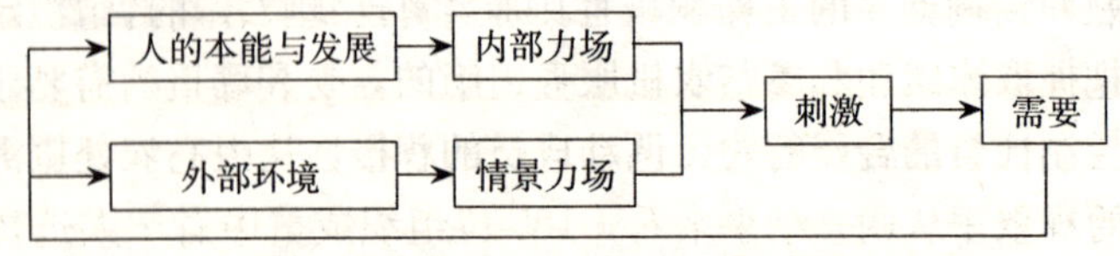

图 5.1　需要的形成与作用机理模型

2. 成员的需要分析

根据马斯洛的需要层次理论，人的需要包括生理需要、安全需要、社交需要、尊重需要和自我实现需要。调查结果表明，成员组建或参与农机服务组织也存在这几种需要，而且广泛地存在着多种需要交叉的情形，具体如下：第一，生存需要。所谓生存需要即谋生的需要，这是大部分农机服务组织成员相互合作并进行跨区服务的主要需要，也是最基本的需要。在调查的 105 位成员中，共有 39 位认为组建和参加农机服务组织是为了谋生。事实上，受访者几乎全部越过了温饱线，基本生存没有问题。因此这里的生存需要不仅仅是温饱，准确地说应是致富需要，具体包括改善生活条件尤其是住房条件，适当提高精神文化消费水平，以及为子女教育、自身养老等做的一些必要准备等等；第二，安全需要。安全需要是在生存需要基础上衍生出的更高级的需要。由前文分析可知，受多种因素的影响，农机跨区服务中存在诸多不安全的因素。农机大户、机主、农机手等为了规避风险、降低损失、确保安全而自发地组织起来形成农机服务组织。在调查的 105 位成员中，共有 43 位认为组织和参加农机服务组织是为了安全需要。可见，虽然组建和参加农机服务组织并不能绝对地保证安全，但绝大多数组织成员参加组织时确实考虑了安全因素；第三，交往需要。在 105 位组织成员中，有 10 人选择了交往需要。他们普遍认为虽然单机在本地作业或在周边地区作业也能获取差不多的收入，但单机作业没有群体归属感，而且在作业过程中也不能相互照应。相反，组建或参加农机服务组织却能认识更多的人并拓展自己的人际关系，有集体归属感且能闯荡更多的地方，能开阔眼界并增长见识，尤其是当自己具有较高的组织承诺时，这种群体感和归属感明显增强；第四，受人尊重的需要。长期生活在社会最底层的农民也有自己的尊严，从内心深处也渴望别人的尊重。从调查结果来看，105 位组织成员中有 7 人选择了受人尊重的需要。在这 7 人中，有 5 人是组织的创建者或领导者，他们期望通过组建和管理组织，在组织内部受到组织成员的尊重，并在家乡受到邻居和亲戚朋友的尊重。有 2 人是普通成员，他们期望通过参加跨区服务来提高家庭收入，通过改变家庭的经济状况来赢得别人的尊重。值得注意的是，没有人认为组建或参加农机服务组织是为了赢得陌生人的尊重，包括作业过程中的中介人、委托人等，虽然潜意识里也希望得到来自陌生人的尊重，但这不是参加农机跨区服务的理由。第五，自我实现的需要。自我实现需要是人类比较高级的心理需要，一般来说，物质生活相对贫乏的农民具有自我实现需要的比例相对较小，但并不是不存在。从实际调查来看，105 位组织成员中有 6 人选择了自我实现，可见农村中不乏有文化、有技术、有抱负的人存在，他们早就想干一番事业却由于各种条件的限制始终未能如愿。农机社会化服务广阔的市场空间无疑给他们提供了施展才华、实现抱负的平台，这类人一般是年纪较轻的农机大户。他们一般愿意自己牵头组建农机服务组织并在组织中担任重要角色，其行为的目的不仅仅是致富或带动别人致富，更多的是为了通过挑战来实现人生价值、为社会做出贡献的需要，具体包括实现理想的需要、发挥创造性才能的需要、做出积极贡献的需要等，并以此来证明自己或寻求成就感。

3. 成员需要的满足途径

农机服务组织成员需要的满足途径主要包括两个方面：

一是作业过程之内得到的需要满足，即组织成员在进行跨区作业的同时就能得到某种满足。这种满足一是指作业环境本身，就是要有一个安全、和谐、舒畅的作业环境，使组织成员觉得参与组织并进行跨区作业本身就是一种享受。从实际情况来看，由于进行农机跨区作业服务一般都在“三夏”、“三秋”季节，此时天气燥热，组织成员外出作业条件十分艰苦，因此其满足感主要来自于组织内部和谐的人际关系、人身及农机具的安全、委托人的尊重以及满意的价格水平；二是指在农机服务组织的作业过程中，通过组织成员之间相互学习和模仿，或成员之间通过合作互通有无、取长补短、增长才干，促进个人的成长，这对于有远见和抱负的成员来说得到的满足往往超过报酬带来的满足；三是通过有效的分工与合作，节约了成本，使经济效益和社会效益有所增加，或者解决组织作业过程中遇到的重大难题所带来的成就感，这种成就感恰恰满足了人们对于自我实现的需要，是最高等级的满足。

二是作业过程之外得到的需要满足，这种满足不是组织成员通过跨区作业本身所获得的，而是作业以后所获得的，例如合理的分配制度、丰厚的收入、良好的人际关系、组织的认可、别人的尊重和羡慕，以及通过财富积累得到的发展机会等都属于作业过程之外的满足。这种满足具有很大的优点，时常能带给组织成员惊喜并有效提升成员的组织承诺，例如个人对组织目标、价值观和管理体系的信念和认同，个人愿为组织的整体利益付出努力的愿望，以及个人渴望保持在该组织中的成员资格等等。当然，作业过程之外得到的需要满足也存在一定的局限性，就是在作业和满足需要之间缺乏直接的联系，并且一旦习惯这种作业之外的满足后，会形成思维惯性，从内心衍生出对于这种满足的期待和需要，如果不能得到满足或满足的程度不够，可能会起到负面作用。

同理，如果农机服务组织成员的需要得不到满足而影响成员积极性的发挥并使组织经营绩效遭受损失，也是源于以上两个方面的。因此，在农机服务组织管理的实践和研究满足组织成员的需要时，不仅要考虑作业过程以内需要的满足，还要考虑作业过程以外需要的满足，并且要尽可能地把组织目标、经营需要与成员的生理、心理需要密切结合起来进行综合考虑。

5.1.2 动机

1. 动机的内涵及形成机理

动机是指推动人去从事某种活动，指引活动去满足一定需要的意图、愿望、信念等[113]。动机是行为的直接原因，也是一个解释性的概念，用来说明个体为什么会有这样或那样的行为。一般来说，需要和动机有相似的涵义，但严格来说二者还是有区别的。需要是人的积极性的基础和根源，而动机是推动人们活动的直接原因和内部动力。当人的需要具有某种特定目标且需要的强度达到一定水平时，需要才有可能转化为动机。同时，还必须将动机和目的区分开来，目的是人类活动所要达到的结果，而动机是推动人的活动去达到目的的心理活动。很多时候人的目的相同，但动机却迥异。如：假设农户参加农机服务组织的目的都是为了盈利，但其动机却是不同的，有的是为了供孩子上学，有的是为了增加积蓄，有的是为了盖新房等等。同理，很多情况下人们也会基于同一动机去实现不同的目的。

引发组织成员行为动机的诱因有两类：一类是内发的，称之为“内推性因素”。另一类是外诱的，称之为“外拉性因素”。成员的行为往往取决于需要与诱因的相互作用，只有需要与诱因相结合才会产生实际的行为动机。凡是能够引起行为动机的外在刺激，包括人、事、物、情境等，都称为诱因。诱因既可以是物质的东西，也可以是精神的东西。按刺激的性质，诱因可分为两类：凡是引起个体趋向或接受并由之获得满足的刺激，称为正诱因。凡是引起个体躲避或逃离，并因避离而感到满足的刺激，称为负诱因。在农机服务组织中，某成员受到其他成员的认可和尊重，或者是该成员通过跨区作业获取了可观的收益都是动机的正诱因。

2. 成员的动机分析

个体的行为是十分复杂的，个体行为的原因更为复杂。虽然农机服务组织成员的需要比较统一，但由需要引发的动机却千变万化。对于组织性、纪律性和规范性相对较差的农机服务组织而言，要想把其成员的行为动机准确地划分为几种类型是不可能的。同时，农机服务组织成员的行为往往不是由单一动机推动的，推动成员活动的往往是几种动机形成合力的结果，这种动机的综合被称为“动机模式”或“动机系统”，但在这些动机模式或动机系统中必然有占主导地位的动机。本书根据实地调查的结果，将农户组建和参与农机服务组织的动机简要划分为求利动机、亲和动机、公平动机和成就动机。

求利动机指农户组建或参加农机服务组织的行为动机主要是规避单机作业的自然和社会风险，通过降低成本、提高效率来优化自身效益，具有这种行为动机的成员占调查总数的35％以上，是组织成员最主要的行为动机；亲和动机是指在社会情境中，人与人交往时所表现出来的亲近行为的内在动力或内心欲求，例如需要别人关心、帮助、认可、支持与合作等，针对农机服务组织则主要表现为认可、支持与合作，其前提是组织成员之间相互熟悉，或者是具有类似的追求目标且具有大致相同的价值取向；公平动机是指随着城乡收入差距的扩大和农村居民收入水平的不均衡，部分收入相对较低的农户会将参照系锚定为收入较高的人群，在不公平厌恶的指导下积极组建和参与农机服务组织以减轻自己因收入较少而带来的痛苦感觉；成就动机是指成员追求成就的内在动力，包含三层涵义：第一，个人追求有价值的工作以期达到理想目标的内在动力。第二，从事农机跨区服务时，成员自我投入精益求精的心理倾向。第三，成员在不顺利的情境中冲破障碍，奋力达成目标的心理倾向。对农机服务组织成员而言，第二、三种心理倾向比较普遍。由于受知识、见识等多种因素的限制，他们大多将成就感锚定在某项具体的工作上。

3. 成员动机的功能

行为动机对农机服务组织成员的个体行为具有以下三个方面的功能：首先，动机对成员行为具有引发功能。农户组建和参与农机服务组织的行为是由一定的动机引起的，其中最主要是追求自身利益最大化的动机，当然还包括其他动机如规避风险、提高地位、自我实现等。可以说，没有动机就没有农户的行为活动，也就不会有农机服务组织的存在。假定某成员具有某（几）种动机，这些动机在目标的指引下便会驱动他产生相应的行为，使他内部的心理活动最终外化为行为活动，可见动机是组织成员行为积极性的直接动力。其次，动机对成员行为具有导向功能。对成员的行为活动而言，动机不但具有内在的驱动作用，而且在驱动之后，还会使这种行为指向某一明确的目标并促使行为主体（组织成员）朝着该目标不懈地努力。再次，动机对成员行为具有强化功能。动机对成员行为起着维持、调节和强化的作用，农机服务组织价值目标、管理体制和规章制度的约束使成员的行为沿着一定的方向前进，并保持一定的强度。

一般说来，行为的结果对成员的行为动机有巨大的影响，其行为动机会因良好的预期或实际行为结果而促使某一行为重复出现，并使该动机本身和相应的行为得到强化。同理，动机也会因不好的预期或实际行为结果而使相应的行为受到削弱、减少以至不再出现。这两种情况都是对农机服务组织成员行为的强化作用，前者叫正强化，它肯定、鼓励和加强行为。后者叫负强化，它削弱、惩罚和否定行为，如图 5.2 所示。在农机服务组织的发展过程中，管理者可运用强化原理来引导和激励组织成员的行为，如运用物质的或精神的奖励来肯定某种行为，使该行为对应的动机得到强化，也可以运用批评、惩罚来否定某种行为，使该行为对应的动机受到削弱。

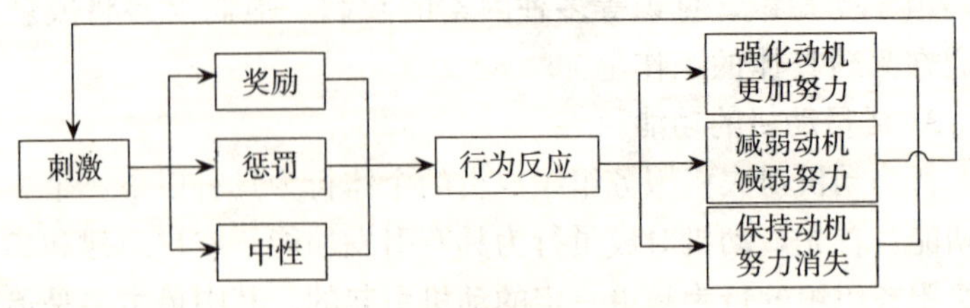

图 5.2　行为动机的强化机理

5.2 成员的认知偏差分析

人们在组织中通过交往会产生相互感知，发生模仿、暗示、感染、沟通（互通消息）、冲突等各种社会心理现象并衍生出相应的行为。认知是组织成员对组织及其周围环境的综合心理反应，是引导农机服务组织成员行为的重要依据，也是组织成员进行行为表现的心理基础。因此，要研究组织成员的行为及其影响，首先要明确成员的认知过程并分析其认知偏差。本节主要探讨农机服务组织成员的认知过程，分析其认知偏差并对偏差进行归因，这是理解农机服务组织成员行为并进行有效管理的基础。

5.2.1 认知过程

农机服务组织成员是通过知觉对组织及其环境进行认知的。知觉是外界事物作用于人的感官而在人脑中产生的对这些事物的反映过程。更具体说，知觉是个体选择、组织和解释感官刺激的过程。作为人的感性认识的知觉，并不是像镜子那样消极地、被动地反应事物，而是一个积极的、主动的认知过程。这种积极的、主动的认知过程就表现在人对外界信息的选择、组织和解释上，也就是人的认知过程。由此可知，认知是行为主体对事物的整体反映，这种反映不再是个别的、孤立的属性，而是客体的、整体的意义。在认知的过程中，行为主体把来自于客体的各种感觉刺激组织成富有意义的整体，认知到事物的一定意义，则是思维在起作用。因此，认知本身是融入了思维的反映过程，如图5.3所示。

从认知的过程模型中可以得出这样的结论：行为主体认知的不同将导致行为的差异。由此可知研究成员的认知过程对于理解和认识农机服务组织成员行为规律的重要性。人的行为是以知觉系统提供的对现实的解释为根据的，而不是以现实本身为根据的。在农机服务组织的形成和发展过程中，成员作为认知的主体，其认知的客体主要包括组织的竞争能力、盈利能力、管理制度，组织领导的领导能力、领导效果，组织成员的能力、性格、人品，组织内部的人际关系、和谐程度，以及对自己的性格、能力认知等诸多方面。由于受知觉者本人、知觉的对象和发生知觉的情景等多种因素的影响，不同成员对于相同对象的知觉会产生相当大的差异，甚至同一成员在不同情景下对相同知觉对象也会产生认知差异，并引致相应的行为差异。

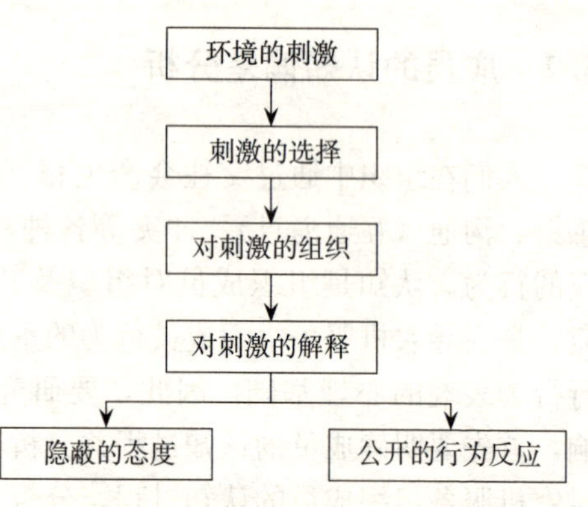

图 5.3　行为主体的认知过程模型

以农机服务组织成员的人际关系认知为例，组织成员主要是通过对别人外部特征的知觉，进而取得对他们动机、感情、意图等的认知。从实地调查来看，组织成员对别人（主要指组织内部成员之间，或者是新成员与老成员相互之间）的认知主要依赖于两个方面的因素：第一个方面是认知对象的外部特征，如一个人的仪表、风度、言谈、举止等。如果某位成员待人热情、能力出众、干活卖力且严格遵守组织的规章制度，则很容易给人留下良好印象并得到组织内部成员的认可和尊重；第二个方面是认知的组织结构，如有的成员在认识别人时首先注重道德品质，有的人首先注重能力，有的人注重亲和力等等。一般来说，由于受地域性的影响，组织成员在参与农机服务组织之前相互比较熟悉，或者是通过某种关系或渠道使得相互之间有一定了解。鉴于每个成员的不同特征，其他成员在认知某位成员时会不自觉地按照其最主要的特征进行归类，这符合行为经济学中的“显著性假定”。

正因为一个人对别人的认知带有一定的主观性，组织成员在相互认知的基础上会彼此之间产生好感或反感，这是组织内部人际关系的情绪方面。如果相互有好感，就会形成心理上相互接近的关系，反之则形成排斥关系。

5.2.2 认知偏差

由前文分析可知，认知过程是行为主体对客观现实的反映过程，是积极的、主动的复杂过程，认知的结果受知觉者本人、知觉的对象和发生知觉的情景等多种因素的影响。事实上，经济学发展到今天，完全理性的假定已被屡次证明是很不符合实际的。西蒙认为，虽然人类有无限的创造力，可是每个人在认识、处理信息的能力上是有局限性的，因此不可能在解决复杂问题时考虑所有备选方案并从中选出最优方案，而只能在有限的方案中选择满意方案。正是因为人类的有限理性，农机服务组织成员的认知过程也不可能是完全理性的。受主客观条件的限制，常常造成组织成员的认知结果与客观现实的不一致，导致认知不能全面、准确地反映客观现实，从而产生认知偏差并导致相应的行为偏差，主要表现如下：

1. 自负偏差

由于认知和判断上的偏差，人们通常将偶然的成功归因于自己操作的技巧，将失败归咎于外界无法控制因素，由此产生了自负（Overconfidence）的心理现象[156]。自负即过度自信，指人们过于相信自己的判断，它普遍存在于人类行为中并影响人们的行为和决策，在不确定环境下和信息不足时会更加显著。自负与某些深层心理现象如后悔、损失厌恶等有关，它一般会导致决策错误，当错误的结果重复地呈现时，人们就会从中学习，并表现出反应过度或反应不足[157]。

在农机服务组织的形成与发展过程中，自负偏差主要表现为以下几个方面：第一，由个人经验引致的自负偏差。个人经验导致的认知与行为偏差在很大程度上受个人自信程度和组织决策能力与机制的影响，经常给农机服务组织带来回报的行为比那些不带来回报的行为更可能被组织重复。在农机跨区服务过程中，往往一次成功的经历就成为以后类似行为的模板。比如，某个地方某年的作业需求量很大，去该地区进行跨区作业的组织收益也很大，因此在接下来的年份中这些组织会凭着经验继续前往该地作业而较少考虑市场环境的变化。组织成员在接受经验主义的熏陶并参加了多年的跨区服务后，极有可能形成自己的经验而不必再完全被动地接受外界（主要指经验丰富的组织创建者）的经验，此时他们可以依靠自己的经验作出各种判断和行为。然而，个人经验有时候是靠不住的，过分地依赖经验会导致自负偏差。在调查过程中，有近30%的组织成员已意识到这一点，不少人甚至坦承自己由于经验主义而曾经导致决策失误；第二，由沉没成本引致的自负偏差。沉没成本是指已投入的、不可能收回的成本，农机服务组织中的机械设备，组织成员的时间、精力投入就属于该范畴。在认知心理学中，沉没成本归结于“自负”的账户。由于风险厌恶，组织成员在对待已失去的账户时常常会不理智，并固执地认为沉没成本即使再也回不来，也应该用相应的收益去平衡它，由此产生沉没成本谬误。虽然绝大多数农机服务组织成员并不了解沉没成本及其蕴含的原理，但在实际决策中却不自觉地受其影响。当组织成员没有获得预期回报甚至由于决策失误或别的因素在农机跨区服务中遭受损失时，通常会被激怒进而更强烈地要求实施同类行为或预期能够补偿损失的行为。当然，如果某类行为给农机服务组织及其成员带来了出乎意料的回报或没有带来预期的损失时，组织成员会更主动地实施同类行为。由此可知，沉没成本谬误是农机服务组织成员自负产生的一种诱发因素。根据损失厌恶原理，组织成员不愿意接受沉没成本的损失，有信心能够追回至少一部分损失，不论在该过程中付出了什么甚至损失了更大的机会成本。由于机会成本是隐性的，而沉没成本更让人心疼，因此组织成员在面对沉没成本时往往显得过于自信。也就是说，为了避免后悔，组织成员通常会潜意识地夸大沉没成本的显著性而忽略了隐藏在其后的机会成本，于是在对沉没成本的过度关注中很容易偏离理性的标准而作出非理性的决策。

2. 损失厌恶偏差

损失厌恶是指人们对损失的敏感程度明显高于获得，即一定数量的损失如货币量在人们精神上引起的痛苦感受的程度要远高于相同数量的获得引起的愉快感受的程度[158]。在损失厌恶的影响下，人们在无风险决策或投资获利时往往偏向于风险规避，具体表现为小改进和小损失的组合。在风险决策或面临损失时往往偏向与风险爱好，具体表现为大改进和大损失的组合。Thaler曾提出两个问题：假设现在你有生命危险的概率是千分之一，第一个问题是，你为消除这个概率愿意付出多少钱呢？典型的回答是："最多出 200 美元"。第二个问题是，你要得到多少钱才允许这个概率降临在你身上呢？典型的回答是，"至少 50 000 美元"[159]。该例形象地说明了损失厌恶的原理和具体表现。

在农机服务组织中，组织成员也普遍具有损失厌恶倾向，他们厌恶任何形式的损失，并尽量使这种损失不发生。在决策过程中，他们赋予损失的权重要明显地大于赋予获得的权重。在一个既定的农机服务组织中，领导者会千方百计地保住自己的领导地位和应得利益，普通成员也会尽力保持并尽量扩大自己的收益水平。不论是组织的领导者或普通成员，他们都会把当前自己的资产、地位、技术、人际关系等看成自己的综合禀赋，受禀赋效应的影响他们厌恶现有物品（包括实物和其他关系）的损失。也就是说，在小风险或无风险状况下，他们偏向于维持现状并略有改进。如果组织的合作机制发生改变，或人事（人际）关系发生改变导致某些成员的既得利益受损失，他们所感受到的痛苦程度会明显地高于其他成员收益增加而感受的喜悦程度，进而滋生不满情绪并诱发某些负面行为如消极怠工、恶意报复等，其结果是农机服务组织的协调性和作业效率遭受损失。因此，仅从组织内部管理来看，应尽量趋向于小改进与小损失的组合以规避风险。

就我国农机社会化服务发展历程来看，当前农机社会化服务市场正在逐步规范。随着组织数量的增加和规模的扩大，各农机服务组织之间的竞争也日趋激烈。从短期来看，各组织要保持既得利益应没问题，但要扩大作业范围并保证组织的持续发展会存在一定困难。在这种情况下，除了农机服务组织既有的各种弱质性外，市场风险逐步显现。在损失厌恶的引导下，现状偏见逐步失效，某些意识到市场风险的组织开始改革，改革的内容包括合作机制、人员培训、机械装备、联系业务的途径与方法等等，此时的组织是风险偏好的，追求的是长期的利益与发展空间。改革是逐步摸索的长期过程，其决策的内容和引致的行为难免存在过激和失误并导致组织效用的损失。此时，由外部环境诱发的损失厌恶偏差显现出来并成为当前农机服务组织的主要行为偏差之一。

3. 锚定偏差

锚定偏差是由锚定心理引起的。锚定心理是指人们倾向于把一件事情，无论它是否与决策有关，作为自己作决定的一个参照依据[118]。锚定心理在人们选择参照系的过程中起到非常关键的作用，其特点在于人们在进行判断时往往过于看重那些显著的、难忘的证据，也就是说人们容易将这些证据当作参照系，而在这种情况下人们很容易产生歪曲认识。“一朝被蛇咬，十年怕井绳”就是锚定心理的具体体现。锚定心理是导致认知偏差的一个重要因素。Thaler 认为，锚定心理使人类基于表面特性，将特定事件区别对待，没有看到更宽泛的大场景，而只看到个体的、分别的小范围[160]。因为锚定心理其实就是人们进行参照系选择的心理基础，而行为经济学中的前景理论正是用不确定的参照点与取值点两点间的相对位置来确定决策者个人感受的价值函数的，所以有学者认为“整个行为经济学，从某种意义上说，就是广义的锚定论”[161]。事实上，前文提到的参照依赖性（即人们往往不是根据对象的绝对定位水平，而是根据对象与某一参照点之间的相对定位作出最后的判断和选择）、现状偏见、禀赋效应等均是以锚定心理作为基础的。

在农机服务组织的形成和发展过程中，由锚定心理引发的锚定偏差主要包含以下几个方面：

（1）晕轮效应。晕轮效应是指利用一种已知的突出的特性作为评价一个人的其他方面的特性的根据的一种倾向，与行为经济学中“显著性假定”类似。具体来说，就是组织成员在评价某潜在成员时将主要评价内容锚定在该待评对象的某一突出特性上而不能作出全面、客观的评价。由前文可知，农机服务组织成员主要通过“5 缘”而形成合作，发起人或普通农户在选择合作对象时，由于受自身素质的限制，不可能设置客观全面的指标来对待选对象进行科学评价和选优，而是依据一个人的显著性特征进行取舍，如某人技术过硬，某人头脑灵活、交际范围广，或是某人人品很好等。假设某农机服务组织的普通成员是通过与发起人的单项接触而加入的，再假设发起人（一人或少数几人）的知觉能力和认知水平一致，则他们必然存在比较固定的知觉方式，在晕轮效应的作用下，参与进来的普通农户均有价值取向意义上的一致性。但是，对于同一个或几个发起人，不同的潜在成员对他们的认知结果是不同的，由于知觉偏差他们加入该组织的动机和理由也存在差异，这将直接影响到该组织的合作效果。晕轮效应的另一重要体现是第一印象。第一印象形成以后，会强烈地影响着知觉者在以后的时间里对知觉对象的总体印象和总的看法，也影响着对知觉对象的行为解释及与知觉对象的进一步交往。在农机服务组织发展过程中，第一印象偏差主要表现在组织与陌生人的接触中，主要存在于组织的组建过程、与组织外人的合作过程和联系业务的过程，且一般情况下均会起到负面作用。

（2）现状偏见。所谓现状偏见，是指人们对于任何他认为属于现状的东西都比那些被认为是不属于现状的东西有更高的评价[162]。农机服务组织中的现状偏见主要表现为吸纳新成员、组织改革等众多方面。如前文所述，当组织面临较大风险时，在损失厌恶的指引下会趋向于风险偏好并进行改革。事实上，除非风险达到一定程度并明显地影响到组织成员的收益水平，否则绝大多数成员不会赞同改革而会趋向于锚定现状或进行一些细小的调整。从吸纳新成员来看，当农机服务组织发展到稳定状态后，假定内部成员之间比较熟悉且相互认可，此时组织内部成员会表现出现状偏见即给予组织内部成员较高的评价。相应地，如果某个组织外的人想加入到该组织中，则内部成员会对他非常挑剔，该挑剔甚至会延长到他加入以后的一段时间，直到他得到组织的认可。现状偏见的另一个重要表现是成见，成见一旦形成以后，往往具有非常高的稳定性，且很难改变。由于组织成员大多来自于同一地区，在加入农机服务组织之前相互就比较熟悉。假定由于某种原因，成员 A 对成员 B 有成见，则在相当长时间内，成员 A 会将自己对成员 B 的印象锚定在成见上并影响着二者之间的合作效果。从成见的产生及其所发挥的作用来看，它是危险的，因为它为知觉的组织和解释活动提供了一种以偏概全的方法，它使人的认识强化和停滞化，导致知觉过程受特定对象与某个以前感知的知觉对象或一组对象的相似性的影响并诱发不准确的知觉。在农机服务组织的组建和经营过程中，如果成见广泛地存在，那么组织管理者必然会面临识人不明和用人不准的困境，并且会使组织绩效和经营效率受到干扰。

（3）相似效应。相似效应是指人们一般都喜欢与自己在各方面比较相似或在某一特殊方面与自己相似的人，更确切地说是与我相似效应[113]。在农机服务组织中，相似效应也会导致认知偏差，发起人或普通成员将参照点锚定为自己，他们往往会从积极地去感知、接纳和评价与自己相似的人，而相对消极地去感知、接纳和评价与自己迥然不同的人。从相似效应发生作用的情形来看，在某些情况下相似效应是一种敏感和有效的知觉方法，因为相似的个体往往会有相似的思想和感觉。更多的时候相似效应会成为正确知觉的障碍，导致知觉结果被个人感情或个人所具有的某些特征所影响，从而出现认知偏差。相似效应对农机服务组织的影响主要表现在以下两个方面：一是在合作对象的选择上，可能会由于经历的类似而错误地认为对方与自己具有同样的需要和动机，从而产生知觉偏差而导致合作失败；二是在组织角色分配时认为与自己具有类似经历的人具有与自己类似的能力和品行，在组织角色分配中出现偏差，导致组织结构的弱质性，不能做到人尽其才，物尽其用，造成人力资源浪费的同时损失了组织效率和投入产出效率。因此，相似效应通过“近亲发展”导致的直接后果就是农机服务组织结构的同质性，即组织成员在出身、性格、文化程度、价值取向等方面的相似性，从而导致组织成员结构的单一性，缺乏必要的争鸣和交汇。由于任何一个人或一类人都是存在缺陷的，农机服务组织要健康发展，需要按照岗位和角色需要，使出身、性格、文化程度和特长各异的各类成员取长补短、通力合作，真正发挥出合作的优势，而不是简单的相似成员的累加。从这个角度来看，相似效应是阻碍农机服务组织健康发展的重要因素之一，应引起高度重视并尽量规避。

（4）关联效应。关联效应是指一个人在作出决策的时候，往往会受到在这一决策之前的某个决策的关联影响，从而使最终的偏好选择产生偏差甚至逆转[118]。具体来说，人们的决策过程往往要受到他的决策背景的影响，即一个决策人之前的决策会对他当下的决策产生影响，这在行为经济学中称为背景关联，此时决策者的潜在锚定对象是之前的决策。关联效应的另一个表现是极端逆转，指在一个选择集合中，那些具有极端值的选择支的吸引力往往比那些处于中间状态的选择支要差。极端逆转的表现之一是妥协，即在一个选择集合中，人们往往倾向于选择那些更为“中庸”的选择支，而抛弃那些较为极端的选择支。极端逆转的另一个表现是单极化，即在面对极端选择支时，人们不一定会同时抛弃两个极端选择支，有时会只抛弃某一个极端方面而保留另一个。在农机服务组织的形成与发展过程中，关联效应也广泛地存在。例如，其中的一个合作对象 a 是一个非常有才干且受到大家尊重的人，他的一个典型特征是处事果断，这就可能使行为主体产生“锚定心理”，以后遇到处事果断的人 b 就会自然将他与 a 联系起来，错误地认为 b 也会像 a 一样具有很大的才干和良好的品行。事实上，这种知觉心理过程是片面而又普遍存在的，关键在于知觉者不自觉地将 a 作为处事果断的参照点。同时，当这种知觉过程连续发生后，对于知觉者来说已经是一种潜在的心理惯性，当遇到下一个被知觉者 c 时，“锚定心理”和“关联效应”同时发生作用，如果没有强的外部因素促使偏好逆转，知觉者必定会继续以往的知觉思路而形成认知偏见。

4. 从众偏差

从众行为又称“羊群行为”，是指行为主体在群体压力之下放弃自己的意见、转变原有的态度，采取与大多数人一致的行为[163]。应该注意的是，行为主体采取与别人相同的行为并不一定是从众行为，从众行为强调行为主体在决策之前的相互影响。在农机服务组织的形成和发展过程中，某些行为主体进行行为决策不是依据已有的信息和自己的判断，而是依据对其他行为主体行为的判断和模仿来进行决策，这就形成了从众行为。从众行为是推动农机社会化服务快速发展的主要原因之一，也是影响农机社会化服务市场发展方向与农机服务组织生命周期的主要因素之一。

由从众行为引致的认知与行为偏差称为从众偏差。农机服务组织形成与发展过程中的从众行为主要体现在以下几方面：

（1）个人从众。农机服务组织的发展过程中广泛地存在着个人从众行为。例如，在合作机制的构建过程中，不可能所有成员均完全同意某种机制，此时可能会采取少数服从多数的策略进行表决。假定没有人退出组织且只有 1 位成员与其他成员意见不统一，则该成员迫于压力就不得不改变自己原有态度而同意“多数”部分成员的决策，并遵循“多数”成员的决策结果。此时该成员就表现出从众行为，其行为结果对他自己而言就是从众偏差。除此之外，个人从众行为在农机服务组织中还表现在成员评价、作业管理、绩效管理等诸多方面，并促进农机服务组织的发展和演进。当然，这里讲的个人从众并不一定将行为主体严格限定为 1 人，也可能是少数几人或组织中的一小部分人。

（2）群体从众。在农机服务组织的形成与发展过程中，群体从众行为主要表现在许多人因盲目跟风而加入农机服务市场。由前文可知，在 20 世纪 90 年代仅有很少一部分人参加农机社会化服务并赚取了可观的盈利，他们很快就成为别人的参照系而诱发更多的人加入农机社会化服务行列。农民由于自身素质等多方面因素的限制，不可能对农机跨区服务的市场容量进行估计，甚至也不可能明了农机跨区作业市场形势的变化及其衍生出的新需要与新机遇。当看到别人因参加农机跨区服务而赚取可观收益时，受损失厌恶的影响再加上国家和地方政府的扶持，很快就有一批又一批的新人加入到跨区作业行列，而且这种现象近年来愈演愈烈。他们加入的动力主要来自于自身逐利的愿望、收入差距的扩大、亲戚朋友的劝说等等，这是一种典型的群体从众行为。其结果就是使农机社会化服务市场快速饱和甚至过饱和，使农机服务组织之间的竞争越来越激烈，利润空间也越来越小。如果相关政府部门不及时进行有效的宏观调控，必然会导致一部分组织被挤出市场，甚至部分组织会出现亏损。从苍山县的情况来看，截止到 2006 年底苍山县联合收割机保有量约为 560 台，而苍山县本地的联合收割机需求量仅为 280 台左右。如果各地区均照这个趋势继续发展，短期之内就会有大量的联合收割机处于“失业”状态，而部分经营不善的农机服务组织也会随之消失。

5.3 成员的公平与互惠行为分析

传统经济学假设人类行为都是理性且自利的，认为这会导致个人和社会整体福利水平的最大化。作为一种特殊的农民专业合作组织，农机服务组织成员在追求组织效益的同时伴随着自身利益的追求和自我价值实现，因此成员间的合作是非完全共同利益的合作。在此合作机制下，成员的需要与动机各异，行为表现也各不相同。基于传统经济学假设的纯粹的自利无法解释农机服务组织成员的许多“非物质动机”和“非经济动机”现象[118]，如农机服务组织中存在一些真正的“公平人”，他们自愿牺牲自己的利益以成全其他人或组织的整体利益，或者宁可牺牲自己的利益报复不公平行为等，这些行为都与“经济人”假设相悖。本书以山东省苍山县农机服务组织的实地调查为依据，主要研究农机服务组织形成和发展中存在的有悖于“经济人”假设的公平与互惠行为的存在性、表现形式及对农机服务组织的影响。

5.3.1 公平行为

我国自古就有“不患寡而患不均”的思想，这仍然是当前广大农民关于利益分配的重要心理基础。调查结果表明，农机服务组织成员的效用水平不仅取决于自身的收益，而且与分配的公平性密切相关。在农机服务组织分配过程中，60%以上的成员不仅关注他们自身的收益水平，还十分关注自己与其他成员在收益上的差异性。当不公平现象出现时，35%以上成员会表现出不满或怨恨，他们甚至会降低自己的投入或报酬水平来恢复平衡，这一现象可称为“不公平厌恶”[164]。

1. 公平与自利的辩证

在农机服务组织的收益分配过程中，组织成员会潜意识地将其他成员的收入水平作为参照点并将自己的收益水平与之相比较。从调查结果来看，105 份有效量表中有 29 人认为实际收益与参照水平的相对差异比实际收益的绝对值更加重要，即当组织成员自身收益与他人收益相差甚多时，即使本人参加农机服务组织后所得收益大大高于不参加时的收益或参加的机会成本，他们也会感觉不满并可能表现出抱怨、消极怠工甚至是恶意报复等不利于农机服务组织发展的行为。可见，"不公平厌恶"在农机服务组织中确实大量存在并发挥着作用。此外，当收益差距一定时，处于劣势收益的成员要比处于优势收益的成员感受更多的不公平感并衍生出更多的负面行为，即等量的损失要比等量的获得对成员的心理产生更大的影响[165]。从调查结果来看，105 份有效量表中有 72 人期望自己的收益在组织中处于前 1/3 水平，其普遍认为这不仅关乎收入本身，还有面子、尊重及在组织中的地位等因素的作用。由于农机服务组织大多以亲缘、地缘、学缘、友缘及业缘为主要形成通道，成员间彼此熟悉，因此面子显得十分重要。

本书以 Fehr 和 Schmidt 1999 年提出的效用数学模型来研究农机服务组织成员的公平和自利这两种看似矛盾的行为模式[164]。Fehr 和 Schmidt 得到的具体效用函数为：

$$U_i(x) = x_i - \alpha_i \frac{1}{n-1} \sum_{i \neq j} \max\{x_j - x_i, 0\} - \beta_i \frac{1}{n-1} \sum_{i \neq j} \max\{x_i - x_j, 0\}$$

在本研究中，n 代表农机服务组织成员的数量，U_i 代表第 i 个成员的效用水平，即成员的货币收益与心理满足感之和，$i \in (1, 2, 3, \cdots, n)$，$x_i$ 代表第 i 个成员的收益水平，$\alpha_i \geqslant \beta_i$ 且 $0 \leqslant \beta_i < 1$。之所以假设 $0 \leqslant \beta_i < 1$，是因为如果 $\beta_i \geqslant 1$，则第 i 个成员将会发现如果扔掉一单位收益，他的效用水平反而会增加，这与现实情况是相悖的。

该效用函数不仅包括了第 i 个农机服务组织成员的货币收益

x_i，而且包含了与他人之间的收益差距所带来的心理效用，可以度量不同成员由于不公平所改变的效用。为简化研究，假设只是两个成员间进行比较：如果成员 i 的收益比 j 低，也就是 $x_j - x_i \geqslant 0$，则第 i 个成员的效用为 $U_i(x) = x_i - \alpha_i(x_j - x_i)$，反之，其效用为 $U_i(x) = x_i - \beta_i(x_i - x_j)$。在给定第 i 个成员的货币收益时，他的效用可以看作是第 j 个成员货币收益的函数，如图 5.4 所示。由图 5.4 可知，当 $x_i = x_j$ 时，成员 i 的效用达到最大，而且与 $x_i > x_j$ 相比，在 $x_i < x_j$ 时成员 i 的效用水平下降的速率要快得多，即在农机服务组织的分配过程中，收益劣势成员的不公平感要比收益优势成员的不公平感强烈得多。随着收益差距的扩大，收益劣势成员的效用水平将趋近于0。

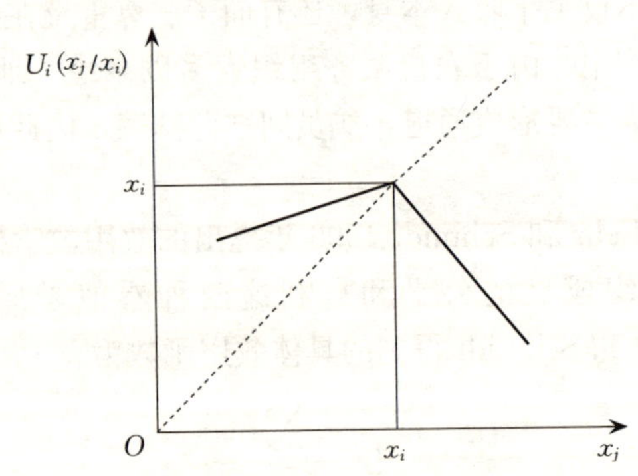

图 5.4　农机服务组织成员收益与效用的互动关系

2. 最后通牒博弈对成员公平行为的影响

最后通牒博弈（Ultimatum Game）包括两个局中人，即建议者和反应者[166]。博弈的规则是双方共同分配一笔资金，首先由建议者提出分配提议，再由反应者决定是否接受这一提议：如果他接受，则双方按照建议者的提议分配这笔资金；如果他不接受，则双方得不到任何的资金收益。研究该博弈模型与公平关系的意义是在农机服务组织中如果出现分配不公平的现象，某些特别注重公平的成员会选择牺牲自身利益而拒绝分配方案或产生报复心理，最后导致合作失败。调查结果表明，在105份有效量表中，有21人认为如果分配制度不公平，他们将退出组织另觅出路，这些人大多是组织中的骨干，具有较强的技术（包括驾驶技术和维修技术）和较好的人脉，他们是各农机服务组织争取的对象。假设待分配的资金为农机服务组织所创造的超过分散经营的那部分利润，如果合作失败，则各方均不得利，这与该博弈模型的条件恰好吻合。

为了方便研究，将某农机服务组织简化为只包含两个成员，其中一个为反应者，一个为建议者，待分配的收益总额为 A 。用 $k(k \in [0,1])$ 来表示反应者所分得的货币比例，用 $1-k$ 表示建议者所分得的货币比例。反应者可以接受或拒绝 k ，如果他接受，则他的货币收益为 $x_2 = Ak$ ，建议者的收益为 $x_1 = A(1-k)$ 。如果反应者拒绝建议者提议，则双方的收益均为 $x_1 = x_2 = 0$ 。由传统博弈论可知，一个理性的只关注自己收益的反应者应该接受任何大于0的 k ，否则其收益为0。因此，该博弈的纳什均衡应该是建议者所提出的 k 无限接近0。实地调查表明在农机服务组织的利润分配过程中，其均衡的 k 值与传统博弈论推导的结果迥然不同，其出现大致服从以下规律：所有的建议者所提供的 k 均是小于或等于0.5；60%以上的建议者提供的 k 值落在[0.4，0.5]区间；k 值几乎都大于0.2，只有不到3%的 k 值小于0.2；提供过低 k 值的提议都被反应者拒绝，拒绝的概率随着 k 值的上升而下降。在调查中还发现，即使 A 值相当大，如果 k 值过低，反应者仍然趋向于拒绝提议。这一点非常值得关注，因为当 A 值相当大时，即使 k 值为0.2，反应者仍然能得到可观的收益。如果按照“经济人”假设，反应者为了追求自身利益最大化将不得不接受提议，但调查表明20%以上的反应者会选择拒绝而导致双方收益均受损，即退出该农机服务组织而另觅出路，尽管该行为会对他们造成损失。这说明很大一部分农机服务组织成员愿意放弃一定的收益来杜绝不公平现象的产生，该行为的出现并不是因为货币激励过小，而确实是由于公平是部分农机服务组织成员潜意识中的追求。

3. 不公平厌恶对农机服务组织成员合作“囚徒困境”的改进

在不公平厌恶广泛存在的前提下，处于博弈中的两个农机服务组织成员考虑到对方行为对自己效用的影响时，他们本身的行为也会发生相应的改变并促使合作的“囚徒困境”得以改进。现假设两个成员合作博弈“囚徒困境”的得益矩阵并将之与改进后的效用矩阵进行比较，如表 5.1 所示。

表 5.1　农机服务组织成员合作博弈的“囚徒困境”及其改进

成员 i \ 成员 j		限额	超额
情景 1	限额	2,2	0,3
	超额	3,0	1,1
情景 2	限额	2,2	$0-3\alpha,3-3\beta$
	超额	$3-3\beta,0-3\alpha$	1,1

情景 1 是两个农机服务组织成员合作博弈“囚徒困境”的得益矩阵，情景 2 是利用上述效用函数得出的效用矩阵。假定成员 i 和成员 j 都具有不公平厌恶倾向，且在比较客观、公正的分配规则下，成员 i 和 j 均能感知公平的存在。如果 i 期望合作，那么 j 面临的得益分别为 2 和 3。考虑到二者的不公平厌恶后，当 j 的收益为 2 时，双方进行合作，此时不存在不公平问题，j 的效用为 2；当 j 的收益为 3 时，成员 i 限额作业而成员 j 超额作业，即由于成员 j 超额作业而导致不公平出现。由于成员 j 此时具有领先的不公平优势，此时他的效用变为 $3-3\beta$。如果成员 j 对不公平的厌恶程度很高，当 $\beta>1/3$ 时，成员 j 将会选择限额作业而不是超额作业，因为前者能给他带来更大的效用水平。如果成

员 i 选择超额作业而成员 j 选择限额作业，成员 j 的效用为 $0-3\alpha$；如果成员 j 也选择超额作业，其效用为 1。这表明在成员 i 拒绝合作的前提下，成员 j 也会选择超额作业以追求最大效用，否则成员 j 不但面临较少的收益而且会因为收益上处于劣势而承受更多的不公平感。

正如情景 2 所显示，如果 $\beta > 1/3$，则该博弈存在两个纯策略纳什均衡：（限额，限额）或（超额，超额）。于是，在存在不公平厌恶的情形下，“囚徒困境”变成了一个确信博弈。如果成员 i 相信他的“对手”即成员 j 会选择限额生产，而且他知道成员 j 也相信他会选择限额生产，那么成员 i 也会最终选择限额生产。因此，如果局中人即农机服务组织成员具有较强的不公平厌恶偏好，则得益矩阵的变化可促使博弈的均衡随之发生变化，从而使“囚徒困境”得到改进，成员 i、j 的效用均得到提升且不公平感明显降低。

5.3.2 互惠行为

和公平类似，传统理论对于互惠的解释是不充分的。行为经济学家发现：即便需要付出很大的代价，且不能在当时或未来产生任何经济效益，或者即便面对的是陌生人，仍有相当一部分人会报答友善的行为，报复敌对的行为[167]。

1. 互惠行为在农机服务组织中的存在性

互惠指的是即使没有可以预期到的未来收益，个体仍然对友好和敌对的行为采取相应的反应，其强调的是对别人行为的反应，既包括对友善行为的报答（积极互惠），也包括对敌对行为的报复（消极互惠）。积极互惠能在组织内部产生协同效应，从而使组织成员在共同行动中能创造出比个人单独工作总和更多更好的产出。在众多试验的基础上，一些学者提出人群之中存在不同的行为模式，并把人群分为自利人群（指没有互惠行为而且是完全自私的人群）和互惠人群（具有上述互惠行为模式特点的人群），并认为前者大约占 20%～30%，后者占 40%～66%[168,169]。从调查结果来看，在 105 份有效量表中，选择“外出作业时，愿意互相帮助”的有 93 人，这不仅因为组织成员大多是邻居、亲戚或朋友，更因为跨区作业在外的组织成员普遍认为这是抵制“欺生”现象，处理意外事故并保障自身收益的需要；选择“接受别人帮助时，一定要想办法报答”的有 37 人，他们普遍认为报答的方式不一定要在时间、空间和方式上对等，但接受了别人的帮助后，组织成员会牢记在心并通过各种方式进行回馈；选择“受到不公平待遇或被别人欺负时，会想办法报复”的有 29 人，这里报复的对象不仅是组织内部成员，还包括组织外尤其是作业当地一些人的排斥和敌对行为。虽然一部分农机服务组织成员依然选择“为了挣钱，能忍就忍”，但调查结果表明，互惠行为模式在农机服务组织中确实存在，承认并充分地认识它，有利于更加准确地反映现实并探讨农机服务组织成员互惠行为的表现及影响。

2. 农机服务组织成员的互惠行为表现

人并非完全理性自私，人的决策除受客观因素影响外还受其心理因素的影响。在农机服务组织中，成员之间广泛地存在着心理契约，也就是成员彼此间对于对方所抱有的一系列微妙而含蓄的期望。这里所说的期望，就是预料和期待别人将会满足自己的某些需要，是想要对方表现出自己期盼对方所显示出的某些行为。说它微妙而含蓄，是因为这些期望不但未形成文字、记录在案，甚至在口头上也未表现过，只是默默地埋藏在心里留待双方去观察、琢磨和体悟。如果对方未能领悟自己的期望，甚至完全忽略了这种期望，就是违约了，破坏了达成的心理默契。也就是说，当心理契约得到满足时，成员往往会表现出积极互惠，反之则很有可能表现出消极互惠并影响组织的整体绩效。

在农机服务组织成员的合作与利益分配过程中，积极互惠行为广泛存在。心理账户能很好地解释农机服务组织成员的非理性经济行为，它的存在让组织成员的互惠行为有了充足的理由，让农机服务组织成员心情舒畅地从事农机社会化服务并得到很好的心理宽慰。如前文所述，在农机服务组织成员的行为决策中，虽然绝大多数成员并不知道什么是心理账户，什么是积极互惠，但受心理账户的支配而从事积极互惠的成员确实广泛存在。如投资较多或贡献较大的成员通过效用转移机制得到期望之外的收益如奖励或其他成员的转移收益时，虽然这部分收益是他应得的，但他很可能将这部分收益纳入另一个心理账户，将之挥霍掉或用这部分收益去从事积极互惠，如回赠给其他成员一部分，或者用这部分收益从事公共事业，以求得心理快感或安慰。需要注意的是，不同成员的积极互惠行为偏好是不同的，如维修技术好的成员其积极互惠行为大多表现为帮助他人维修农机具，交际能力强的成员其积极互惠行为大多表现为帮助他人联系作业任务等。正是由于各成员在合作中结合自身优势表现出各种积极互惠行为，农机服务组织的资源利用率才能保持在较高水平并促使其益迅速发展。

同时，消极互惠行为在农机服务组织中也广泛存在。农机服务组织成员由于文化素质、个人修养等相对较低，参与农机服务组织的主要动机是对利益的追求，如果某成员感知到其他成员或组织侵犯了他的利益，或者存在对他不公平的现象，基于有限理性的他可能不会去考虑改善的方法和忍让后的得益，而是在情绪失控下采取消极互惠措施进行报复，即使该行为会进一步牺牲自身利益也在所不惜，其行为的心理基础是“不公平厌恶”或“破罐子破摔”，所追求的是心理上的快感。其主要行为表现为：吵架甚至恶意辱骂（尽量让别人难堪，这是最普遍的报复方式），减少对工作的投入（包括工作热情和工作量，甚至煽动其他成员消极怠工），对别人的困难袖手旁观（这种报复平时表现不充分，当被报复人遭遇欺辱或面临其他困难时如农机故障等，则表现出漠不关心甚至落井下石），经济惩罚（这种报复主要体现在组织领导者身上，他们在组织中拥有话语权，可对某些成员的行为进行经济惩罚以约束、规范其自利行为）及最后通牒博弈中的拒绝行为等。

3. 农机服务组织中互惠和自利行为的相互作用

由前文的分析可知，在农机服务组织中确实存在大量的互惠人群和自利人群，他们的相互影响和作用共同推进农机服务组织发展并满足组织成员参加农机服务组织的各种需要，结合实地调查，可建立其互动关系模型如图 5.5 所示。

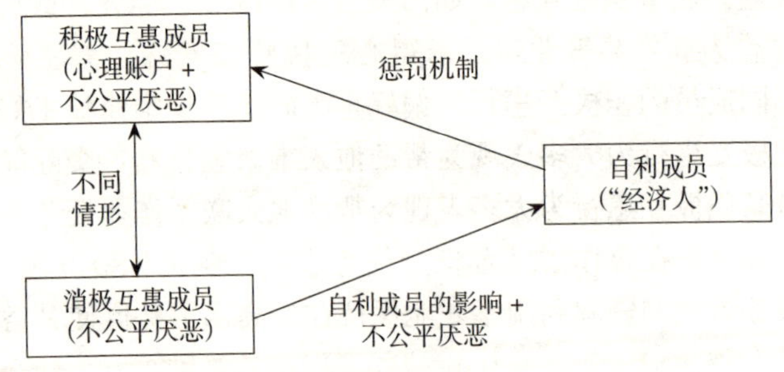

图 5.5　互惠成员和自利成员的互动关系模型

由图 5.5 可知，由于互惠成员的特点是根据别人的行为作出相应的反应，如果他意识到自利成员的存在并同时预期到自利成员会表现出不利于组织或自己的行为，就会在消极互惠的指引下采取相应的报复手段，如选择搭便车，即表现出社会惰性。当发生社会惰性时，组织的实际绩效会低于潜在绩效，尤其是组织中一个或几个人的社会惰性有可能引发连锁反应，此时互惠成员就表现出自利行为。也就是说，尽管所有成员都选择不做贡献或少做贡献，其行为动机和行为模式却是不同的——自利成员影响了互惠成员并促使其采用与自己相同的行为表现。相反，互惠成员也可以影响自利成员并促使其采用与自己相同的行为表现，如对搭便车者采取惩罚机制——所有成员对农机服务组织的贡献都是公开的，互惠成员能观察到其他人是否对组织作了贡献，而且可通过削减搭便车者的收入来实施惩罚，但他们自己也要付出一定的成本。实地调查表明，60％以上农机服务组织成员愿意选择这样的惩罚措施，说明他们是互惠人群，而且普遍希望自己所参与的农机服务组织能发展、壮大。设置惩罚机制的结果是农机组织成员对组织的贡献比没有惩罚机制时大大改善，尤其是对于农机服务中不完全契约的履行有很大的监督作用。

5.3.3 利他行为

传统经济学将经济理论建立在一种高高在上的假设基础上，即人的行为准则是理性的、不懂感情的自我利益，认为经济学是"没有道德"的科学。事实上，人也有生性活泼的一面，人性中也有感情的、非理性的、观念导引的成分，利他行为就是一个典型代表，这是一种更广义的互惠行为。

1. 利他行为的概念及内涵

利他行为是指有利于他人的行为，它要求人们在短时间内作出个人利益的牺牲，以产生正的外部性。从类别来看，社会学一般把利他行为分为以下三种：亲缘利他、纯粹利他和互惠利他。其中，亲缘利他是指有血缘关系的行为个体为自己的亲属提供帮助或作出牺牲，如父母与子女、兄弟与姐妹之间的利他。纯粹利他是指利他主义者施行利他行为时不追求任何个体的回报，而只注重个人精神上的满足，如捐助希望小学、帮助孤寡老人等。互惠利他是指没有血缘关系的行为个体为了回报而相互提供帮助，如合作伙伴之间的相互支持。我们可从两个方面理解利他行为的内涵：从结果上讲，只有确切地产生了利他结果的行为才是利他行为。从动机上讲，则并不要求行为一定要产生结果，只要行为的发生出于人的利他心理，就可认为该行为是利他行为。

2. 利他行为在农机服务组织中的存在性及表现

由前文可知，农机服务组织是潜在成员通过亲缘、地缘、友缘、学缘和业缘等社会关系网络自发形成的一种特殊的农民专业合作组织。组织成员之间存在纵横交错的关系，并以此为合作的基础条件之一。在诸多“非物质动机”和“非经济动机”的驱动下，利他行为在农机服务组织中必然会大量存在。

亲缘利他不仅在人类社会，而且在整个生物界都是一种非常稳定、非常普遍的行为模式。从调查结果来看，亲缘利他在农机服务组织中也占据着主导地位。由前文可知，一台联合收割机一般配备 3～4 人，绝大多数情况下这 3～4 人均为直系亲属或近亲，而且一般都用自己家的农机。这样，以联合收割机为载体，以血缘关系为纽带的群体就成为组织中广泛存在的非正式群体。群体内部很容易相互协调并与组织中的其他人保持微妙的距离。为了达成共同的目标（除了共同的逐利目标、安全目标，还有以血缘为纽带的情感目标），群体内部成员之间相互协调、照应并表现出广泛的利他行为，如在外出作业过程中生活上相互照顾，年轻人积极承担重活累活，以及与其他人发生矛盾时的心理偏向等等。这种以血缘和亲情为纽带的利他行为一般不含有任何“功利”的目的，因此有学者将之称为“硬核利他”或“硬利他”[170]。而且，在这种利他行为过程中成员一般不会考虑到自己的效用问题，而且并无明显的行为动机，因此很难用理论进行解释，可归因为人类的本能或是我国的传统文化与道德。值得注意的是，农机服务组织中的亲缘利他是以血缘关系为纽带的小群体内部的利他而非整个组织范围内的利他，随着血缘关系的疏远，亲缘利他的强度也会逐步减弱。虽然这种利他行为并非完全是由动机引致的，客观上却成为一个小群体整体利己行为的体现。

相对亲缘利他，纯粹利他在农机服务组织中相对较少但确实存在。纯粹利他行为与成员的责任感、满意感和工作心情有密切联系。由于农机服务组织是一个合作体，且主要从事跨区作业，人员及农机设备的安全就显得极为重要，事实上这也是成员组建或参与农机服务组织的主要原因之一。在这种条件下，农机服务组织中的纯粹利他行为主要有以下表现：组织领导者或者是某些责任感较强的成员会更多地留意组织的整体安全状况，即使这种留意并没有为其他成员所意识到，可见这完全是一种自愿的行为，行为的实施者除了得到精神上的满足外并不能得到任何回报。当组织内部有农机发生故障时，精于维修的成员会主动或被动地承担起维修的责任，这是组织内部的约定或是行为实施者自我责任的意识，也体现了分工合作、优势互补的合作宗旨。当组织中某个成员或某些成员在外出作业过程中遇到麻烦或与组织外的人员发生冲突时，组织成员一般会主动地帮助组织内部成员维护其利益，这也是一种自觉的行为，自己并不能得到物质上的回报。当然，在组织内部还存在因对某个人的欣赏、喜欢或由于其他动机而表现出的其他纯粹利他行为，在此不再赘述。从经济学的意义看，纯粹利他行为的投入与回报存在着极大的不对称性，但我们同样可以将它归因于人的自私心上，只不过纯粹利他行为是受一种广义的自利动机推动的，所追求的是自我精神上的回报与满足。从这个意义上看，纯粹利他与组织公民行为有极为相似之处。组织公民行为是指那些没有要求成员去干，而成员自愿去表现的行为模式。也就是说，不是组织要求成员一定要表现某种行为，但这种行为对组织和成员本身的生存和发展却都是很需要的。

农机服务组织中的互惠利他行为也包含在前文所述的互惠行为之中，具体的互惠利他行为表现前文已有论述，此处略。在互惠利他的行为模式下，组织成员之所以愿意牺牲自己的部分利益而去帮助组织内部的其他成员，是因为他期待着日后得到回报以获取更大的“收益”。从经济学来看，互惠利他非常类似于期权式的“投资”，与亲缘利他这种“硬利他”相比，农机服务组织成员的互惠利他有着更为苛刻的条件限制和环境要求，它不是必然会发生的，因此可称之为“软核利他”或“软利他”。由此可知，组织成员的互惠利他是基于狭义的利己动机产生的。值得注意的是，在互惠利他模式下，由于“施惠”与“回报”存在着时间差，从而使这种期权式的“投资”具有很大的不确定风险。因此，互惠利他一般存在于一种较为长期的合作博弈关系中，而且还要求形成某种监督机制以便抑制成员的“机会主义”倾向，而农机服务组织成员之间的合作恰好满足这一条件，为成员之间的互惠利他行为的滋生提供了沃土。

5.4 成员行为管理机制分析

任何组织要顺利达成组织目标都需要控制、影响和调节其成员的行为，农机服务组织也不例外。由前文的分析可知，农机服务组织成员由于组建和参与组织的需要和动机存在差异，加上成员的文化水平、人生阅历、性格脾气等各不相同，在农机服务组织的形成和发展过程中会表现出各种认知与行为偏差，再加上众多非物质动机和情感因素的影响，农机服务组织成员还会表现出公平和互惠行为。总体来看，农机服务组织成员的某些行为会对组织的绩效水平和持续发展起到积极作用，如公平与互惠行为，而另一些行为表现则起到消极作用，如各种认知与行为偏差。当然，组织成员的行为对组织绩效和发展的影响不是恒定的，会随着时间的推移和情景的变化而发生转变。由于成员行为的多样性，要对每种行为模式进行有效管理是不可能的，本节主要从宏观上设定农机服务组织成员行为的管理机制，以期纠正和规范各种对组织绩效和发展不利的行为偏差。

5.4.1 角色认知

角色是人们对处于一定地位的个人所希望的行为模式。当一个组织把工作进行分工，并把特定任务分配给个人时，组织内部就形成了各种角色。在农机服务组织中，成员之间也会进行简单的专业化分工，对处于一定角色的成员如组织领导者、维修技术人员等也有其他成员期望于他的行为和任务。如果农机服务组织中每个成员都能准确认知自己的角色，就有助于组织内部成员行为的控制、影响和调节。首先，角色可以告诉组织成员他们应该做什么，必须做什么。其次，角色不仅要求组织成员对自己的行为负责，而且也为组织提供了评定其成员行为的标准。再次，角色有助于组织管理者确定如何奖惩组织成员。当一个成员不能适应别人的期望时，就会产生角色冲突。角色冲突会引起心理紧张，降低组织成员的工作满意度，影响其工作绩效和与组织内其他成员之间的关系等。

由此可见，要使农机服务组织成为有效率的组织，必须使组织内部成员准确认知自己的角色。当组织内的某个成员对他所承担的角色认识不清时，会不清楚组织对自己的期望是什么，从而导致角色模糊。在农机服务组织中，角色模糊会导致很多问题，如成员会感到他们的付出是白费力气，没有得到别人的认可和赞同，或者认为自己在组织内无足轻重，可有可无。当组织成员感到自己的贡献无法评定或无足轻重时，往往会产生处理不当的损失，尤其是由于社会惰性造成的处理不当损失。在农机服务组织中，除了成员自己需要准确认知角色外，组织管理者也需要准确认知各个角色。如果组织对成员的角色期望过高，使他们承担的任务过重，会形成角色超负荷，该成员会感到不堪重负，产生不良后果。反之，如果组织对成员的角色期望过低，使他们承担的任务过轻、要求过少，会出现角色低负荷，这时成员会感到无所作为，不能发挥自己的才能，同样会产生不良后果。也就是说，正确的角色认知是农机服务组织内部有效激励的基础，也是组织潜在绩效水平得以发挥的前提。

在农机服务组织中，大部分的个人角色都没有明文规定。除了普通的规章制度和相应的教育及培训外，还可通过角色塑造、角色扩展来进行角色认知。假如组织内的一名成员显示了过人的才华与能力，成为组织内部的非正式领导者并承担了重要的任务甚至扮演多个角色。当现任的组织领导者退出或卸任时，该组织内部成员理所当然地会推举他担任较正式的领导工作并负责相应的业务，如进行组织的综合管理、带领组织成员外出作业、对组织内部的一些重大问题进行决策等等。这样，虽然这些责任并不是所推举的人原来应该承担的，但通过组织内部的角色塑造解决了角色空缺的问题。再假如，一位农机手由于心思敏捷、消息灵通而经常向组织提供优良可靠的作业市场信息，久而久之就得到了组织内部成员的认可，经过组织决策他可能从此不再担任农机手而专门负责联系业务，这也是一种角色塑造。除角色塑造外，角色扩展也是农机服务组织所必须的，所谓角色扩展就是通过恰当的途径让成员所担任的角色由一个变为两个甚至多个，新增加的角色与原来的正式角色并不冲突，而是为了组织整体需要而扩展的。如由原来的农机手扩展到负责组织内部的设备维修、安全监理等等。角色扩展从广义来看也是一种角色塑造，它所扩展的大多是与组织内部的利他行为有关的角色。

5.4.2 规章制度

在农机服务组织成员行为的管理中，仅有准确的角色认知还不足以保证成员的行为符合组织的整体要求，还需要在合作机制的基础上制定明文的规章制度对成员的行为进行引导和约束。事实上，任何有效的组织都有较为完备的明文规章制度，农机服务组织也不应该例外。在实地调查中发现，由于农机服务组织的成员大多是农民，且组织成员之间由于存在错综复杂的关系而相互比较熟悉，受文化水平、管理水平和面子等多种因素的制约，超过70%的农机服务组织根本没有明文的规章制度，成员行为主要靠责任感、道德观、群体规范及群体压力等进行约束。以上约束条件可称之为“软约束”，它们无疑会对组织成员的行为形成较强的约束力，但约束效果不够明显且惩罚机制不够明确。

与“软约束”相对应，组织内部明文的规章制度却可称为“硬约束”，这是保证农机服务组织高绩效和达成组织及成员目标的有力保障。它对于控制和管理农机服务组织成员行为和工作绩效具有以下显著优点：第一，有助于农机服务组织保证其成员的行为能对组织绩效作出贡献，并可防止阻碍达到组织目标的行为；第二，有利于对农机服务组织成员行为的控制，管理者和普通成员根据规章制度可以了解组织期望于成员承担的角色，并主动完成角色所肩负的任务；第三，有利于体现组织内部的公平性，规章制度一旦制定，所有成员都须严格遵守，即所有成员在制度面前人人平等；第四，有利于农机服务组织中各成员进行绩效评定，可以把成员的行为和作业效果与规章制度进行比较，对于符合规定的行为给予嘉奖，不符合规定的行为给予批评或惩罚；第五，当成员结构有变化时，规章制度可以帮助新成员学习承担角色的正确方式。总之，明文的规章制度是控制农机服务组织成员行为的有效方式之一，也是当前大多数农机服务组织所缺乏的。各组织应根据实际情况进行制定，包括纳新制度、行为准则、分配制度、奖惩制度、退出制度，等等，并根据作业的实际情况进行修改和完善。

5.4.3 群体规范

角色认知和明文的规章制度可帮助农机服务组织进行成员行为管理，因为它们规定了组织成员执行什么行为才能达到组织目标并产生较高的绩效水平。但是，仅有角色认知和规章制度对于农机服务组织来说并不够，还需要配以群体规范才能更好地管理组织成员的行为。所谓群体规范就是指组织对其成员行为的共同期望，也就是前文提到的心理契约。每个农机服务组织的群体规范均不相同，但各组织的每个成员均应该按照本组织的群体规范行事。群体规范受模仿、暗示、顺从等多种心理因素的影响。在农机服务组织成员彼此相互作用的条件下，成员之间会发生一种类化过程，即彼此接近、趋同的过程，他们在模仿、暗示、顺从的基础上逐步形成群体规范。

在农机服务组织的形成与发展中，群体规范具有如下主要功能：第一，组织的支柱功能。群体规范是农机服务组织得以维持、巩固和发展的支柱。组织内部成员对该组织的群体规范了解得越多，接受得越彻底，则组织成员之间的关系就会越密切、越团结；第二，对组织成员的行为约束功能。这种功能主要表现在农机服务组织内部的群体舆论中。当某些成员的行为如搭便车与群体规范相矛盾时，其他成员就会根据群体规范对这种行为作出基本一致的判断。这种带有感情色彩的共同意见对成员个人行为具有极大的约束作用；第三，行为矫正功能。如果农机服务组织中某成员违反了群体规范，就会受到群体舆论的压力，迫使他改变自己的行为并与其他成员基本保持一致。

群体规范并不是规定组织成员的一举一动，而是规定组织成员的行为可以接受和不能容忍的范围。它可以是明文规定的，也可以是约定俗成的，不论是哪种形式都会形成一种无形的压力而约束着组织成员的行为，甚至这种约束并没有被组织成员意识到。如果一个成员的行为超出了群体规范，他就打破了心理契约，其他成员就会给他施加压力或惩罚，该成员很可能招致消极互惠。由此可见，群体规范是组织成员积极互惠与消极互惠的分界线，也是农机服务组织成员进行互惠行为的主要判别标准。当然，群体规范有积极的也有消极的。如果规范有助于农机服务组织控制和影响其成员行为达到目标和提高绩效，这就是积极的。反之，如果农机服务组织内部的某些群体规范不适当或不道德，就是消极的。一般来说，农机服务组织的管理者或领导者应该鼓励成员遵循那些积极的、正确的群体规范，而对于消极、不正确的规范，应考虑逐步改变它们，最终的评价标准是要看这些群体规范是否有利于达到组织目标并提高组织的绩效水平。

5.5 小结

本章以组织行为学和行为经济学为基础，研究了农机服务组织成员的需要与动机、各种认知偏差、公平与互惠行为及行为管理机制，主要研究内容和结论如下：①作为一种非完全共同利益的合作，农机服务组织成员的需要与动机各异，行为表现也各不相同。成员组建和参与组织的需要主要包括生存需要、安全需要、交往需要、受人尊重需要和自我实现需要，其中以生存需要和安全需要最为普遍。成员行为的动机不只是理性和自利，也有情感、观念引导和社会目标引致的成分，主要包括求利动机、亲和动机、公平动机和成就动机。②认知是组织成员对组织及其周围环境的综合心理反应，也是组织成员进行行为表现的心理基础。受知觉者的有限理性、知觉的对象和发生知觉的情景等多种因素的影响，组织成员主要存在以下几种认知与行为偏差：自负偏差、损失厌恶偏差、锚定偏差和从众偏差。③组织中广泛存在着公平与互惠行为。当不公平现象出现时，收益劣势成员会表现出“不公平厌恶”甚至会放弃一定的收益来杜绝不公平现象的产生。同时，运用不公平厌恶模型还可对成员合作博弈的“囚徒困境”进行改进。互惠行为在农机服务组织中广泛存在，主要表现为积极互惠和消极互惠。积极互惠的心理基础是“心理账户”和“不公平厌恶”，消极互惠的心理基础主要是“不公平厌恶”。自利人群和互惠人群在农机服务组织中会相互影响并试图改变对方的行为方式。此外，利他行为在农机服务组织中也大量存在，主要表现为亲缘利他、纯粹利他和互惠利他。④为达成组织目标，消除认知和行为偏差的影响，农机服务组织管理者需要控制、影响和调节成员的行为。行为控制的途径主要有角色认知、规章制度和群体规范。其中，准确的角色认知有利于成员了解自己在组织中所扮演的角色及肩负的任务，可通过角色塑造、角色扩展来进行角色认知。明文的规章制度是组织成员行为的“硬约束”，是控制农机服务组织成员行为的有效方式之一，也是当前大多数农机服务组织所缺乏的。群体规范是组织成员实施积极互惠与消极互惠的分界线，能对成员的行为形成无形的约束。组织的管理者或领导者应鼓励成员遵循积极的、正确的群体规范，而逐步改变消极、不正确的群体规范。

6 农机服务组织作业效率研究

在农机服务组织管理中，一方面要保证组织的实际作业效率尽可能接近潜在效率，消除处理不当的损失。另一方面要不断提高组织的潜在作业效率水平，创造处理得当的收益。因此，需要对农机服务组织的作业效率水平进行系统的研究以明确组织的当前效率与潜在效率的关系，并从中找出提高组织作业效率的途径和对策。本章将以数据包络分析（*DEA*）为分析工具，从多个角度对农机服务组织的作业效率进行研究，力图实现以下功能：第一，认知功能。效率评价是科学的“度量衡”，有助于全面、客观地认知农机服务组织。第二，考核功能。效率评价结果可以考核一定期限内农机服务组织的投入产出情况，有助于小到组织管理层、大到产业内部结构的优化。第三，比较功能。通过对计算结果进行分析并进行组织间的比较与评价，有助于找出相对有效的决策单元并对非有效的决策单元指出改进的具体方向。第四，引导和促进功能。效率评价有助于将农机服务组织的各个方面和环节的行为取向引导到效率实现上来，促进组织的可持续发展。第五，挖潜功能。通过评价可及时了解组织存在的优势和差距，找出薄弱环节和发展潜力所在，从而达到发挥优势，克服劣势，挖掘潜力，进一步提高效率的目的。

6.1 作业效率主要影响因素辨识

作业效率是农机服务组织绩效水平的主要判定标准，也是衡量一个农机服务组织管理水平和发展能力的重要尺度。影响农机服务组织作业效率的因素有很多，为明晰问题并抓住主要矛盾，需要对影响因素进行分析并辨识出主要因素，这不仅有利于农机服务组织的绩效管理，还可为下文设定作业效率测度指标奠定基础。

6.1.1 作业效率的界定

1. 效率的一般性定义

效率（Efficiency）常常是与生产率（Productivity）联系在一起的，指一个经济系统在特定时点（静态效率）或在一定时期内（动态效率）对可获得资源的有效利用，通常考察其投入和产出之间的关系。当效率概念被用于某个组织时，“有效率”是指该组织利用一定的生产资源使产出最大，或者是在生产一定量产出时实现了“成本最小”。而当效率概念被用于一个经济体时，“有效率”则指各种资源在不同生产目的之间得到了合理配置，使其能够最大限度地满足人们的需求。

在经济学中，“效率”这一概念应用得非常广泛。萨缪尔森在其《经济学》中，给效率下的定义是“效率意味着不存在浪费”，即当“经济在不减少一种物品生产的情况下，就不能增加另一种物品的生产时，它的运行便是有效率的”[153]，此时经济处于生产可能性边缘之上。新古典经济学中的效率概念具有一个精确定义，它是由意大利经济学家和社会学家菲尔弗雷多·帕累托（Pareto）给出的。所谓的帕累托效率是指，如果社会资源的配置已经达到这样一种状态，即任何重新调整都不可能在不使其他任何人境况变坏的情况下，而使任何一个人的境况变得更好，那么这种状况就是最优的，也就是有效率的[171]。尽管帕累托使用的是“最优”这个词，但它实际上是效率的一个定义。如果达不到这种状态，则说明这时的资源配置仍不是最有效率的，还存在着继续改进的余地，即处于帕累托改进状态。

2. 前沿效率

所谓前沿效率（Frontier Efficiency），就是基于前沿生产函数测算出的效率水平[172]。前沿生产函数定义了生产系统的最大潜力所能达到的水平，亦即生产前沿面，意味着最大效率发挥的程度。生产系统实际产出与前沿面所表示的最大可能产出之间的距离，就表明了该系统的效率耗散或损失。距离越近，则实际效率越高，效率损失越小，反之亦然。因此，前沿生产函数是测度生产系统效率有力工具，作为这种测度结果的效率就被称为“前沿效率”。另外，前沿效率是在对多个决策单元的分析计算基础上得出的各单元的相对效率，不同的样本组、不同的定义及计算方法都可能得出不同的效率值。本书将农机服务组织的作业过程——跨区作业看着是一个生产系统，这是一个多投入、多产出的系统。作业效率就是指在多投入、多产出的情况下，农机服务组织运用现有资源产出最大作业效果（此处作业效果不仅包括作业面积和质量，还包括组织通过跨区作业所获得的组织综合收益，是对农机服务组织作业周期的综合效果衡量）的能力，或者是在产出一定作业效果时避免资源浪费的能力。在本书中，实际作业效率的参照点是组织所能达到的最大作业效率即前沿生产面，由此可知本书所研究的作业效率就是指前沿效率。

6.1.2 影响指标的设计

从系统论的观点来看，农机服务组织的作业效率受多个子系统的影响，主要包括环境子系统、组织实力子系统、组织管理子系统和组织作业子系统。以上子系统交互作用，共同制约着农机服务组织的作业效率。其中，环境子系统主要指外部环境对组织行为的引导和保障效果，主要包括国家和地方相关政策与组织行为的相容度，市场价格对组织目标实现的支撑度，以及组织跨区作业时人身安全及财产安全的保障程度。环境子系统是农机服务组织进行跨区作业的背景条件，如果国家和地方大力支持，市场价格比较合理且组织成员的人身安全和财产安全有很好的保障，无疑为农机服务组织进行跨区作业提供了一个良好的外部环境，有利于组织作业效率的提升；组织实力子系统主要指农机服务组织本身所具有的实力，这是组织作业效率的硬约束。在激烈的市场竞争中，仅有良好的外部环境是很不够的，需要农机服务组织具有一定的竞争实力以便于生存和发展。此处所指的组织实力主要包括组织的人员规模与素质，拥有农机的规模与质量，以及保持老客户的能力；组织管理子系统主要指农机服务组织的内部管理水平，这是提高作业效率、实现组织目标的软约束，主要包括组织组建与形成的方式，产权归属情况，联系业务的能力及利益分配机制；组织作业子系统是作业效率的直接衡量系统，主要包括作业的时间、地区跨度，作业的速度与质量，以及作业过程的成本与收益等。根据以上子系统的划分，结合农机服务组织作业过程实际，可设定各个子系统及其包含的指标如图 6.1 所示。

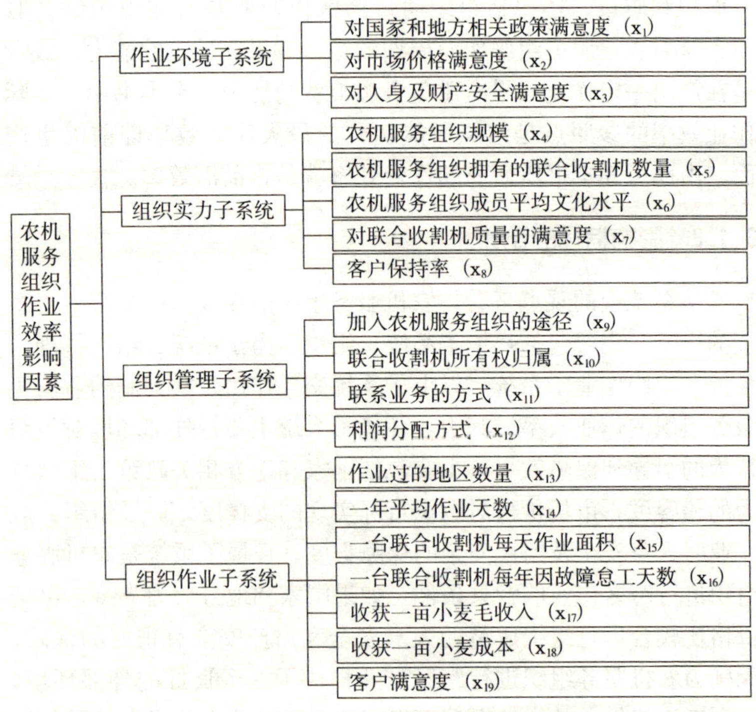

图 6.1　农机服务组织作业效率影响指标

6.1.3 影响因素的因子分析与辨识

由于农机服务组织作业效率的各项影响变量指标之间常常具有一定的相关性，因此本书使用因子分析寻求相关比较密切的变量来描述在调查研究中影响农机服务组织作业效率的主要因素。

因子分析的前提是量表中所设计的指标之间具有相关性，使用 KMO 样本测度和 Bartlett 球体检验对要素相关性进行检验，其结果如表 6.1 所示。

表 6.1 指标 KMO and Bartlett 检验

KMO 取样适切性量数		.780
Bartlett 球形检定	近似卡方分配	136.022
	自由度	120
	显著性	.000

SPSS 输出的检验结果显示，KMO 值为 0.780，根据统计学家 Kaiser 给出的标准，适合作因子分析。Bartlett 球度检验给出的相伴概率为 0.000，小于显著性水平 0.05，因此拒绝 Bartlett 球度检验的零假设，认为也适合作因子分析。使用主成分分析（正交旋转），得到总方差解释结果（表 6.2）。

表 6.2 总方差解释表

因子	初始特征值			提取积累结果			旋转累积结果		
	总量	解释的变异量百分比	累积百分比	总量	解释得变异量百分比	累积百分比	总量	解释得变异百分比	累积百分比
1	4.151	21.848	21.848	4.151	21.848	21.848	3.524	18.550	18.550
2	3.457	18.195	40.044	3.456	18.195	40.044	3.089	16.260	34.809
3	2.413	12.702	52.746	2.413	12.702	52.746	2.247	11.824	46.633
4	1.826	9.611	62.357	1.826	9.611	62.357	2.245	11.817	58.450
5	1.515	7.974	70.332	1.515	7.974	70.332	2.225	11.712	70.162
6	1.277	6.722	77.053	1.277	6.722	77.053	1.268	6.674	76.836
7	1.111	5.845	82.899	1.111	5.845	82.899	1.152	6.062	82.899

（续）

因子	初始特征值			提取积累结果			旋转累积结果		
	总量	解释的变异量百分比	累积百分比	总量	解释得变异量百分比	累积百分比	总量	解释得变异百分比	累积百分比
8	.975	5.130	88.029						
9	.907	4.772	92.800						
10	.697	3.670	96.471						
11	.375	1.975	98.446						
12	.202	1.062	99.508						
13	.093	.492	100.00						
14	1.54E−016	8.12 E−016	100.00						
15	6.61E−017	3.48 E−016	100.00						
16	−2.1E−017	−1.09 E−016	100.00						
17	−1.1E−016	−5.73 E−016	100.00						
18	−3.6E−016	−1.88 E−015	100.00						
19	−4.2E−016	−2.20 E−015	100.00						

由表 6.2 可知，SPSS 系统对农机服务组织作业效率影响因素共提取了 7 个主成分，其特征值全部大于 1，并且这 7 主成分已经包含了原来 19 个指标 82.899%的信息量，即对农机服务组织作业效率影响因素的解释百分比为 82.899%，可见分析出的 7 个主成分比较理想。为了对因子含义有比较清楚的认识，运用方差极大法对因子矩阵进行旋转，旋转后因子的负载值见表 6.3 所示。

表 6.3　旋转因子负载表

因　　子	因子负载						
	1	2	3	4	5	6	7
客户保持率(%)	.940	−.101	.018	.087	.293	−.005	.009
一年平均作业天数	.897	.052	.399	−.070	−.022	−.005	.006
农机服务组织成员平均文化水平	772	−.185	.469	.367	.089	.042	.021
农机服务组织的规模(人)	769	.598	−.114	.327	.126	−.046	.036

（续）

因　子	因子负载						
	1	2	3	4	5	6	7
农机服务组织拥有的联合收割机数量（台）	.709	.474	−.059	−.409	.100	.004	.026
加入农机服务组织的途径	−.084	.976	.060	−.128	.083	.000	.007
联合收割机所有权归属	−.157	.810	.415	−.328	−.031	−.010	−.005
对国家和地方相关政策的满意度	.206	.019	.943	−.146	.112	−.028	−.021
对市场价格的满意度	.026	.137	.890	−.159	−.495	.046	.0.30
对联合收割机质量的满意度	−.178	.066	.079	.930	.214	.044	.026
收获一亩小麦成本（元）	.209	−.492	−.110	.857	−.102	.008	.008
收获一亩小麦毛成本（元）	−.094	−.075	.198	.798	.044	.022	.026
客户满意率（%）	−.121	.566	−.086	.061	.723	.002	.008
对人身和财产安全满意度	.589	−.177	−.300	−.393	.705	−.012	−.003
一台联合收割机每天作业面积（亩）	−.002	−.021	.021	.034	−.006	.782	−.061
作业过的地区数量	−.035	−.007	.012	−.039	−.004	.775	−.008
一台联合收割机每年因故障误工天数	−.001	.010	−.034	−.021	−.024	−.731	.070
利润分配方式	−.037	−.019	.050	−.004	.015	−.038	.710
联系业务方式	−.104	−.029	−.022	−.119	.064	−.211	.616

由表 6.3 可知，对农机服务组织作业效率影响因素分析结果共萃取出 7 个因子，因子负荷都在 0.6 以上，据此，可对因子分析结果各因素构面所包含各项内容分别进行归纳命名。第一因子主成分集中在 x_8、x_{14}、x_6、x_4、x_5，因子负荷均在 0.709 以上，第二因子主成分集中在 x_9、x_{10}，因子负荷均在 0.810 以上，第

三因子主成分集中在 x_1、x_2，因子负荷均在 0.890 以上。考虑到第一因子的解释率为 21.848%，第二因子的解释率为 18.195%，第三因子的解释率为 12.702%，在本研究中置留第 1 因子、第 2 因子和第 3 因子所包含的变量为影响农机服务组织作业效率的主要因素。其中，第一因子主成分中除 x_{14} 外，其他因素均属于组织实力子系统，可见农机服务组织总体实力是影响其作业效率的首要因素。第二因子主成分包含的两项因素均属于组织管理子系统，可见农机服务组织管理模式和运行机制对其作业效率起到关键影响作用。加入农机服务组织的途径（x_9）和联合收割机所有权归属（x_{10}）不同，必然会导致成员的行为动机和心理账户不同，其内在激励和外在行为也会表现出很大差异。第三因子主成分包含的两项因素均属于作业环境子系统，可见作业环境对农机服务组织作业效率也生产重要影响。对国家和地方相关政策的满意度（x_1）反映了在农机作业服务中，国家和地方出台的对于农机服务的优惠、扶持和保障力度，其必将对农机作业效率甚至农机服务组织的发展产生重大影响，而对市场价格的满意度（x_2）是影响农机作业效率的直接因素之一，也是农机服务组织作业效率的主要外在激励，其作用的发挥来源于心理预期与现实价格的比较[173]。由以上论述可知，农机服务组织作业效率的高低主要受组织实力的硬约束和成员行为动机、心理认知等条件的软约束。

6.1.4 主要影响因素的灵敏度分析

为了更深入地研究农机服务组织作业效率影响因素的重要性分布，对经过因子分析筛选出来的 3 个因子主成分所包含的因素进行灵敏度分析，以探明不同农机服务组织作业效率与影响这种效率的主要因素之间的依存变化关系。

首先判断因子分析萃取出来的 9 个指标：x_1、x_2、x_4、x_5、x_6、x_8、x_9、x_{10}、x_{14}是否适合用因子分析方法。根据 SPSS 输

出的检验结果（见表 6.4），KMO 值为 0.851，Bartlett 球度检验给出的相伴概率为 0.000，小于显著性水平 0.05，因此拒绝 Bartlett 球度检验的零假设，认为适合作因子分析。

表 6.4　指标 KMO and Bartlett 检验

KMO 取样适切性量数		.851
Bartlett 球形鉴定	近似卡方分配	22.550
	自由度	6
	显著性	.000

由表 6.5 可知，SPSS 萃取了 3 个主成分，其特征值全部大于 1，并且这 3 主成分已经包含了原来 9 个指标 75.780%的信息量。即对农机服务组织作业效率主要影响因素的解释百分比为 75.780%，可见分析出的 3 个主成分比较理想。萃取出来的三个因子主成分可用主要影响指数表示。

表 6.5　总方差解释表

因子	初始特征值			提取累积结果			旋转累积结果		
	总量	解释的变异量百分比	累积百分比	总量	解释的变异量百分比	累积百分比	总量	解释的变异量百分比	累积百分比
1	3.769	41.881	41.881	3.769	41.881	41.881	2.894	32.159	32.159
2	1.930	21.446	63.327	1.930	21.446	63.327	2.038	22.642	54.801
3	1.121	12.453	75.780	1.121	12.453	75.780	1.888	20.979	75.780
4	.995	11.052	86.833						
5	.741	8.239	95.071						
6	.209	2.320	97.391						
7	.154	1.708	99.099						
8	.081	.901	100.00						
9	8.5 E−017	−9.4 E−016	100.00						

根据因子主成分得分系数矩阵（表 6.6）及方差解释表，农机服务组织作业效率的主要影响指数可以表示为：$Effect = 0.109\,348zx_1 + 0.128\,396zx_2 + 0.217\,119zx_4 + 0.236\,572zx_5 + 0.054\,332zx_6 + 0.075\,898zx_8 + 0.051\,889zx_9 + 0.046\,386zx_{10} + 0.093\,775zx_{14}$

表 6.6　因子得分矩阵

因　　子	因子得分		
	1	2	3
对国家和地方相关政策的满意度	.251	.029	−.016
对市场价格的满意度	.145	.013	.521
农机服务组织的规模（人）	.396	.145	.162
农机服务组织拥有联合收割机数量（台）	.416	.174	.201
农机服务组织成员平均文化水平	−.179	.564	.067
客户保持率（%）	−0.28	.354	.094
联合收割机所有权归属	.150	.172	−.384
联系业务的方式	.052	.059	.096
一年平均作业天数（天）	−.015	.315	.261

其中，zx_i 为标准化后的指标值，$Effect$ 为影响指数。上式与回归分析得到的表达式类似，但本质差异却很大。回归分析是基于平均意义上的统计分析方法，其误差相对较大，而因子分析是根据原有变量信息进行重新组构，它能够反映原有变量的大部分信息并能有效避免各指标间相关性影响，精度较高。

由上式看出，zx_1、zx_2、zx_4、zx_5，zx_6、zx_8、zx_9、zx_{10} 和 zx_{14} 分别被赋予权重：0.109 348、0.128 396、0.217 119、0.236 572、0.054 332、0.075 898、0.051 889、0.046 386 和 0.093 775。从权重的符号可以看出，所有指标均与影响指数呈同方向变动，即指标数值越大，农机服务组织作业效率越高。

根据敏感度计算公式 $E_p = \frac{dy}{y}\Big/\frac{dx}{x} = \frac{dy}{dx} * \frac{x}{y}$，结合影响指

数表达式，可计算各主要影响因素对农机服务组织作业效率影响的敏感度[174]。以调查中5份调查量表为例，调查数据和灵敏度计算结果如表6.7所示。其中，农机服务组织成员平均文化水平调查项设计为：1. 文盲，2. 小学，3. 初中，4. 高中及中专，5. 大专及以上；联合收割机所有权归属调查项设计为：1. 国家或集体所有，2. 组织所有，3. 私人所有；联系业务的方式调查项设计为：1. 政府统一安排，2. 组织中专门有人外出跑业务，3. 通过中介组织联系，4. 通过熟人或老客户介绍。按照以上调查项对农机服务组织作业效率影响的定性分析，在设计时按从劣到优排序，因此，当被调查者选1、2、3、……时，即分别赋予分值1、2、3、……,该值作为调查结果进行分析。灵敏度计算结果如表6.7所示。

由表6.7可知，该方法对因素灵敏度的测度是针对个体的，随着样本的变化，各指标对农机服务组织作业效率影响的灵敏度呈动态变化。若要对一个地区或整个行业的指标灵敏度进行度量，可通过求各个调查样本表现的指标灵敏度平均值获得。

虽然农机服务组织作业效率主要影响因素的灵敏度随着样本的变化而动态变化，但各个样本在同一因素上表现出来的灵敏度呈现一致性趋势（见图6.2）。在本算例中，虽然5个被调查者

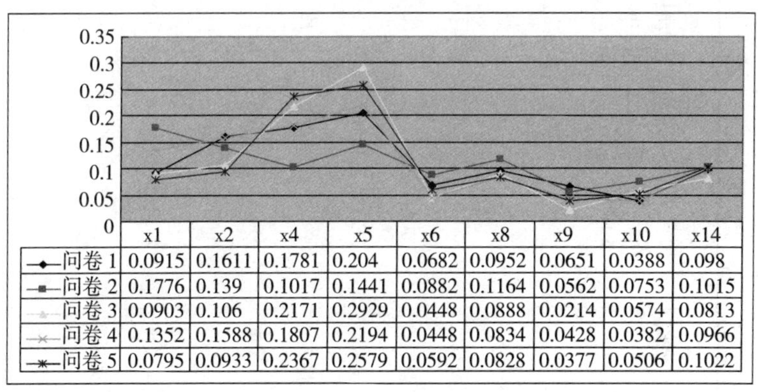

	x1	x2	x4	x5	x6	x8	x9	x10	x14
问卷1	0.0915	0.1611	0.1781	0.204	0.0682	0.0952	0.0651	0.0388	0.098
问卷2	0.1776	0.139	0.1017	0.1441	0.0882	0.1164	0.0562	0.0753	0.1015
问卷3	0.0903	0.106	0.2171	0.2929	0.0448	0.0888	0.0214	0.0574	0.0813
问卷4	0.1352	0.1588	0.1807	0.2194	0.0448	0.0834	0.0428	0.0382	0.0966
问卷5	0.0795	0.0933	0.2367	0.2579	0.0592	0.0828	0.0377	0.0506	0.1022

图6.2 各样本指标灵敏度趋势和排序图

表 6.7　农机服务组织作业效率主要影响指标灵敏度

指标 样本	对国家和地方相关政策的满意度	对市场价格的满意度	农机服务组织的规模（人）	农机服务组织拥有联合收割机数量（台）	农机服务组织成员平均文化水平	客户保持率（%）	联合收割机所有权归属	联系业务的方式	一年平均作业天数（天）	Effect
量表 1	2	3	34	11	3	90	3	2	25	0.797
灵敏度	0.091 5	0.161 1	0.178 1	0.204	0.068 2	0.095 2	0.065 1	0.038 8	0.098	
量表 2	3	2	15	6	3	85	2	3	20	0.615 8
灵敏度	0.177 6	0.139	0.101 7	0.144 1	0.088 2	0.116 4	0.056 2	0.075 3	0.101 5	
量表 3	2	2	42	16	2	85	3	4	21	0.807 7
灵敏度	0.090 3	0.106	0.217 1	0.292 9	0.044 8	0.088 8	0.021 4	0.057 4	0.081 3	
量表 4	3	3	35	12	2	80	2	2	25	0.808 7
灵敏度	0.135 2	0.158 8	0.180 7	0.219 4	0.044 8	0.083 4	0.042 8	0.038 2	0.096 6	
量表 5	2	2	52	16	3	90	2	3	30	0.917 2
灵敏度	0.079 5	0.093 3	0.236 7	0.257 9	0.059 2	0.082 8	0.037 7	0.050 6	0.102 2	

分属于不同的农机服务组织，但计算结果表明，在5个样本中，农机服务组织拥有联合收割机数量（x_5）对农机服务组织作业效率的影响灵敏度最高，而联合收割机所有权归属（x_9）的灵敏度表现出最低，这充分证明了该方法的正确性和实用性。

通过上述分析可知，农机服务组织作业效率受作业环境子系统、组织实力子系统、组织管理子系统和组织作业子系统共四个子系统的影响。因子分析结果表明农机服务组织作业效率主要受组织实力的硬约束和成员行为动机、心理认知等条件的软约束。在对主要影响因素的灵敏度分析中，各因素灵敏度排序总体趋势为：硬性指标灵敏度＞满意度指标灵敏度＞组织管理指标灵敏度，说明当前影响农机服务组织作业效率的首要因素仍然是组织实力（组织拥有的农机数量和组织人员数量）和政策引导，农机服务组织发展还处于低级阶段，组织管理的作用未能很好地发挥。因此，今后在农机服务组织的发展和培育过程中，不仅需要提升组织硬件水平，同时需要不断提高农机服务组织的管理水平和组织成员的综合素质，硬件和软件相结合才能有效提高农机服务组织作业水平和作业效率。

6.2 作业效率测度方法比选及指标体系的设定

6.2.1 效率测度方法的比选

当前较成熟的前沿效率测度方法主要有参数方法和非参数方法：参数方法主要包括随机前沿面方法（Stochastic Frontier Approach－*SFA* 方法），自由分布方法（Distribution Free Approach－*DFA* 方法）以及厚前沿方法（Thick Frontier Approach－*TFA* 方法）；非参数方法主要指数据包络分析方法（Data Envelopment Analysis－*DEA* 方法）和无界分析方法（Free Disposal Hull－*FDH* 方法）[175,176]。

1. 效率测度的参数方法

运用参数方法分析前沿效率时通常先估计一个生产函数，考虑到该生产函数中误差项目的复合结构及其分布形式，根据误差项的分布假设不同，采用相应的技术方法来估计生产函数中的各个参数。参数方法的最大优点是通过估计生产函数对个体的生产过程进行了描述，从而使对技术效率的估计得到了控制。

随机前沿面方法（*SFA*）是由 Meeusen，Van Broeck（1977）和 Aigner，Lovell and Schmidt（1997）分别独立发展而成。随机前沿面方法界定了成本、利润及生产函数的函数形式，并且允许误差项中包括无效率因素。其中，Aigner，Lovell and Schmidt（1997）提出的随机前沿面模型为：$y=f(x)\exp(v-u)$，这里随机前沿面是 $f(x)\exp(v)$，v 服从某种对称分布如正态分布，用以描述测量误差及外部冲击等因素的随机影响，与其他投入要素一起来替代确定的 $f(x)$。u 服从非对称分布，如半正态分布。

另外两种确定最优效率边界的方法是自由分布方法（*DFA*）和厚边界方法（*TFA*）。*DFA* 是随机前沿面方法的变形，它同样定义了效率前沿的函数形式，但以不同的方法来区分效率值和随机误差。其与 *SFA* 不同的是没有指定效率值和随机误差的分布形式，但假设各个决策单元的经营效率在一段时间内是稳定的，而随机误差的平均数趋于零。通过计算样本数据中各决策单元的平均残差与效率前沿之间的距离，可得到各决策单元的效率值；*TFA* 为单个公司或组织提供了总体效率水平估计而不是点效率估计。*TFA* 定义了效率前沿的函数形式，并且假定计算得到的效率值对预计的效率值的偏离，如果超出所有观测样本的上下限，则代表随机误差，如这种偏离在上、下限范围之内，则是由低效率引起的。该方法没有对效率和随机误差的分布做任何假定，但认为效率值在上下限区间波动，而随机误差在上下限区间外。*TFA* 本身没有给出单个组织效率的点估计值，而仅是效率的一般水平。

2. 效率测度的非参数方法

与界定生产效率函数形式的参数方法不同，非参数方法对生产边界的限制较少。当前运用最为广泛和最具有代表性的非参数效率测度方法是数据包络分析（Data Envelopment Analysis，简记 *DEA*），它是由 A. Charnes 和 W. W. Cooper 等人于 1978 年创建的。

（1）*DEA* 的特点。*DEA* 使用数学规划模型评价具有多个投入、多个产出的“部门”或“单位”（称为决策单元，Decision Making Unit，简记 *DMU*）之间的相对有效性（称为 *DEA* 有效）。一个 *DMU* 在某种程度上是一种约定，它可以是学校、医院，也可以是银行、企业或组织。确定 *DMU* 的主导原则是：就其“耗费的资源”和“生产的产品”来说，每个 *DMU* 具有相同的投入和产出。通过对投入和产出数据进行综合分析，*DEA* 可以得出每个 *DMU* 综合效率的数量指标并据此将各 *DMU* 进行分类、排序，以确定 *DMU* 是否为 *DEA* 有效。这种有效性本质上是判断 *DMU* 是否位于生产可能集的“生产前沿面”上，对非有效的 *DMU*，通过前沿面投影理论，可给出 *DMU* 的各指标需要调整的数值量化程度。另外，*DEA* 还能判断各 *DMU* 的投入规模是否适当，进而指出 *DMU* 调整投入规模、产出规模的正确方向和程度。

在运用 *DEA* 方法测算前沿效率时对决策单元 *DMU* 有如下要求：①所有的 *DMU* 应该具有“同类型”特征；② *DMU* 的个数要大于投入产出的指标的总个数；③权重的决定不受主观因素的影响，模型中的权重是线性规划问题解的一部分，具有客观性。此外，*DEA* 方法测量的效率值为相对效率，即各个决策单元相对最好单元的效率值。对于任何一个决策单元，它达到 100%的效率是指：①在现有的投入条件下，任何一种产出都无法增加，除非同时降低其他种类的产出；②要达到现有的产出，任何投入都无法降低，除非同时增加其他种类的投入。

（2）*DEA* 方法评价农机服务组织作业效率的有效性与优越性。*DEA* 是以相对效率概念为基础的一种效率评价方法，它能够直接估算多个决策单元效率之间的相对关系，即相对有效性。结合农机服务组织的特点，*DEA* 方法在测算农机服务组织作业效率方面是可行的，并且具有很大的优势，主要体现在以下几个方面：①对农机服务组织效率评价需要从不同侧面，用多个指标加以描述，这些指标的量纲往往不是统一的，*DEA* 方法无需考虑量纲统一化问题；② *DEA* 方法假定每个投入都关联到一个或多个产出，而且投入、产出之间确实存在某种关系，使用 *DEA* 方法不必确定这种关系的显式表达式。因此，*DEA* 方法排除了很多主观因素，因而具有很强的客观性；③ *DEA* 方法具有对多投入—多产出结构复杂系统的适应性，而农机服务组织的作业系统恰好是一个多目标的复杂动态系统；④ *DEA* 方法可对农机服务组织作业效率评价结果进行分析，了解影响农机服务组织作业效率有效及非有效的主要因素。同时，可通过分析调整，改进一些非有效的指标数据，为组织的管理提供依据；⑤ *DEA* 以决策单元各投入、产出的权重为变量，从最有利于决策单元的角度进行评价，从而避免了确定各指标在优先意义下的权重。

总之，*DEA* 方法的一系列优点吸引了众多的 *DEA* 理论与应用研究者。鉴于 *DEA* 方法在多投入—多产出系统综合评价方面的优势，本书拟采用 *DEA* 方法对农机服务组织作业效率进行测度。

6.2.2 指标体系设定的原则与要求

评价指标是评价内容的客观载体和外在表现，也是评价方法的具体表达，评价思想和评价思路需通过指标设置得以贯彻实施。评价指标体系的设计需要建立在系统分析的基础之上，并遵循以下几个基本原则与要求：

1. 指标设定的原则

（1）科学性与主要性相结合的原则。在把握农机服务组织作业效率评价内涵的正确性、指标体系设计的完备性、数学处理方法的逻辑严密性等方面要体现科学性原则，同时在建立效率测度指标体系时，突出主要指标原则。农机服务组织作业效率评价体系是个复杂的系统，其指标可以是几十个甚至上百个，每个指标的贡献程度是有差别的。在选择这些指标时如果随意罗列，不仅会增加评价的难度，还会冲淡对主要指标的注意力。因此，需要认真分析、明确重点，选择最主要的指标进行效率测度。

（2）定量与定性相结合原则。定量指标较为具体、直观，评价时可以计算实际数值，通过量化的表述使评价结果给人以直接、清晰的印象。农机服务组织作业效率评价是一个多维的复合系统，不是所有反映作业效率的因素都能直接量化，这就需要设计定性指标予以辅助。所以，评价指标的选择有可能既包括定量评价要素，又包括定性评价要素，遵循定量指标与定性指标相结合的原则。

（3）可比性和可操作性相结合的原则。评价指标应当具有全面的可比性，主要包括与组织不同时期的比较、与行业平均水平比较、与竞争对手的比较等。应尽量选取在不同组织中普遍可获得的指标，以保证指标的可比性。同时，在满足评价目的需要的前提下，评价指标概念要清晰，表达方式要简易，数据来源要可靠，且要与采用的定量方法有机结合，以保证指标的可操作性。

（4）可预测性原则。作业效率评价的是过去的效率，而通过评价来判断组织效率的未来趋势是评价的主要目的之一，也是制定和调整组织管理战略的重要信息来源。因此，评价指标应当选择那些对被评价组织来说基本上是可以通过主观努力改善指标结果，或者是可以区分主观因素、客观因素影响的指标。

2. 指标设定的要求

评价指标体系是指为实现评价目的，按照系统论方法构建的由一系列反映农机服务组织各个侧面相关因素的指标集合而成的系统结构。在设定指标体系时应根据以上原则，采取多因素分析和多层次评价指标递进修正的方法进行设计。应以系统分析思想为建立评价体系的基础理论，以数理统计分析方法为建立评价体系的科学基础，以投入产出分析为评价体系的内在核心，以多目标决策法建立多层次、多因素评价指标体系。

全面准确地评价一个行业的整体状况，评价组织的作业效率与经营效益，是组织管理领域一项较为复杂的系统工程。农机服务组织作业效率评价指标体系设定需注意以下几点：一是与组织的生存环境和作业环境相适应，即符合基本国情和相关政策要求；二是要有明确的评价服务目标，本书的服务目标是组织经营、管理者和相关政府部门；三是要界定清楚效率评价的详细内容，本书评价的是农机服务组织在作业过程中有效运用资源、避免浪费的能力；四是选择合适的评价技术方法，本书选择的是数据包络分析方法。

由此可见，本书是应用数据包络分析方法对农机服务组织样本作业效率进行评价和对比分析。由于数据包络分析方法在指标方面不要求权重，而且指标数量要求不多，所以在构建指标体系时，只需要按照数据包括分析方法的要求将反映作业效率的众多指标分为投入指标和产出指标，并从中选择有代表性的指标进行效率测度即可。

6.2.3 投入产出指标的设置

在效率研究中投入、产出指标的确定尤其重要，因为就是要依赖这些指标来评价决策单元的有效性。只有那些与决策单元最密切相关的投入、产出指标才可作为分析评价的依据。由于*DEA* 方法并不需要指标权重的优点，所以指标体系的建立可从最简单的投入与产出入手，把众多的指标层归纳为各个主要的投入与产出指标，据此把多个投入指标与多个产出指标对应的数据输入模型即可计算给定决策单元相对效率的优劣，也就是评价这些样本组织的相对有效性。为适应评价农机服务组织作业效率的需要，本书评价的是有同质性的农机服务组织作业效率的相对有效性。所谓同质性，是指形成与合作方式大致相同，服务领域相类似的农机服务组织，即主要由潜在成员（农机大户、散机户、机手、技术人员、普通农民及其他人员）自发形成合作的，以各种农机具为载体的，在农业生产周期中（包括产前、产中、产后，主要指产中）跨越县级以上行政区域进行小麦、水稻、玉米等农作物作业活动并以追求效用最大化为主要目标的各级农机作业服务组织。它们都是将一定的资源消耗（资金、农机、人力资源等）通过跨区作业转化为同质性的产出（作业数量与质量、盈利能力与人际关系、管理水平与持续发展能力等）。

关于投入与产出因素，投入因素是决策单元生产产品或服务的任何一种资源，这种资源可能并非有形的资源或服务，但它对决策单元所处的环境具有贡献；产出因素是决策单元生产的产品或服务的数量，也是衡量该单元绩效的尺度[177]。在满足决策单元的同质性后，关于决策单元的投入和产出指标的设定与赋值，还应满足如下要求：第一，所有决策单元的评价都用相同的投入、产出指标。对所有的决策单元，其对应的每个投入产出指标均可赋值，而且这些数值须为正数；第二，从效率比的原则上考虑，投入的数值应该越小越好，而产出的数值应该越大越好。但这并不意味着所设定的投入指标必须是越小越好的指标，产出指标必须是越大越好的指标，在具体设定过程中应结合系统的实际投入产出情况和指标的实际意义进行判定；第三，不同投入和产出指标的量纲不要求一致，可以包含人数、作业面积、作业成本等。

根据实地调查的结果，结合前文对作业效率影响因素的辨识与分析，设定农机服务组织作业效率测度的投入、产出指标如表6.8所示。

表 6.8 农机服务组织作业效率评价指标体系

投入指标		产出指标	
x_1	成员数量（人）	y_1	委托人满意度
x_2	成员业务能力满意度	y_2	成员年均作业收入（元/人·年）
x_3	拥有联合收割机数量（台）	y_3	人身及财产安全满意度
x_4	联合收割机质量满意度	y_4	人际关系满意度
x_5	投入成本（元/人·年）		
x_6	合作机制满意度		
x_7	组织凝聚力满意度		
x_8	成员行为控制满意度		

在表 6.8 中，$x_1, x_2, \cdots, x_8$ 是对农机服务组织跨区作业中投入情况的描述，本书将这些指标确定为投入指标；$y_1, y_2, \cdots, y_4$ 是对农机服务组织作业产出结果的描述，本书将这些指标确定为产出指标。值得注意的是，在投入指标中，除投入成本（x_5）外，其他指标均为越大越好指标（认为成员数量 x_1 和拥有联合收割机数量 x_3 为越大越好指标，理由是当前我国农机服务组织普遍规模较小，组织形式多种多样但管理普遍不规范。随着我国农业的进一步发展，一些规模小、管理差的农机服务组织要么被淘汰，要么被迫进行联合。也就是说，为适应我国农业的发展，需逐步扩大农机服务组织的规模而减少其数量，以规范其经营、管理与作业过程）。在实际计算过程中，需将越大越好的投入指标取倒数带入 *DEA* 模型进行计算。

由于本书设定的投入产出指标为人们所熟知，在此仅作简要的说明与解释。由表 6.8 可知，在投入指标中，仅有成员数量（x_1）和拥有联合收割机数量（x_3）可直接量化，其他指标如成员的业务能力、联合收割机质量等虽然也是客观指标，但无法直接量化，可将它们转化为满意度形式，运用 5 分制（5-point）总加量表（李斯特量表）方法进行量化，将答案设计为“很满意”、“满意”、“一般”、“不满意”、“极不满意”五个层次，每个层次对应的值分别是 5 分、4 分、3 分、2 分和 1 分，所代表是被感知对象的优劣程度。从指标涵义来看，成员数量和拥有联合收割机的数量共同构成组织规模，是农机服务组织最主要的生产要素。成员业务能力满意度包含成员的专业技术能力，如驾驶、维修农机，测量作业面积，联系作业任务及与客户和中介组织协调谈判的能力。联合收割机质量满意度包含对联合收割机的作业速度、作业效果、故障率、耗油量等综合质量的满意度。投入成本指组织内平均每人参与跨区作业所投入的成本，包括购机成本摊销、联合收割机维修成本、油耗成本等所有直接成本的总和。合作机制满意度包括对组织的规章制度、分配制度、组织文化等的综合满意度。组织凝聚力是组织对其成员的吸引力及组织成员彼此之间的吸引力，其满意度包括成员对组织总体价值观、成员向心力及成员之间和谐程度的满意度。成员行为控制满意度主要指组织对成员的消极行为约束和积极行为激励的满意度，这不仅取决于组织的规章制度，还取决于组织领导者的威信、组织成员的整体文化水平及组织的文化氛围等。

在产出指标中，仅有成员年均作业收入（ y_2 ）为客观指标且可直接量化，其他指标均为主观指标，量化方法与投入指标中同类指标相同。从指标设定来看，委托人满意度是衡量农机服务组织作业效果的指标之一，也是衡量组织持续发展能力的指标。除此之外，其他产出指标是按照组织成员的需要层次等级来设定的。其中，成员年均作业收入是衡量组织作业效果的最重要指标，对应于成员的生存需要。人身及财产安全满意度和人际关系满意度则分别对应于成员的安全需要和社交需要。可见，以上产出指标综合构成了农机服务组织作业的效果，是组织作业质量、作业收入及成员需要满意度的有机结合。需要注意的是，在产出指标中并未考虑成员受人尊重需要的实现程度，原因是该指标很难量化，绝大多数受访者无法辨明别人对自己的尊重在多大程度上与组建或参与农机服务组织相关。另外，由于自我实现需要是一种高级的需要，在农机服务组织成员中具有自我实现需要的人很少，其实现程度不能代表组织的整体作业效果，因此不能作为产出指标。

6.3 作业效率测度实证研究

6.3.1 样本选择和数据的获取

样本数据的准确性是影响作业效率评价结果的关键因素。就苍山县而言，其下辖 28 个乡镇，几乎每个乡镇都有一支较大的农机服务组织（拥有 6 台以上的联合收割机）。根据实地调查的结果，按照区域性和典型性相结合的原则，本书选取苍山县具有代表性的 15 个农机服务组织作为研究对象，具体包括：神山镇西庄农机服务队、三合乡富民农机合作社、兰陵镇沃土农机作业服务队、磨山镇山南农机服务队、层山镇沙埠农机服务队、卞庄镇尚田农机服务合作社、下村乡双河农机服务队、甘霖乡保丰农机服务队、小岭乡莲子汪农机服务合作社、向城镇昌盛农机作业服务队、新兴镇太子堂农机合作社、兴明乡兴农农机作业服务队、尚岩镇新庄农机合作社、南桥镇惠农农机作业服务组织、鲁城乡刘家郭农机合作协会等，分别作为评价过程中的 DMU_1，DMU_2，…… DMU_{15}。

从指标赋值来看，对客观指标，根据被调查组织提供的实际数据或经转换后获得；对主观指标（满意度），根据各组织受访成员所选满意度级别对应分值取平均值进行赋值。由此可得样本农机服务组织 2007 年的各指标数据如表 6.9 所示。

6.3.2 组合技术效率测度

1. 模型的选择及计算

DEA 模型有多种形式，在应用 *DEA* 方法时，一要看决策单元的实际经济背景，二要看评价目的。本小节选取 *DEA* 中的一

表 6.9 农机服务组织作业投入、产出数据表

决策单元＼指标	成员数量（人）	成员业务能力满意度	拥有联合收割机数量（台）	联合收割机质量满意度	投入成本（元/人·年）	合作机制满意度	组织凝聚力满意度	成员行为控制满意度	委托人满意度	成员年均作业收入（元/人·年）	人身及财产安全满意度	人际关系满意度
DMU_1	21	3.25	6	4.12	5 900	3.67	4.01	3.56	4.09	12 100	3.98	4.03
DMU_2	26	3.67	8	3.93	6 050	3.75	3.97	3.61	4.21	11 500	3.76	4.21
DMU_3	29	3.72	9	3.98	5 600	3.49	4.03	3.87	4.45	13 020	3.92	3.97
DMU_4	35	3.03	12	4.15	5 920	3.71	4.21	4.02	4.18	10 800	4.01	3.93
DMU_5	19	2.94	6	3.97	5 840	3.98	3.98	3.96	4.02	11 340	3.87	4.02
DMU_6	37	3.14	12	4.01	6 110	4.01	3.86	3.58	4.40	13 200	3.57	3.89
DMU_7	24	3.87	8	4.03	6 020	3.79	4.10	3.98	4.31	12 000	4.10	3.97
DMU_8	31	3.38	11	3.87	5 830	3.92	3.92	4.05	4.03	10 100	3.78	4.03
DMU_9	19	2.98	7	3.91	6 000	4.03	3.93	3.83	4.36	11 350	3.82	4.12
DMU_{10}	27	3.02	10	4.06	5 990	3.59	4.04	3.59	4.29	12 210	4.01	4.04
DMU_{11}	18	3.59	8	4.02	6 190	3.72	4.11	4.03	4.17	13 500	3.49	3.98
DMU_{12}	23	3.43	11	3.89	6 210	3.39	3.76	3.99	4.29	12 710	3.89	3.94
DMU_{13}	30	3.21	12	3.99	5 830	4.10	3.95	4.15	4.44	11 580	4.03	3.86
DMU_{14}	21	3.97	7	4.15	6 300	3.87	4.02	3.67	4.01	10 890	3.71	4.01
DMU_{15}	32	2.99	12	4.04	5 870	3.79	3.95	4.02	4.32	10 530	3.92	3.96

个基本模型 C^2R 模型来测度待评决策单元的总体有效性，该模型得到的技术效率值实际上是纯技术效率值和规模效率值的综合，即组合技术效率，其反映的是农机服务组织在有限生产资源下得到最多的产出，或者是在既定生产目标下运用最少的投入，即避免浪费的能力。由于基于投入的 C^2R 模型和基于产出的 C^2R 模型其计算结果并无差异，因此这里不考虑模型的方向性问题。为了避免出现多个决策单元同时有效而对评价结果产生负面影响，我们按照输入指标越小越好，输出指标越大越好的原则构造一个参考决策单元（DMU_{16}）参与到模型计算中。将 2007 年各样本组织数据代入 *DEAP* 软件进行计算，最终得到加入参考决策单元的 *DEA* 效率值及相关效率改进信息如表 6.10 所示。

表 6.10　*CRS* 模型技术效率及参考信息

计算结果 决策单元	技术效率 (te)	参考点 (PEERS)	参考点权重 (PEER WEIGHTS)	被参考次数 (PEER COUNT)
DMU_1	0.964	16	0.971	0
DMU_2	0.947	16	1.000	0
DMU_3	1.000	16	1.000	0
DMU_4	0.978	16	0.978	0
DMU_5	0.927	16	0.955	0
DMU_6	0.989	16	0.989	0
DMU_7	0.975	16	1.000	0
DMU_8	0.934	16	0.957	0
DMU_9	0.963	16	0.980	0
DMU_{10}	0.957	16	0.978	0
DMU_{11}	0.976	16	1.000	0
DMU_{12}	0.927	16	0.964	0
DMU_{13}	0.998	16	0.998	0
DMU_{14}	0.952	16	0.952	0
DMU_{15}	0.971	16	0.971	0
DMU_{16}	1.000	16	1.000	15

由表 6.10 可知，15 个样本组织的组合技术效率均超过 0.92，包括虚拟单元在内的组合技术效率平均值为 0.966，说明

样本组织的投入产出水平已处于一个较高的水平，即在跨区作业过程中有效利用现有资源的能力较强。从参考单元来看，所有组织的参考单元均为虚拟决策单元，参考点权重表明了各决策单元投影点的产出水平与被参考决策单元（虚拟单元）的产出水平之间的线性组合关系。在 *DEA* 中，一个有效的 *DMU* 出现在其他非有效的 *DMU* 中的参考集合中的次数越多，说明该 *DMU* 相对有效的稳健度越强。本次计算中虚拟单元被所有组织参考，由此可验证本书构建参考单元的必要性和正确性。

2. 决策单元有效性的确定

从有效决策单元的数量来看，本书所选的 15 个样本农机服务组织中，相对技术效率值为 1 的仅有兰陵镇沃土农机作业服务队，该组织相对于其他 14 个组织来说是相对技术有效或弱有效的。由 *DEA* 理论可知，若某个效率值为 1 的 *DMU* 又同时满足正负松弛变量值均为零的条件，那么这个 *DMU* 就是有效的，否则为弱有效单元。为了判定兰陵镇沃土农机作业服务队的组合技术效率是 *DEA* 有效还是弱有效，可通过观察表 6.11 和表 6.12 中该组织各指标对应的松弛变量进行进一步判定。

表 6.11 投入指标松弛变量

投入指标 / 决策单元	x_1	x_2	x_3	x_4	x_5	x_6	x_7	x_8
DMU_1	0.020	0.052	0.080	0.000	251.102	0.026	0.010	0.037
DMU_2	0.009	0.006	0.035	0.000	129.077	0.009	0.001	0.021
DMU_3	0.007	0.017	0.028	0.010	0.000	0.043	0.011	0.017
DMU_4	0.002	0.076	0.000	0.000	312.976	0.025	0.000	0.008
DMU_5	0.023	0.075	0.075	0.003	64.960	0.000	0.006	0.004
DMU_6	0.000	0.066	0.000	0.008	504.270	0.005	0.021	0.038
DMU_7	0.014	0.000	0.039	0.001	268.568	0.013	0.000	0.004
DMU_8	0.004	0.035	0.005	0.011	86.807	0.005	0.011	0.000
DMU_9	0.024	0.076	0.056	0.010	292.392	0.000	0.012	0.015
DMU_{10}	0.009	0.070	0.014	0.000	255.373	0.028	0.005	0.031
DMU_{11}	0.027	0.020	0.039	0.002	442.437	0.018	0.000	0.001

（续）

决策单元＼投入指标	x_1	x_2	x_3	x_4	x_5	x_6	x_7	x_8
DMU_{12}	0.014	0.028	0.004	0.006	358.728	0.038	0.018	0.000
DMU_{13}	0.006	0.059	0.000	0.010	229.483	0.000	0.016	0.000
DMU_{14}	0.020	0.000	0.057	0.000	666.746	0.014	0.011	0.030
DMU_{15}	0.004	0.080	0.000	0.006	262.112	0.019	0.015	0.008
DMU_{16}	0.000	0.000	0.000	0.000	0.000	0.000	0.000	0.000
mean	0.012	0.041	0.027	0.004	257.814	0.015	0.009	0.013

表 6.12　产出指标松弛变量

决策单元＼产出指标	y_1	y_2	y_3	y_4
DMU_1	0.230	1 004.878	0.000	0.057
DMU_2	0.240	2 000.000	0.340	0.000
DMU_3	0.000	480.000	0.180	0.240
DMU_4	0.172	2 403.659	0.000	0.188
DMU_5	0.229	1 550.736	0.045	0.000
DMU_6	0.000	148.315	0.484	0.273
DMU_7	0.140	1 500.000	0.000	0.240
DMU_8	0.230	2 822.803	0.145	0.000
DMU_9	0.000	1 876.966	0.197	0.005
DMU_{10}	0.062	993.659	0.000	0.078
DMU_{11}	0.280	0.000	0.610	0.230
DMU_{12}	0.000	304.607	0.063	0.119
DMU_{13}	0.000	1 889.663	0.061	0.341
DMU_{14}	0.229	1 968.670	0.195	0.000
DMU_{15}	0.000	2 575.618	0.060	0.127
DMU_{16}	0.000	0.000	0.000	0.000
mean	0.113	1344.973	0.149	0.118

由表 6.11 和表 6.12 可知，效率值为 1 的决策单元——兰陵镇沃土农机作业服务队的所有指标松弛变量并非全为 0，说明该组织是 *DEA* 弱有效的，也就是说该组织的各项投入产出指标在径向已达到最优配置，但在非径向却由于松弛变量的存在还未达

到最优配置。需要指出的是，由于 C^2R 模型是同时针对决策单元的规模有效性和技术有效性而言的总体有效性，因此这里的有效和弱有效是指技术有效和规模有效的总体有效。同时，这里所谓的有效和非有效都是一个相对的概念，即有效是与非有效的 *DMU* 相比较得来的，而非有效是相对于有效的 *DMU* 而言的。有效的决策单元不仅可以作为评价其他组织效率的参照对象，而且可作为其他非有效组织效率改进的参考对象，如虚拟单元。

3. 决策单元有效性的分布

从决策单元效率值的分布情况来看，所选的 15 家农机服务组织效率平均值为 0.964，说明目前苍山县农机服务组织的组合技术效率较高，有效性的具体分布情况如图 6.3 所示。

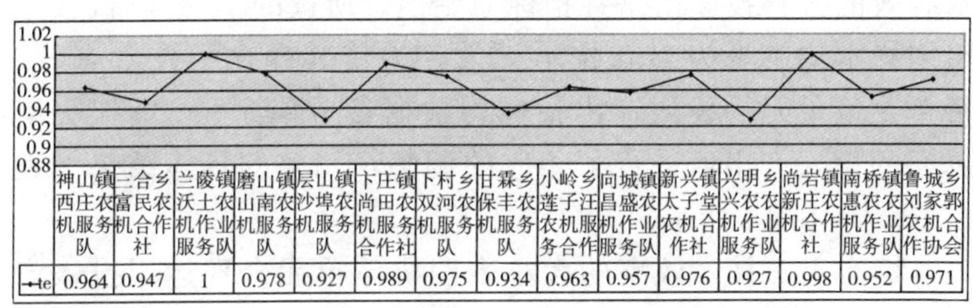

图 6.3　苍山县农机服务组织组合技术效率分布图

在 15 个农机服务组织中，效率值大于 0.97 的有 7 个，占样本总数的 46.67%，具体包括：兰陵镇沃土农机作业服务队、磨山镇山南农机服务队、卞庄镇尚田农机服务合作社、下村乡双河农机服务队、新兴镇太子堂农机合作社、尚岩镇新庄农机合作社和鲁城乡刘家郭农机合作协会；效率值界于 0.95 与 0.97 之间的有 4 个，占样本总数的 26.67%，具体包括：神山镇西庄农机服务队、小岭乡莲子汪农机服务合作社、向城镇昌盛农机作业服务队和南桥镇惠农农机作业服务队；效率值低于 0.95 的 4 个，具体包括：三合乡富民农机合作社、层山镇沙埠农机服务队、甘霖乡保丰农机服务队和兴明乡兴农农机作业服务队，占样本总数的26.67%。

4. 对指标投影值的分析

DEA 方法的一个重大优势在于不仅可以指出被评 *DMU* 中哪些是有效的，哪些是非有效的，而且可以对非有效决策单元的投入产出指标给出具体的改进方向及改进数值。根据 *DEAP* 软件的计算结果，可以得到各指标的改进目标值，即针对每一个 *DMU* 的所有输入输出变量都会给出一个相应的指标投影值，该值是针对原始的实际值给出一个可以参考的改进后需要达到的目标值。被评 *DMU* 的各投入产出指标如果符合投影值，则所有 *DMU* 均可位于生产前沿面上，即达到技术有效。在本次计算中，仅有构建的虚拟单元是综合技术有效的，其投影值是各指标原始值。所选的 15 个农机服务组织样本均表现为组合技术无效，为使其变化为技术有效，每个决策单元的投入产出指标均根据参考单元——虚拟决策单元的投入产出值进行了相应的调整，调整的具体结果如表 6.13、表 6.14 所示。

事实上，技术效率的大小表明决策单元合理运用投入产出资源，避免浪费能力的大小。从本次计算来看，苍山县 15 个农机服务组织的作业过程均存在不同程度的浪费。以神山镇西庄农机服务队（DMU_1）为例，其组合技术效率值为 0.964，这说明该组织在不增加投入水平的前提下，其产出水平最多还能增加 3.6%。同理，其他组织的投入产出过程也存在一定的浪费，这说明当前苍山县农机服务组织的管理水平还不够高，在当前的经济、技术水平下由于各种原因的影响还存在少量的资源浪费现象。为了提高其资源利用效率，使其生产曲线逐步向生产可能集前沿面靠近，需要对其经营、作业过程中的投入产出资源进行更为合理的配置，调整结果如表 6.13、表 6.14 所示。

表 6.13　投入指标投影值

决策单元＼投入指标	x_1	x_2	x_3	x_4	x_5	x_6	x_7	x_8
DMU_1	0.026	0.245	0.081	0.234	5 436.098	0.237	0.231	0.234
DMU_2	0.027	0.252	0.083	0.241	5 600.000	0.244	0.238	0.241
DMU_3	0.027	0.252	0.083	0.241	5 600.000	0.244	0.237	0.241
DMU_4	0.026	0.246	0.081	0.236	5 477.073	0.239	0.232	0.236
DMU_5	0.026	0.241	0.080	0.230	5 347.268	0.233	0.227	0.230
DMU_6	0.027	0.249	0.082	0.238	5 537.079	0.241	0.235	0.238
DMU_7	0.027	0.252	0.083	0.241	5 600.000	0.244	0.237	0.241
DMU_8	0.026	0.241	0.080	0.231	5 360.570	0.233	0.227	0.231
DMU_9	0.026	0.247	0.082	0.236	5 486.742	0.239	0.233	0.236
DMU_{10}	0.026	0.246	0.081	0.236	5 477.073	0.239	0.232	0.236
DMU_{11}	0.027	0.252	0.083	0.241	5 600.000	0.244	0.238	0.241
DMU_{12}	0.026	0.243	0.080	0.232	5 398.652	0.235	0.229	0.232
DMU_{13}	0.027	0.251	0.083	0.240	5 587.416	0.243	0.237	0.240
DMU_{14}	0.026	0.240	0.079	0.230	5 333.967	0.232	0.226	0.230
DMU_{15}	0.026	0.245	0.081	0.234	5 436.404	0.237	0.231	0.234
DMU_{16}	0.027	0.252	0.083	0.241	5 600.000	0.244	0.237	0.241

表 6.14　产出指标投影值

决策单元＼产出指标	y_1	y_2	y_3	y_4
DMU_1	4.320	13 104.878	3.980	4.087
DMU_2	4.450	13 500.000	4.100	4.210
DMU_3	4.450	13 500.000	4.100	4.210
DMU_4	4.352	13 203.659	4.010	4.118
DMU_5	4.249	12 890.736	3.915	4.020
DMU_6	4.400	13 348.315	4.054	4.163
DMU_7	4.450	13 500.000	4.100	4.210
DMU_8	4.260	12 922.803	3.925	4.030
DMU_9	4.360	13 226.966	4.017	4.125
DMU_{10}	4.352	13 203.659	4.010	4.118
DMU_{11}	4.450	13 500.000	4.100	4.210
DMU_{12}	4.290	13 014.607	3.953	4.059
DMU_{13}	4.440	13 469.663	4.091	4.201
DMU_{14}	4.239	12 858.670	3.905	4.010
DMU_{15}	4.320	13 105.618	3.980	4.087
DMU_{16}	4.450	13 500.000	4.100	4.210

值得注意的是，本书所设定的投入指标中除投入成本（x_5）外均为越大越好的指标，在实际计算过程中将以上越大越好指标取倒数带入软件进行计算，以满足投入指标越小越好，产出指标越大越好的要求。因此，以上指标的投影结果也是其倒数的调整值而不是实际调整值。另外，由于本书研究的是多投入、多产出的情形，随着各个产出指标值的变化，各投入指标值也会相应地发生变化。如果是多产出（单产出）单投入的情况，则可完全体现基于产出的意义，即保持投入水平不变的情况下如何使产出水平尽可能高。表 6.13、表 6.14 表明的是在投入水平尽量不变的前提下，各个决策单元的各指标（倒数）的调整方案。例如，为了达到完全合理地利用资源的目的，DMU_1 的第一个投入指标的倒数应调整为 0.026，第二个投入指标的倒数应调整为 0.245，……第一个产出指标应调整为 4.320，第二个产出指标应调整为13 104.878……当然，正如前文所述，由于本书研究的是多投入、多产出系统，随着多个产出指标的调整，各投入指标值也会发生相应地变化，如随着 DMU_6 产出水平的小幅度上升，其投入成本反而小幅度下降。这说明农机服务组织在作业和经营过程中要进一步提高管理水平，按照生产规律科学地配置各种资源并使其作业系统处于 *DEA* 有效状态，盲目的投入会造成资源浪费与产出低下并存的后果。

6.3.3 规模效率与纯技术效率测度

正如前文所述，规模报酬不变下的 *CRS* 模型的假设隐含着 *DMU* 可以通过增加投入等比例地扩大产出规模，也就是说 *DMU* 规模的大小并不影响其效率。这一假设是相当严格的，在许多情况下并不满足，因此规模报酬不变的假设显然是不符合实际的，并导致当被考察的 *DMU* 不是全部处于最佳规模时，技术效率和规模效率混杂在一起，因此 *CRS* 模型只能看作一种理想模型来分析农机服务组织多投入、多产出的情况。为了得到更符合实际的结果，本书采用基于投入的规模收益可变的 *DEA* 模型即 *BCC* 模型重新进行计算。

将表 6.9 中农机服务组织作业投入、产出数据代入 *DEAP* 软件，在构建了虚拟决策单元后，可算得农机服务组织效率结果及参考信息如表 6.15 所示。

表 6.15 *VRS* 模型技术效率及参考信息

计算结果 / 决策单元	crste	vrste	scale		peers	peer weights	peercount
DMU_1	0.964	0.993	0.971	irs	16	1	0
DMU_2	0.947	0.947	1.000	—	16	1	0
DMU_3	1.000	1.000	1.000	—	16	1	0
DMU_4	0.978	1.000	0.978	irs	16	1	0
DMU_5	0.927	0.971	0.955	irs	16	1	0
DMU_6	0.989	1.000	0.989	irs	16	1	0
DMU_7	0.975	0.975	1.000	—	16	1	0
DMU_8	0.934	0.976	0.957	irs	16	1	0
DMU_9	0.963	0.983	0.980	irs	16	1	0
DMU_{10}	0.957	0.978	0.978	irs	16	1	0
DMU_{11}	0.976	0.976	1.000	—	16	1	0
DMU_{12}	0.927	0.962	0.964	irs	16	1	0
DMU_{13}	0.998	1.000	0.998	irs	16	1	0
DMU_{14}	0.952	1.000	0.952	irs	16	1	0
DMU_{15}	0.971	1.000	0.971	irs	16	1	0
DMU_{16}	1.000	1.000	1.000	—	16	1	15
mean	0.966	0.985	0.981			1	

注：$crste = technical\ efficiency\ from\ CRS\ DEA$

$vrste = technical\ efficiency\ from\ VRS\ DEA$

$scale = scale\ efficiency = \frac{crste}{vrste}$

由表 6.15 可知，15 个样本组织的纯技术效率均超过 0.94，包括虚拟单元在内的纯技术效率平均值为 0.985，说明样本组织的技术水平已比较高，基本适应了跨区作业的需要。另外，15 个样本组织的规模效率均超过 0.95，包括虚拟单元在内的规模效率平均值为 0.981，说明样本组织的整体规模也基本适宜，但与技术水平一样，还存在改进的空间。从参考单元来看，所有组织的参考单元仍为虚拟决策单元，再次验证了构建参考单元的必要性和正确性。

1. 组合技术效率的分解

在表 6.15 中，*crste* 是运用 *CRS* 模型即 C^2R 计算得到的效率值，如前文所述，该效率值是规模有效性和技术有效性的综合，即组合技术效率。该效率值可分解为两个效率：纯技术效率和规模效率。在表 6.15 中，*vrste* 即为纯技术效率，即运用 *BCC* 模型计算得到的技术效率。*scale* 即为规模效率，用来判定决策单元的规模收益变化情况。三者之间的关系可表示为：$crste = vrste \times scale$ 。由于 *scale* 为规模效率且不大于 1，因此 *crste* 总是小于或等于 *vrste* ，如图 6.4 所示。如果二者相等，则说明 *scale* 等于 1，即被评农机服务组织规模有效，否则规模无效。

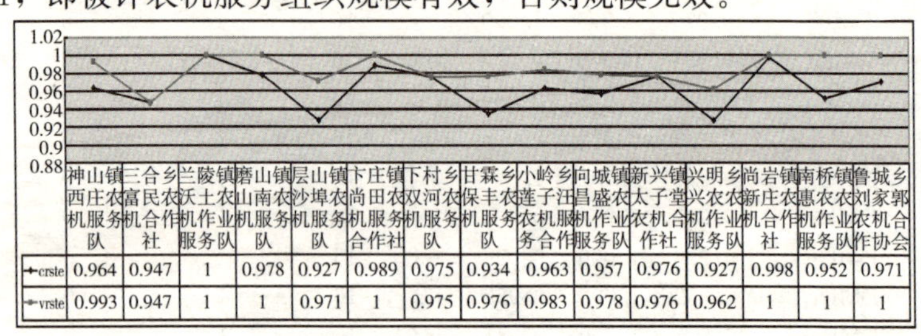

	神山镇西庄农机服务队	三合乡富民农机合作社	兰陵镇沃土农机作业服务队	磨山镇山南农机服务队	层山镇沙埠农机服务队	卞庄镇尚田农机服务合作社	下村乡双河农机服务队	甘霖乡保丰农机服务队	小岭乡莲子汪农机服务合作	向城镇昌盛农机作业服务队	新兴镇太子堂农机合作社	兴明乡兴农农机作业服务队	尚岩镇新庄农机合作社	南桥镇惠农农机作业服务队	鲁城乡刘家郭农机合作协会
crste	0.964	0.947	1	0.978	0.927	0.989	0.975	0.934	0.963	0.957	0.976	0.927	0.998	0.952	0.971
vrste	0.993	0.947	1	1	0.971	1	0.975	0.976	0.983	0.978	0.976	0.962	1	1	1

图 6.4　*crste* 和 *crste* 的比较示意图

由表 6.15 和图 6.4 可知，运用 *VRS*（*BCC*）模型计算得到的技术效率与 *CRS*（C^2R）模型计算得到的技术效率差异很大，其原因还可由图 6.5 表示如下。

由图 6.5 可知，*CRS* 假定规模收益不变，其生产前沿面是一条直线，而 *VRS* 假定规模收益可变，其生产前沿面是一条曲线（如果样本点足够多，将是一条平滑曲线）。由于 *CRS* 确定的生产前沿面总体上高于 *VRS* 确定的生产前沿面（*G* 点除外），因此，生产可能集中的样本点落在 *CRS* 前沿面上的几率更小，而

落在 *VRS* 前沿面的几率相对较大。对于点 *G* 而言，它同时位于两个前沿面上，因此无论用哪个模型进行计算，其必然为 *DEA*（弱）有效，如决策单元中的兰陵镇沃土农机作业服务队；对点 *M* 而言，它只位于 *VRS* 确定的前沿面上，因此该点是 *VRS*（弱）有效的，但对于 *CRS* 模型而言却无效，如决策单元中的磨山镇山南农机服务队，这也说明该决策单元一定是规模无效的；对于点 *L* 而言，它不位于任何一个生产前沿面上，因此无论用哪个模型计算其均为 *DEA* 无效。也就是说，相对生产可能集中的决策单元而言，*VRS* 模型确定的生产前沿面包络得更紧，因此其技术有效决策单元相对也较多。

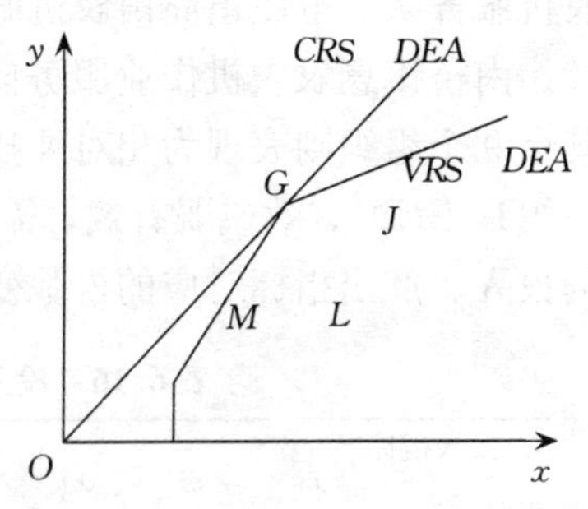

图 6.5 *CRS DEA* 和 *VRS DEA* 有效性的差异

2. 纯技术有效性分析

从决策单元的纯技术有效性来看，当运用 *BCC* 模型进行计算时，15 个被评农机服务组织的平均纯技术效率为 0.984，即苍山县农机服务组织的纯技术效率已比较高，但还存在进一步提升的空间，15 个组织纯技术有效水平总体分布情况如图 6.6 所示。

由表 6.15 可知，15 个被评组织中有 6 个表现为相对纯技术有效或弱有效，包括：兰陵镇沃土农机作业服务队、磨山镇山南

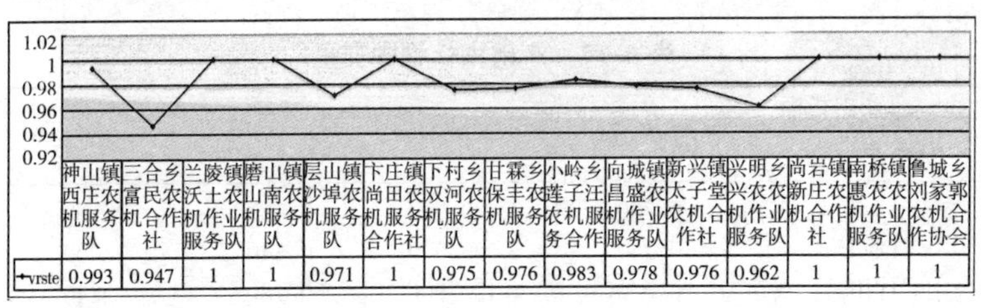

图 6.6 苍山县农机服务组织纯技术效率分布图

农机服务队、卞庄镇尚田农机服务合作社、尚岩镇新庄农机合作社、南桥镇惠农农机作业服务队和鲁城乡刘家郭农机合作协会。其余 9 个组织则表现为相对纯技术无效。同理，为了确定这 6 个组织是 *DEA* 有效或弱有效，需要考察他们的松弛变量。各组织的投入、产出指标对应的松弛变量如表 6.16、表 6.17 所示。

表 6.16　投入指标松弛变量

投入指标 / 决策单元	x_1	x_2	x_3	x_4	x_5	x_6	x_7	x_8
DMU_1	0.020	0.054	0.082	0.000	258.673	0.027	0.010	0.038
DMU_2	0.009	0.006	0.035	0.000	129.077	0.009	0.001	0.021
DMU_3	0.008	0.017	0.028	0.010	0.000	0.043	0.011	0.017
DMU_4	0.002	0.078	0.000	0.000	320.000	0.026	0.000	0.008
DMU_5	0.024	0.078	0.078	0.003	68.030	0.000	0.006	0.004
DMU_6	0.000	0.067	0.000	0.008	510.000	0.006	0.022	0.038
DMU_7	0.014	0.000	0.039	0.001	268.568	0.013	0.000	0.004
DMU_8	0.005	0.037	0.005	0.011	90.684	0.005	0.012	0.000
DMU_9	0.025	0.078	0.057	0.010	298.428	0.000	0.013	0.016
DMU_{10}	0.009	0.072	0.015	0.000	261.104	0.029	0.005	0.032
DMU_{11}	0.027	0.020	0.039	0.002	442.437	0.018	0.000	0.001
DMU_{12}	0.015	0.029	0.004	0.006	372.107	0.040	0.018	0.000
DMU_{13}	0.006	0.060	0.000	0.010	230.000	0.000	0.016	0.000
DMU_{14}	0.021	0.000	0.060	0.000	700.000	0.014	0.011	0.031
DMU_{15}	0.004	0.083	0.000	0.007	270.000	0.020	0.016	0.008
DMU_{16}	0.000	0.000	0.000	0.000	0.000	0.000	0.000	0.000
mean	0.012	0.042	0.028	0.004	263.694	0.016	0.009	0.014

表 6.17　产出指标松弛变量

产出指标 / 决策单元	y_1	y_2	y_3	y_4
DMU_1	0.360	1 400.000	0.120	0.180
DMU_2	0.240	2 000.000	0.340	0.000
DMU_3	0.000	480.000	0.180	0.240
DMU_4	0.270	2 700.000	0.090	0.280

（续）

决策单元＼产出指标	y_1	y_2	y_3	y_4
DMU_5	0.430	2 160.000	0.230	0.190
DMU_6	0.050	300.000	0.530	0.320
DMU_7	0.140	1 500.000	0.000	0.240
DMU_8	0.420	3 400.000	0.320	0.180
DMU_9	0.090	2 150.000	0.280	0.090
DMU_{10}	0.160	1 290.000	0.090	0.170
DMU_{11}	0.280	0.000	0.610	0.230
DMU_{12}	0.160	790.000	0.210	0.270
DMU_{13}	0.010	1 920.000	0.070	0.350
DMU_{14}	0.440	2 610.000	0.390	0.200
DMU_{15}	0.130	2 970.000	0.180	0.250
DMU_{16}	0.000	0.000	0.000	0.000
mean	0.199	1 604.375	0.227	0.199

由表 6.16、表 6.17 可知，在兰陵镇沃土农机作业服务队、磨山镇山南农机服务队、卞庄镇尚田农机服务合作社、尚岩镇新庄农机合作社、南桥镇惠农农机作业服务队和鲁城乡刘家郭农机合作协会 6 个纯技术有效或弱有效组织中，没有一个组织的投入产出指标对应的松弛变量全部为 0，因此可以判定这 6 个组织全部为纯技术弱有效，它们不能作为其他无效组织效率改进的参考决策单元。

3. 规模有效性分析

规模有效性是用来度量决策单元规模适宜性的指标。由表 6.15 可知，本书研究的 15 个农机服务组织中，平均规模效率为 0.979，规模有效性分布情况如图 6.7 所示。这说明当前苍山县农机服务组织的规模总体不适宜，需要进行调整。

其中，规模有效的组织共有 4 个，包括三合乡富民农机合作社、兰陵镇沃土农机作业服务队、下村乡双河农机服务队、新兴镇太子堂农机合作社，说明这 4 个组织当前规模适当，扩大或缩

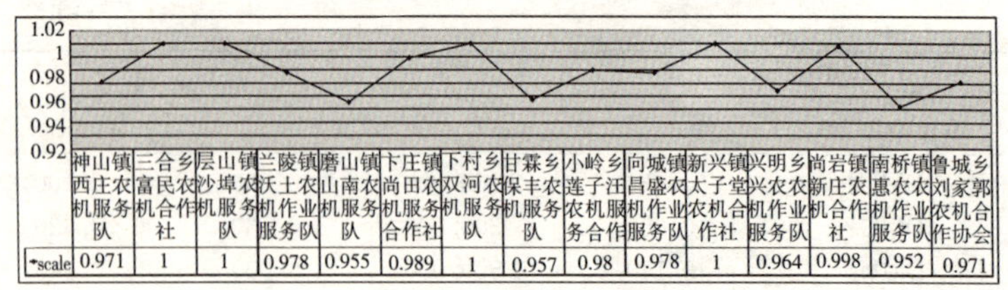

图 6.7　苍山县农机服务组织规模效率分布图

小生产规模都将影响其投入产出水平。由于规模适宜，这 4 个组织的组合技术效率无效主要是由于技术原因引起的。以三合乡富民农机合作社为例，其纯技术效率为 0.947，正因为技术上的缺陷造成了总体有效性的缺失。下村乡双河农机服务队和新兴镇太子堂农机合作社也属于这种情况。兰陵镇沃土农机作业服务队由于规模有效且纯技术弱有效，因此其组合技术效率也表现为弱有效，该组织是这 15 个组织中投入产出效率表现最佳的组织，不仅因为其硬件资源配置较为合理，组织成员较高的满意度也是一个重要原因。另外，还有 4 个组织如磨山镇山南农机服务队、尚岩镇新庄农机合作社、南桥镇惠农农机作业服务队和鲁城乡刘家郭农机合作协会的农机设备与人员配置情况都比较好，纯技术效率均为 1，但由于规模无效（ $SE<1$ ），因此也导致了其总体有效性的缺失。除了以上两种类型外，还有 7 个组织如神山镇西庄农机服务队、磨山镇山南农机服务队、层山镇沙埠农机服务队、甘霖乡保丰农机服务队、小岭乡莲子汪农机服务合作社、向城镇昌盛农机作业服务队和兴明乡兴农农机作业服务队，其纯技术效率和规模效率同时无效，因此组合技术效率必然也无效，且技术效率的无效是由技术与规模两方面的原因同时引起的。

从规模收益变化情况来看，除三合乡富民农机合作社、兰陵镇沃土农机作业服务队、下村乡双河农机服务队、新兴镇太子堂农机合作社等 4 个规模有效的组织外，其余组织均表现为规模收益递增，占样本量的 73.33%。这说明当前苍山县的农机服务组织总体规模过小，当前的规模无效是由规模过小引起的，在今后的发展进程中应进一步扩大组织规模以提升其投入产出水平。该结论同时也证明了在指标定向中对于成员数量（x_1）和拥有联合收割机数量（x_3）的假设。

4. 对指标投影值的分析

指标投影值实质上是非有效决策单元的各投入产出指标在其所有参考点构成的前沿面上的投影值，可通过参考点对应的指标值与参考点权重的线性组合（径向投影值）加上对应的松弛变量得到。以神山镇西庄农机服务队（DMU_1）为例，从参考对象来看，该组织的参考对象仅有一个，即虚拟单元（DMU_{16}），因此神山镇西庄农机服务队在生产前沿面上的径向投影值为 DMU_{16} 与对应权重的非线性组合，即各指标的径向投影值落在 DMU_{16} 上。对神山镇西庄农机服务队而言，其第一个产出指标 y_1 的理想产出 y_1^1 可由 DMU_{16} 与对应权重的非线性组合加上对应的非径向松弛变量表示，即有 $y_1^1 = y_{16}^1 \times 1 + OS_1^1$。其中，$OS_1^1$ 为 DMU_1 第一个产出指标 y_1 对应的松弛变量，在本算例中等于 0.36。同理，其他组织的投入、产出指标的投影值可通过类似的分析得到，此略。由此可算得各农机服务组织投入产出指标的改进目标值，如表 6.18、表 6.19 所示。

表 6.18　投入指标投影值

投入指标 / 决策单元	x_1	x_2	x_3	x_4	x_5	x_6	x_7	x_8
DMU_1	0.027	0.252	0.083	0.241	5 600.000	0.244	0.237	0.241
DMU_2	0.027	0.252	0.083	0.241	5 600.000	0.244	0.237	0.241
DMU_3	0.027	0.252	0.083	0.241	5 600.000	0.244	0.237	0.241
DMU_4	0.027	0.252	0.083	0.241	5 600.000	0.244	0.237	0.241
DMU_5	0.027	0.252	0.083	0.241	5 600.000	0.244	0.238	0.241
DMU_6	0.027	0.252	0.083	0.241	5 600.000	0.244	0.237	0.241
DMU_7	0.027	0.252	0.083	0.241	5 600.000	0.244	0.238	0.241
DMU_8	0.027	0.252	0.083	0.241	5 600.000	0.244	0.238	0.241

（续）

决策单元＼投入指标	x_1	x_2	x_3	x_4	x_5	x_6	x_7	x_8
DMU_9	0.027	0.252	0.083	0.241	5 600.000	0.244	0.237	0.241
DMU_{10}	0.027	0.252	0.083	0.241	5 600.000	0.244	0.238	0.241
DMU_{11}	0.027	0.252	0.083	0.241	5 600.000	0.244	0.238	0.241
DMU_{12}	0.027	0.252	0.083	0.241	5 600.000	0.244	0.238	0.241
DMU_{13}	0.027	0.252	0.083	0.241	5 600.000	0.244	0.237	0.241
DMU_{14}	0.027	0.252	0.083	0.241	5 600.000	0.244	0.238	0.241
DMU_{15}	0.027	0.252	0.083	0.241	5 600.000	0.244	0.238	0.241
DMU_{16}	0.027	0.252	0.083	0.241	5 600.000	0.244	0.238	0.241

表 6.19　产出指标投影值

决策单元＼产出指标	y_1	y_2	y_3	y_4
DMU_1	4.450	13 500.000	4.100	4.210
DMU_2	4.450	13 500.000	4.100	4.210
DMU_3	4.450	13 500.000	4.100	4.210
DMU_4	4.450	13 500.000	4.100	4.210
DMU_5	4.450	13 500.000	4.100	4.210
DMU_6	4.450	13 500.000	4.100	4.210
DMU_7	4.450	13 500.000	4.100	4.210
DMU_8	4.450	13 500.000	4.100	4.210
DMU_9	4.450	13 500.000	4.100	4.210
DMU_{10}	4.450	13 500.000	4.100	4.210
DMU_{11}	4.450	13 500.000	4.100	4.210
DMU_{12}	4.450	13 500.000	4.100	4.210
DMU_{13}	4.450	13 500.000	4.100	4.210
DMU_{14}	4.450	13 500.000	4.100	4.210
DMU_{15}	4.450	13 500.000	4.100	4.210
DMU_{16}	4.450	13 500.000	4.100	4.210

由表 6.18、表 6.19 可知，在 VRS 模型的计算结果中，所有组织的投入、产出指标投影值均相同，而且均与虚拟单元各指标对应的投入、产出值相同。其原因是各农机服务组织均以虚拟单元（DMU_{16}）为参考对象，而且对应的权重均为 1，也就是

说各组织均完全以虚拟单元为改进对象。很明显，这种改进方案是不现实的，这说明 *DEA* 所提供的改进方向与目标值仅仅是一个理想值。从现实情况来看，农机服务组织的潜在效率反映了一个组织的最佳工作状态，由于处理不当的损失及其他因素的影响，往往很难达到。另外，各组织应根据自己的发展目标及拥有资源的状况有针对性地进行改进。

对于纯技术非有效的决策单元如磨山镇山南农机服务队（DMU_4），其纯技术效率为 0.978，规模效率为 1.000，说明该组织在不增加投入水平的前提下，通过技术进步还能够增加产出水平的 2.2%。这说明当前农机服务组织在经营、作业过程中总体技术水平还不够高，并且还存在一定的因技术原因导致的资源浪费现象。为了提高其资源利用效率，使其生产曲线逐步向生产可能集前沿面靠近，需要提升其技术水平以优化投入产出比例，在具体的实施过程中可采取加强培训、内部协调、促进学习等措施。

值得注意的是，弱有效决策单元如兰陵镇沃土农机作业服务队各指标的改进值与原值不同，说明纯技术弱有效农机服务组织的投入产出水平也得到了一定的改善。事实上，虽然弱有效决策单元的各指标在径向无移动，但由于松弛变量的作用，具有松弛变量的指标值仍然会发生变化。以兰陵镇沃土农机作业服务队为例，其投入产出指标的改进信息如表 6.20 所示。

表 6.20　兰陵镇沃土农机作业服务队各指标投影结果

variable	Original value	Radial movement	Slack movement	Projected value
Output1	4.450 0	0.000	0.000	4.450 0
Output2	13 020	0.000	480	13 500
Output3	3.920 0	0.000	0.180 0	4.100 0
Output4	3.970 0	0.000	0.240 0	4.210 0
Input1	0.034 5	0.000	0.008 0	0.027 0

（续）

variable	Original value	Radial movement	Slack movement	Projected value
Input2	0.268 8	0.000	0.017 0	0.252 0
Input3	0.111 1	0.000	0.028 0	0.083 0
Input4	0.251 3	0.000	0.010 0	0.241 0
Input5	5 600	0.000	0.000	5 600
Input6	0.286 5	0.000	0.043 0	0.244 0
Input7	0.248 1	0.000	0.011 0	0.237 0
Input8	0.258 4	0.000	0.017 0	0.241 0

由前文分析可知，兰陵镇沃土农机作业服务队总体有效性为1.000，纯技术效率为1.000，规模效率为1.000，处于规模收益不变状态，但却是弱（纯）技术有效的决策单元。从纯技术效率的角度考察，虽然其纯技术效率值为1.000，但由于其投入产出指标对应的松弛变量不全为0，因此该组织为弱有效。由表6.19可知，各投入产出指标在径向的移动均为0，投影结果的改变完全受松弛变量的影响，而且投入指标的投影值为原始值与对应松弛变量之差，但产出指标的投影值却为原始值与松弛变量之和。另外，本书对投入指标中的一系列满意度指标取倒数之后带入计算，因此表6.20中对应的指标原始值及投影值也是对应指标值的倒数。由表6.20可知，从改进目标值来看，这些指标的倒数值均有所降低，相应的指标原值应有所增加，即要使组织从纯技术效率的角度达到*DEA*有效，需要进一步提高农机服务组织的管理水平并增加组织成员的各项满意度。组织管理者不仅应消除处理不当损失，还要采取各种激励和协调措施取得处理得当收益来提高组织的作业效率。

6.4 小结

本章辨识了农机服务组织作业效率的主要影响因素，构建了农机服务组织作业效率测度的指标体系，并以苍山县 15 个农机服务组织为例进行了作业效率测度实证研究，主要研究内容和结论如下：①农机服务组织作业效率受作业环境子系统、组织实力子系统、组织管理子系统和组织作业子系统的影响。从影响因素来看，主要受组织实力的硬约束和成员行为动机、心理认知等条件的软约束。从主要影响因素的灵敏度来看，硬性指标灵敏度最大，其次是满意度指标，最后是组织管理指标。说明当前影响农机服务组织作业效率的首要因素仍然是组织实力和政策引导，农机服务组织发展还处于低级阶段，组织管理的作用未能很好地发挥。②当前成熟的效率测度方法主要有参数方法和非参数方法。非参数方法中的数据包络分析（*DEA*）因其自身具有的众多优势而非常适合农机服务组织作业效率的测度研究。③设定了包括 8 个投入指标和 4 个产出指标的效率测度指标体系以测度具有同质性的农机服务组织作业效率的相对有效性。其中，8 个投入指标中包括 5 个组织实力指标和 3 个组织管理指标，4 个产出指标除包含 1 个委托人满意度指标外，还依据组织成员需要层次设定了 3 个相关指标。④从组合技术效率来看，苍山县 15 个被评农机服务组织均处于 *DEA* 非有效状态。虽然其投入产出水平已处于一个较高的水平，但还存在一定的资源浪费，须逐步提高组织管理水平、增加组织成员的各项满意度并采取各种激励和协调措施获取处理得当收益来提高作业效率。从纯技术效率来看，15 个被评农机服务组织全处于 *DEA* 非有效状态，虽然其纯技术效率已比较高，仍存在提升的空间，需加强技术培训，提升管理水平并激励成员学习。从规模效率来看，只有极少数组织处于规模有效状态，大部分组织处于规模效益递增阶段，须适当扩大经营规模以适应我国农业发展的需求。

7 农机服务组织的矛盾问题研究

农机服务组织形成后，在其经营和发展过程中会出现各种各样的矛盾，矛盾主要表现为两个方面：不相容问题和对立问题。其中，不相容问题属于主客观矛盾问题，即客观条件不能满足主观愿望的要求。而对立问题属于主观矛盾问题，指在同一条件下两个或多个目标不能同时实现[178]。对农机服务组织而言，在其经营和发展过程中组织的设备、资金、人才、管理、成员行为及所处的环境形成一个开放的系统，只有该系统内各因素相互协调并与其他系统进行良好的物质、能量和信息交换，组织才能迅速地发展壮大。因此，组织的不相容问题主要表现为受相关政策、作业环境、设备、资金、人才等客观条件的制约而形成的不利于组织发展的问题，对立问题主要表现为在现有客观条件下受组织管理和成员行为制约而形成的不利于组织发展的问题。本章以可拓策划为基础，辨识并化解农机服务组织发展中存在的主要矛盾，从管理层面为组织的良性发展提供思路和对策。

7.1 矛盾问题的界定及可拓模型

要解决矛盾问题、建立矛盾问题的模型，首先必须恰当地界定矛盾问题。要界定矛盾问题，首先要界定问题的目的和条件，而要界定目的，首先必须把目的具体化为目标，即将目的以一定的方式标识。本节首先介绍矛盾问题界定的思路与方法，再简述矛盾问题转化的思路与步骤[151,179]，为矛盾问题的研究奠定基础。

7.1.1 目标、条件及问题的界定

1. 目标的界定

在策划主题明确化的前提下，必须把策划目标形式化、数字化，才能达到策划目标的明确化。由于策划对象是事不是人，也不是物，因此策划对象和策划目标都可用事元来形式化描述，并要把策划的目标数量化。因为目标以形式化、数量化表现时，构成策划的要素和工具等也能根据目标值而逐步构成。在确定策划目标时，目标往往不止一个。这时，要利用蕴含分析方法，确定策划目标的层次性。对同一层次的目标，也要确定各目标的优先顺序。若最上位目标为 g，则目标蕴含系可由图 7.1 所示。

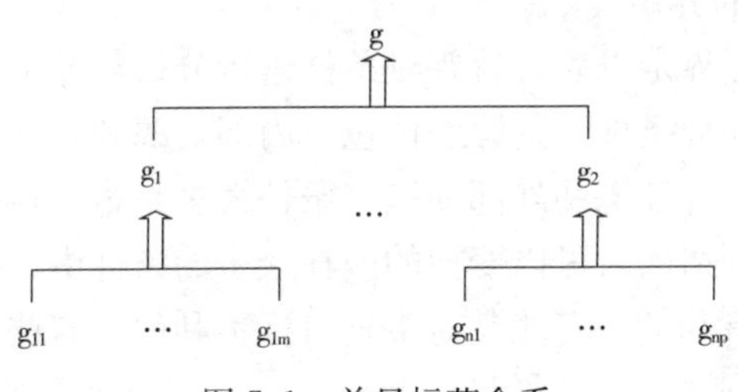

图 7.1 单目标蕴含系

实现目标要从低级向高级一步一步前进，而设定目标，则是从高级向低级层层分解。在策划中，所有目标构成了一个目标蕴含系。下位目标的实现蕴含着上位目标的实现，而同一层次的目标之间也可能会有一定的相关性。如果最上位目标只有一个，则称为单目标问题（如图 7.1）；如果最上位目标有多个，则称为多目标问题。多目标问题的蕴含系如图 7.2 所示。

由于目标有单目标与多目标、阶段目标与长期目标、局部目标与全局目标之分，因此，在解决矛盾问题之初，一定要首先弄清楚目标的类型及目标之间的关系。在可拓学里，策划目标之间的关系可分为以下几种：第一，从属关系和并列关系。若目标

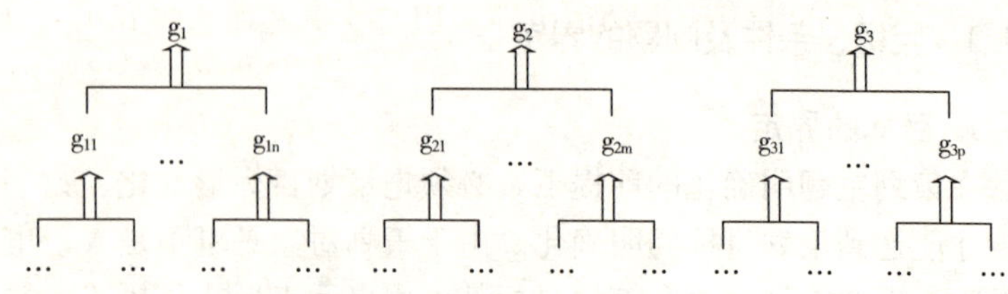

图 7.2　多目标蕴含系

g_1 是 g_2 的一个组成部分（或 g_2 是 g_1 的一个组成部分），则称 g_1 和 g_2 的关系是从属关系，否则称为并列关系。第二，对立关系和共存关系，若目标 g_1 和 g_2 在某些条件下不能共同实现，则称 g_1 和 g_2 的关系是对立关系，否则成为共存关系。

2. 条件的界定

策划目标界定以后，就要对条件进行分析与界定。条件包括资源条件和环境条件。资源条件包括内部资源和外部资源，环境条件也包括内部环境和外部环境。条件大多是客观存在的，但条件又是可以创造的，可以变换的。在众多的条件中，有些是对实现策划目标有利的，有些是对策划目标不利的；有些是与策划目标相容的，有些是与策划目标矛盾的；有些条件是非限制条件，有些条件是限制条件。对所有的条件，都必须进行明确的界定。

界定条件的步骤如下：

（1）收集与策划目标相关的资料。

（2）分析实现策划目标所需的条件 l_i（$i=1$，2，…，n）。

（3）整理与 l_i 相关的资料，并确定与 l_i 对应的现实条件l'_i。

（4）分析 l_i 与l'_i的差别，以确定l'_i是限制条件还是非限制条件。

（5）将l'_i用物元或事元形式化表示，以界定条件所涉及的事物、动作及相应的特征和量值。

（6）选择与策划目标密切相关的主要有利条件和主要限制条件。

界定条件的重要一步是把条件用物元或事元形式化表示，这样可以使条件尽量数字化，以便于以后的问题分析和充分利用条件、拓展条件来实现策划目标。由于客观存在或人为给出条件的有限性，使人们要实现目标时受到相应的限制。在确定限制条件时，一定要注意明确限制的性质：是弹性限制还是刚性限制，是隐性限制还是显性限制，是不确定性限制还是确定性限制。只有正确确定了限制的性质，才有利于对条件的分析。

3. 问题的界定

可拓学主要研究如何使矛盾问题转化。在界定了目标与条件之后，首先应建立问题的可拓模型：

$$P=g*l \text{ 或 } P=(g_1 \wedge g_2)*l$$

其中 g，g_1，g_2 是目标，l 是条件，它们可以用基元形式化表示。

如果在条件 l 下，目标 g 不能实现，则称问题 $P=g*l$ 为不相容问题，记为 $g\uparrow l$；如果在条件 l 下，目标 g_1 与 g_2 不能同时实现，则称问题 $P=(g_1 \wedge g_2)*l$ 为对立问题，记为 $(g_1 \wedge g_2)\uparrow l$；如果是多目标和多条件的情况，则可拓模型为：

$P=(g_1 \wedge g_2 \wedge \cdots \wedge g_n)*(l_1 \wedge l_2 \wedge \cdots \wedge l_m)$，$(g_1 \wedge g_2 \wedge \cdots \wedge g_n)\uparrow(l_1 \wedge l_2 \wedge \cdots \wedge l_m)$。

在可拓学中，问题的界定主要有 3 种类型：

（1）局部单目标问题的界定。这种情况非常普遍，如某一产品项目的策划、定价等。设目标为 g，条件为 l，则可建立问题的可拓模型为：$P=g*l$，然后判断该问题是否为不相容问题。这两个步骤完成后，即可认为问题已经界定。

（2）局部多目标问题界定。设目标为 g_1，g_2，…，g_n，条件为 l。①当 $n=2$ 时，建立问题的可拓模型为 $P=(g_1 \wedge g_2)*l$，这时可能出现两种情况：第一，若 $(g_1 \wedge g_2)\uparrow l$，则该问题为对立问题；第二，若 $g_i\uparrow l$（$i=1,2$），则该问题可分解为两个不相容问题：$P=(g_1*l)\wedge(g_2*l)$，$P//\{P_1, P_2\}$。其

中，$P_1=g_1*l$，$P_2=g_2*l$。此时可考虑放弃其中一个目标。如果可以，认为问题已界定完毕；如果不可以，则要根据两个问题的重要性程度，确定问题的秩序，或运用问题的蕴含分析寻找下位问题。②当 $n\geqslant 3$ 时，建立问题的可拓模型为 $P=(g_1\wedge g_2\wedge\cdots\wedge g_n)*l$。若 $(g_i\wedge g_j)\uparrow l$（$i<j$，$i$，$j=1, 2, \cdots, n$），则问题 P 为多目标对立问题。此时必须首先确定对应于每个目标 g_i 的问题 P_i（$i=1, 2, \cdots, n$）中的核问题，再求出对立的目标之间的共存度，从而确定各对立问题；若 $g_i\uparrow l$（$i=1, 2, \cdots, n$），则问题 P 为多目标不相容问题，可参照类似的方法确定不相容问题的核问题。③全局目标问题的界定。设目标 g 为全局目标，条件为 l，则建立问题的可拓模型为 $P=g*l$。此时需首先进行蕴含分析，建立问题的蕴含系统以寻找下位问题 p，如图 7.3 所示。然后确定下位问题中的关键问题，并把它作为解决上位问题的关键问题。

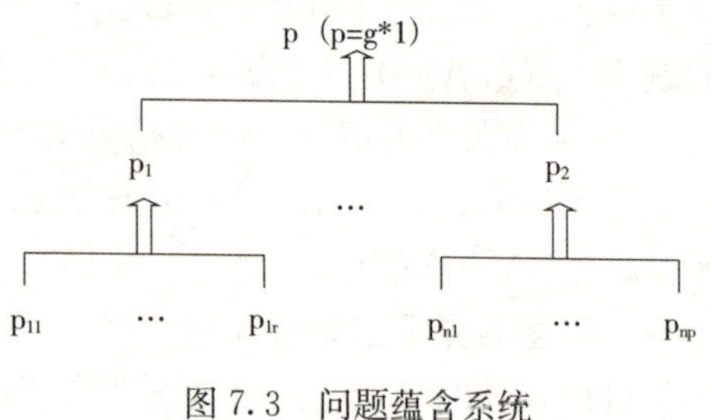

图 7.3　问题蕴含系统

7.1.2　矛盾问题的可拓模型

1. 不相容问题的可拓模型

不相容问题的解决有三种思路：目标不变，通过条件的变换使矛盾化解；条件不变，通过对目标的变换使矛盾问题化解；目标和条件同时改变，使矛盾问题化解。当需要通过条件的变换解决矛盾问题时，则可以以实现目标所必需的量域为限制、以条件中相应的基元为对象建立可拓集，进而寻求变换，以使不相容问题转化为相容问题；当需要通过目标的变换解决矛盾问题时，则可以以条件能提供的量域为限制、以目标中与条件相应的基元为对象建立可拓集，进而寻找变换，使不相容问题转化为相容问题。这里以第一种思路的情况给出不相容问题的形式化定义。

给定问题 $P=G*L$，其中 G，L 为基元、复合元或基元的运算式。设 c_0 为评价特征，c_{0s}为目标G 实现时关于 c_0 所需要的特征，正域为 X_0，量值域为 X，且 $X_0\subset X$，C_{0t}为条件L 中的对象元 Z_0 关于 c_0 所提供的特征，量值为 $c_{0t}(Z_0)$，$Z_0\in\{M, A, R\}$，记为：

$g_0=(Z_0, c_{0s}, X_0)$，$l_0=[Z_0, c_{0t}, c_{0t}(Z_0)]$

称 $p_0=g_0*l_0$ 为问题 P 的核问题，有：$(g_0\downarrow l_0)\Rightarrow G@$。

对于较简单的问题，只需用主观判断的方法即可判定是否为不相容问题。对于复杂问题，可通过建立问题 P 的可拓集合，用定量化的方法来判断问题 P 是否为不相容问题，并给出其相容与不相容的程度——相容度，具体方法如下：

作 $W=\{l\mid l=[Z,c_0, c_0(Z)]=(Z, c_0, x), Z\in\{M, A, R\}, Z_0-\mid Z\}$，以 X_0（$X_0\subset X$）为正域，建立 l 关于 c_0 的相容度函数 $k(x)$（其建立方法与关联函数相同），作可拓集：

$\widetilde{E}(T)=\{(l, y, y')\mid l\in T_WW, y=K(l)=k(x)\in(-\infty, +\infty), y'=T_KK(T_ll)\in(-\infty, +\infty)\}$

其中，$T=(T_W, T_k, T_l)$，其中 T_W 是对论域 W 的变换，T_K 是对相容度函数的变换，T_l 是对元素 l 的变换。记 $K_0(P)=K(l_0)=k[c_{0t}(Z_0)]$，称之为问题 P 的相容度。若 $K_0(P)<0$，则问题 P 为不相容问题；若 $K_0(P)>0$，则问题 P 为相容问题；若 $K_0(P)=0$，则问题 P 为临界问题。$K_0(P)$ 值越大，问题的相容度越高，反之则不相容度越高。

2. 对立问题的可拓模型

为建立对立问题的可拓模型，首先给出对立问题的定义。

给定问题$P=(G_1 \wedge G_2) * L$，其中G_1，G_2，L为基元、复合元或基元的运算式。设c_0为评价特征，Z_1和Z_2为目标G_1和G_2所涉及的对象，c_{0s}为Z_1和Z_2关于c_0所需要的特征，量值的正域为X_{10}，X_{20}，量值域为X_1，X_2，且$X_{10} \subset X_1$，$X_{20} \subset X_2$。对象元为

$$g_{10}=(Z_{10}, c_{0s}, X_{10}), \; g_{20}=(Z_{20}, c_{0s}, X_{20})$$

c_{0t}为条件L对应于目标的对象c_0所提供的特征，量值为$c_{0t}(Z_{10})$，$c_{0t}(Z_{20})$，条件元记为

$$l_{10}=[Z_{10}, c_{0t}, c_{0t}(Z_{10})], \; l_{20}=[Z_{20}, c_{0t}, c_{0t}(Z_{20})]$$

则称$P_0=(g_{10} \wedge g_{20}) * (l_{10} \wedge l_{20})$为问题$P$的核问题，有：$(g_{10} \wedge g_{20}) \downarrow (l_{10} \wedge l_{20}) \Rightarrow (G_1 \wedge G_2)$ @。

同理，对于较简单的问题，只需用主观判断的方法即可判定是否为对立问题；对于复杂问题，可通过建立问题P的可拓集合，用定量化的方法来判断问题P是否为对立问题，并给出其对立问题对立的程度——共存度。具体方法如下：

记$U=\{l_1 \mid l_1=(Z_1, c_0, x_1), Z_1=\{M, A, R\}, Z_{10}=-\mid Z_1\}$

$V=\{l_2 \mid l_2=(Z_2, c_0, x_2), Z_2=\{M, A, R\}, Z_{20}=-\mid Z_2\}$

作二元可拓集

$\widetilde{E}(l_1, l_2)=\{(l_1, l_2), y, y' \mid l_1 \in T_U U, l_2 \in T_V V, (l_1, l_2) \in T_U U \times T_V V,$

$y=K(l_1, l_2)=k(x_1, x_2), y'=T_K K(T_{l_1} l_1, T_{l_2} l_2)=k'(x'_1, x'_2)\}$

称$K_0(P)=K(l_{10}, l_{20})=k[c_{0t}(Z_{10}), c_{0t}(Z_{20})]$为问题$P$的共存度。若$K_0(P)>0$，称问题$P$为共存问题；若$K_0(P)<0$，称问题$P$为对立问题；若$K_0(P)=0$，称问题$P$为临界问题。$K_0(P)$值越大，问题的共存度越高，反之则对立程度越高。

7.1.3 矛盾转化的思想

1. 不相容问题的求解方法——可拓策略生成方法

要使不相容问题 P 转化为相容，关键在于寻找变换 $T=(T_W, T_K, T_P)$，使

$$T_K K(T_P P)=K'(P')>0$$

所谓可拓策略，是使不相容问题的相容度从不大于 0 变为大于 0 的可拓变换或可拓变换的运算式，即不相容问题的解变换。可拓策略生成的理论基础是可拓论，目的是解决不相容问题，其基本思路如下：

(1) 首先对实际问题界定目标和条件，然后运用基元表示体系建立问题的可拓模型。

(2) 根据实际问题提供的指标和要达到的目标所需要的相应指标的取值（范围），确定问题的核问题。

(3) 建立不相容问题的相容度函数，判断问题不相容的程度。

(4) 确定先对目标还是条件进行分析：若目标不变，首先对条件进行分析；若条件不变，首先对问题的目标进行分析；若目标和条件都需要进行分析，则先分析条件再分析目标，合并建立问题的相关——蕴含树。

(5) 对相关树或蕴含树的树叶进行发散分析或共轭分析，然后进行可拓变换，再根据传导变换形成传导变换蕴含树。

(6) 对变换后形成的问题，再计算其相容度函数的值，若相容度由变换前的不大于 0 变为大于 0，则此可拓变换或变换的运算式即为解决不相容问题的可拓策略。

2. 对立问题的求解方法——转换桥方法

根据共存度的概念，要使对立问题转化为共存问题，关键在于寻找变换，以使对立问题的共存度从不大于 0 变为大于 0。给定对立问题 $P=(G_1 \wedge G_2) * L$，$(G_1 \wedge G_2) \uparrow L$，若存在变换 T

$=(T_{G_1}, T_{G_2}, T_L)$，使 $(T_{G_1}G_1 \wedge T_{G_2}G_2) \downarrow T_L L$，则称 T 为问题 P 的解变换，它使 G_1 和 G_2 共存。

解变换的变换对象，是使对立转化为共存的必不可少的条件，由于它们在解决对立问题的过程中起到了转化的作用，所以称之为转换桥，记为 $B(G_1, G_2)$。转换桥方法是利用“各行其道，各得其所”的思想，通过设置转换桥，连接或分隔对立双方使之转化为共存的方法。

化对立问题为共存问题的基本步骤如下：

（1）实施对条件 L 的变换 T_L，以形成转折部或变换通道。T_L 可以是对条件中对象的变换或量值的变换，分别形成分隔式转折对象或转折量值。T_L 也可以是对条件基元的一系列变换，可形成变换通道。令 $T_L L=L'$，若 $K_{L'}(G_1, G_2)>0$，则对立问题转化为共存。

（2）实施对目标 (G_1, G_2) 的变换 (T_{G_1}, T_{G_2})，以形成转折部或蕴含通道。(T_{G_1}, T_{G_2}) 可以是对目标中对象或量值的变换，相应形成连接式转折对象或转折量值。也可直接对目标基元进行蕴含分析，形成蕴含通道。令 $T_{G_1}G_1=G'_1$，$T_{G_2}G_2=G'_2$，且 $G'_1 \Rightarrow G_1$，$G'_2 \Rightarrow G_2$，若 $K_L(G'_1, G'_2)>0$，则对立问题转化为共存问题。

（3）同时实施对条件 L 和目标 (G_1, G_2) 的变换，以形成转折部或转折通道、蕴含通道。令 $T_L L=L'$，$T_{G_1}G_1=G'_1$，$T_{G_2}G_2=G'_2$，且 $G'_1 \Rightarrow G_1$，$G'_2 \Rightarrow G_2$，若 $K_{L'}(G'_1, G'_2)>0$，则对立问题转化为共存问题。

7.2 组织矛盾问题的辨识

7.2.1 不相容问题的辨识

由于本书所研究的农机服务组织是在家庭联产承包的前提下，潜在成员（农机大户、散机户、机手、技术人员、普通农民及其他人员）自发形成合作的，以各种农机具为载体的，在农业生产周期中（包括产前、产中、产后，主要指产中）跨越县级以上行政区域进行小麦、水稻、玉米等农作物作业活动并以追求效用最大化为主要目标的各级农机作业服务组织。组织成员虽然在职业和技术水平上有所分化，但绝大多数成员本质上仍是农民，其共同点是受教育年限少，对组织形成与发展规律认知水平低，组织管理知识缺乏，可用于扩大生产投资的资金少。结合前文的分析，认为阻碍农机服务组织发展的客观条件主要是人才短缺、资金匮乏和组织管理水平低下。

从组织发展的人才问题来看，现有的组织成员一般具备熟练的农业机械驾驶技术和一定的维修技术，由于从事农机跨区服务的时间较长，他们还积累了大量的经验。单从跨区作业来看，现有成员的技术水平和经验能满足农机跨区服务的基本要求。但是，从农机服务组织发展和农业机械化发展的角度看，由于他们对农机服务组织和农业机械化发展的规律认知水平低，管理组织的水平也很低，在越来越激烈的市场竞争下，现有成员的综合素质与农机服务组织持续发展的需要是不符合的，从而形成农机服务组织发展中的第一个不相容问题——人才问题。

从组织成员扩大组织经营的经济能力即资金问题来看，农民作为一个低收入群体，其较低的收入水平与昂贵的农机（主要是联合收割机等大中型农机）价格是有很大差距的，即使在国家的一系列购机优惠政策下，绝大多数农户对于联合收割机等大中型农业机械也只能“望机”兴叹，很大部分农机服务组织对于扩大组织规模也是无能为力。从农机服务组织发展现状来看，虽然其存在的最大意义是促进农业生产的规模化和生产成本的最小化，但当前绝大多数农机服务组织其本身就是一种“小生产”，在作业过程中未达到投入产出效率的最优化。这里的“小”主要是指组织人员少、管理差，所拥有的农业机械数量少。正如前文所述，随着我国农业的进一步发展，一些规模小、管理差的农机服务组织要么被淘汰，要么被迫进行联合。为了使组织做大做强、持续发展，需要大量的资金作后盾，从而形成农机服务组织发展中的第二个不相容问题——资金问题。

从农机服务组织的管理水平来看，由调查结果可知，当前农机服务组织的管理水平十分低下，主要存在的问题包括规章制度不完备，纳新的评判标准不科学，成员加入组织的途径不合理，农机设备所有权归属不清晰，以及对成员行为的控制能力较差等等。在当今社会，管理水平已成为人才、资金之外又一个影响组织发展的重要因素，在农机服务组织的发展中也不例外。随着农机社会化服务市场的日渐成熟，市场竞争的日益激烈和农机服务组织本身的进化，管理水平在农机服务组织的发展中所起的作用将越来越明显，优良的管理机制将成为农机服务组织持续、良性发展的必要条件。当前我国农机服务组织较低的管理水平无疑是阻碍组织发展的又一重大因素，从而形成农机服务组织发展中的第三个不相容问题——组织管理问题。

当然，在农机服务组织的发展中还存在其他不相容问题，如农机质量与作业要求的不相容，作业环境与作业安全的不相容等等。考虑到当前农机装备科技含量日益提高，机具质量普遍较好，服务体系日渐完善，农机质量与作业要求的不相容度较小，不是农机服务组织发展中存在的主要问题。同理，农机服务组织跨区作业的环境虽不完美，但正在逐步改善，近年来农机服务组织跨区作业中安全事故率大大降低，因此作业环境与作业安全的不相容度也较小，不是制约农机服务组织发展的主要因素。

7.2.2 对立问题的辨识

由前文可知，本书研究的农机服务组织其主要目标是在农业生产周期中（包括产前、产中、产后，主要指产中）跨越县级以上行政区域进行小麦、水稻、玉米等农作物作业活动并追求组织效用的最大化。对组织而言，其在追求效益最大化的过程中存在着大量的对立问题，如农机设备的质量与价格问题，成员的付出（主要包括投资数量、劳动付出）与收益问题，组织的收益与委托人的成本问题等等。以农机设备的质量与价格问题为例，组织成员均希望以最低的价格买到质量最好的农机，但农机的质量却受品牌、技术、原材料等多种因素的制约。一般来讲，在技术水平相差不大的情况下，质量越好的农机产品其生产成本也越高，因此其销售价格也相应较高。从这个角度看，组织成员的这个多目标最优化（高质量与低价格）问题就形成一个对立问题。在同时保障组织利益和厂家利益的前提下，解决该对立问题的途径大致有以下几点：一是厂家通过技术进步降低农机具生产成本。二是厂家通过改革其销售体系降低其销售成本。三是不同的农机服务组织相互联合，大批量购买。四是国家或地方政府对组织成员给予相应的购机补贴，或者对厂家给予一定的销售补贴。从现实情况来看，以上途径在很大程度上同时存在并交互发挥作用，共同推动农机质量的提升和农户购机价格的下降，从而使该对立问题逐步转化为共存问题。

限于时间和篇幅，本书重点研究农机服务组织作业过程中组织效用与委托人效用同时提升的问题。该问题是关系到农机服务组织生死存亡的重大问题，因为只有更好地提升了组织的效用，农机服务组织才有持续发展的动力和经济基础，才能刺激更多的农户加入到农机服务的行列中来。同时，只有更好地提升了委托人（农户）的效用，农机服务组织才具备持续存在和发展的前提，才能促进农机社会化服务市场的扩散和成长。同时，二者在本质上又存在对立性，在组织与委托人通过农机跨区作业所形成的二元博弈中，由于农机服务所创造的总价值是一定的，且双方效用的提升均来自对方的付出或服务，因此要提升组织的效用就得牺牲委托人的效用，反之亦然。综上，如何同时提升二者的效用，既扩大农机社会化服务的市场空间，又提高组织从事农机跨区服务的积极性，是一个亟待解决的问题，这对于农机服务组织的发展具有重要意义。

7.3 组织矛盾问题的可拓分析

农机服务组织面临的矛盾问题将对组织的发展的持续性和发展趋势产生重大影响。采用可拓分析方法化解组织面临的矛盾问题并使之转化为相容问题或共存问题，可为组织的良性发展清除障碍，并为组织的改革指明方向。

7.3.1 不相容问题的可拓分析

由于时间和篇幅的限制，本书在此仅对农机服务组织发展进程中的第一个不相容问题——人才问题进行可拓分析，以寻求化解人才不相容问题的可拓策略。对于其他不相容问题，可采用类似的分析方法进行分析和处理。根据前文所述的方法，农机服务组织发展进程中人才不相容问题处理的具体步骤如下：

1. 目标的界定

农机服务组织要持续良性发展，必须具备相应的人才储备，包括组织内部人才即可控人才和组织外部人才即可拓人才，否则会出现以下问题：第一，由于技术人才的短缺，不能顺利地完成组织当前的作业任务，如由于驾驶技术不过关导致交通安全事故，或由于联系业务的能力太弱导致农机设备利用程度不高；第二，由于管理人才的短缺，不能有效地对组织进行管理，导致组织管理混乱，市场竞争力弱；第三，由于领导人才的短缺，不能准确地认知和把握组织发展的方向并进行相应的改革，致使组织的经营行为局限于短期利益，缺乏对组织长期持续发展的思考和改革。

从调查情况来看，农机服务组织人才的短缺主要包括以下几方面：第一，人才结构的短缺。从数量结构看，农机服务组织中往往会有少数几个经验较丰富、文化水平较高、业务素质较强，具备一定管理能力的成员，他们大多在组织中处于领导角色（虽然很多情况下是非正式的）。但绝大多数成员均是普通农民，他们的综合素质与组织发展的需求存在较大差距；从技能结构看，农机服务组织中往往会出现懂驾驶的人员多、懂管理人员少，或是懂维修的人员多、懂业务的人员少等情况。同时由于性别和年龄的影响，致使组织成员结构分布不合理。第二，人才质量的短缺。随着农机社会化服务市场的发育，各组织间的竞争也愈发激励，这就对组织成员的综合素质提出了更高的要求，为了保证组织的顺利运转并促进其持续发展，需求全面提升组织成员的各种素质，如文化水平、业务能力等等。

针对农机服务组织中存在的人才缺失问题，策划的目标是使组织成员的综合素质得到全面提升，能顺利完成当前的跨区作业任务，促进组织的持续良性发展，并且具有较高素质的成员结构也能满足组织发展的需要。策划的目标可用事元形式化表达为：

$$g=\begin{bmatrix} \text{提升} & \text{支配对象} & \text{成员素质} \\ & \text{施动对象} & \text{农机服务组织} \wedge \text{相关行为主体} \\ & \text{程度} & \text{满足组织运转} \wedge \text{持续良性发展} \end{bmatrix}$$

组织成员的综合素质主要包括文化水平、业务能力、行为控制能力、学习能力、组织管理能力等，可用物元形式化表达如下：

$$R_1=\begin{bmatrix} \text{成员素质} & \text{结构合理性} & v_1 \\ & \text{文化水平} & v_2 \\ & \text{业务能力} & v_3 \\ & \text{行为控制能力} & v_4 \\ & \text{学习能力} & v_5 \\ & \text{组织管理能力} & v_6 \end{bmatrix}$$

在物元 R_1 中，v_1，v_2，…，v_6 是为促进组织顺利运转及持续、良性发展而对成员的各项要求，也是本次策划的具体目标值。值得注意的是，结构是指具备较高素质成员的分布结构，考察的是农机服务组织内人才分布的合理性，其他各项指标均指组织内所有成员的平均值。

2. 条件的界定

如前所述，条件包括资源条件和环境条件。对农机服务组织而言，影响其成员素质提升，人才储备增加的资源条件包括组织成员的思想观念、组织的经济实力、成员获取信息的便捷性、组织内的相关制度（人力管理理念与制度、竞争制度、分配制度）等；环境条件包括农村文化设施完备性、农业信息化水平、组织间的竞争情况、非农就业环境、相关政府部门的引导及相关培训机构的数量等等。

由前文对农机服务组织发展的调查结果看，当前农机服务组织成员绝大多数是农民，其思想与意识相对守旧且小农思想比较严重，组织的经济实力和成员的盈利能力普遍较弱，组织的人力管理制度普遍简单粗放，组织内部的竞争机制、激励机制和分配机制也很不完善，超过70%的受访者表示其所在的组织内根本没有明文的规章制度。另外，从提升组织成员综合素质面临的外部环境来看，由于农村文化设施的缺失和农业信息化水平的低下，组织成员接触信息的渠道十分单一。非农就业环境也是影响其素质提升的一个重要因素，通过非农就业可提升成员多方面的能力，如联系业务的能力。虽然近年来地方相关部门增强了农机服务的力度，但其引导和培训基本局限于必要的水平，距离成员综合素质的全面提升还有很大差距。即使这样，越来越激烈的市场竞争将会迫使组织成员不断提升自身素质，增加组织的人才储备从而增强组织的生存与竞争能力。另外，当前针对农机服务组织甚至是农民专业合作组织的培训机构极少，组织内部基本没有正式的培训，致使组织成员普遍没有接受培训的意识，即使个别成员想要通过接受培训来提升自我，其可选择的机会也很少。

综上，可将本次策划的条件界定为可以利用来提升组织成员素质的外部环境和内部条件，可用物元 l 形式化表达为：

$$l=\begin{bmatrix} \text{条件} & \text{组织内部资源} & R_2 \\ & \text{组织外部环境} & R_3 \end{bmatrix}$$

其中，组织内部资源和组织外部环境可分别用物元形式化表示如下：

$$R_2=\begin{bmatrix} \text{内部资源} & \text{成员的思想观念}A & x_{01} \\ & \text{组织的经济实力}B & x_{02} \\ & \text{成员获取信息的便捷性}C & x_{03} \\ & \text{组织制度的合理性}D & x_{04} \end{bmatrix}$$

$$R_3=\begin{bmatrix} \text{外部环境} & \text{农村文化设施完备性}E & x_{05} \\ & \text{农业信息化水平}F & x_{06} \\ & \text{组织间的竞争情况}G & x_{07} \\ & \text{非农就业环境}H & x_{08} \\ & \text{相关培训机构的可用性}I & x_{09} \\ & \text{政府部门的引导}J & x_{010} \end{bmatrix}$$

3. 问题的界定

可拓策划要解决的主要是如何使不相容问题化为相容及如何使对立问题化为共存。在界定了策划目标和条件之后，首先应建立问题的可拓模型：

$$P=g*l=\begin{bmatrix} \text{提升} & \text{支配对象} & \text{成员素质} \\ & \text{施动对象} & \text{农机服务组织}\wedge\text{相关行为主体} \\ & \text{程度} & \text{满足组织运转}\wedge\text{持续良性发展} \end{bmatrix}*$$

$$\begin{bmatrix} \text{条件} & \text{组织内部资源} & R_2 \\ & \text{组织外部环境} & R_3 \end{bmatrix}$$

如果在条件 l 下，目标 g 不能实现，则称问题 $P=g*l$ 为不相容问题，记为 $g\uparrow l$。如果目标 g 能实现，则称为相容问题，不需进行可拓分析。

取评价特征 c_{01}＝结构合理性，c_{02}＝受教育年限，c_{03}＝业务能力，c_{04}＝行为控制能力，c_{05}＝学习能力，c_{06}＝组织管理能力。

它们是条件 l 关于目标中的对象“成员素质”所要求的特征。设有 $X_{01}=[0,100]$，$X_{02}=[0,16]$，$X_{03}=[0,100]$，$X_{04}=[0,100]$，$X_{05}=[0,100]$，$X_{06}=[0,100]$。其中，结构、业务能力等的取值范围均设为 [0，100]，最差为 0，最好为 100；受教育年限为 [0，16]，即从文盲到大学本科毕业。记

$$g_0=\begin{bmatrix}\text{成员素质}A & \text{结构合理性}c_{01} & v_1\\ & \text{受教育年限}c_{02} & v_2\\ & \text{业务能力}c_{03} & v_3\\ & \text{行为控制能力}c_{04} & v_4\\ & \text{学习能力}c_{05} & v_5\\ & \text{组织管理能力}c_{06} & v_6\end{bmatrix}$$

$$l_0=\begin{bmatrix}\text{组织内部资源} & \text{内容} & R_2\\ \text{组织外部环境} & \text{内容} & R_3\end{bmatrix}$$

则问题 P 的核问题为：

$$P_0=g_0*l_0=\begin{bmatrix}\text{成员素质}A & \text{结构合理性}c_{01} & v_1\\ & \text{受教育年限}c_{02} & v_2\\ & \text{业务能力}c_{03} & v_3\\ & \text{行为控制能力}c_{04} & v_4\\ & \text{学习能力}c_{05} & v_5\\ & \text{组织管理能力}c_{06} & v_6\end{bmatrix}*\begin{bmatrix}\text{组织内部资源} & \text{内容} & R_2\\ \text{组织外部环境} & \text{内容} & R_3\end{bmatrix}$$

4. 相容度判断

分别以 X_{01}、X_{02}、X_{03}、X_{04}、X_{05}、X_{06} 为正域，建立可拓集：

$\widetilde{E}(T)=\{(g,y,y')\mid g\in T_W W,\ y=k(x_1)\wedge k(x_2)\wedge k(x_3)\wedge k(x_4)\wedge k(x_5)\wedge k(x_6)\in I,\ y'=T_K K(T_l l)\in I\}$

假设农机服务组织成员素质满足当前组织运转及组织持续良性发展需要时所需要的成员素质量值如下：$v_1=[80,100]$，$v_2=[9,16]$，$v_3=[85,100]$，$v_4=[70,100]$，$v_5=[75,100]$，$v_6=[75,100]$，而某农机服务组织在现有条件 l 下所能达到的相应值如下：$v_{01}=55$，$v_{02}=7$，$v_{03}=60$，$v_{04}=45$，$v_{05}=55$，$v_{06}=55$，建立简单关联函数为：

$$k_1(v_{01})=\frac{v_{01}-80}{100-80}=\frac{-25}{20}=-1.25,\ k_2(v_{02})=\frac{v_{02}-9}{16-9}=\frac{-2}{7}=-0.29$$

同理可算得 $k_3(v_{03})=-1.67$，$k_4(v_{04})=-0.83$，$k_5(v_{05})=-0.8$，$k_6(v_{06})=-0.8$

显然，问题 P 的相容度为：$K(P)=k_1(v_{01})\wedge k_2(v_{02})\wedge k_3(v_{03})\wedge k_4(v_{04})\wedge k_5(v_{05})\wedge k_6(v_{06})<0$，即问题 $P=g*l$ 为不相容问题。

5. 可拓策略的生成

由于成员素质一定要提升，否则农机服务组织就不能正常运转或不能持续良性发展，因此必须利用条件 l_0 的变换来解决此不相容问题。由于条件 l_0 包含组织内部资源条件 R_2 和组织外部环境条件 R_3，因此需逐一进行变换以生成可拓策略。

首先对 R_2 进行可拓变换，由前文的分析可知，

$$R_2=\begin{bmatrix}\text{内部资源} & \text{成员的思想观念}\ A & x_{01}\\ & \text{组织的经济实力}\ B & x_{02}\\ & \text{成员获取信息的便捷性}\ C & x_{03}\\ & \text{组织制度的合理性}\ D & x_{04}\end{bmatrix}$$

由 R_2 可知，提升农机服务组织成员综合素质，增加组织人才数量储备的内部途径主要包括转变成员的思想观念，提升组织的经济实力，提升成员获取信息的便捷性，以及逐步完善组织的各项制度。其中，转变成员的思想观念是根本性策略，这不仅有

利于约束和规范成员的行为，还能促进组织的和谐程度并优化其作业效率；提升组织的经济实力是提高成员素质的经济和物质基础，较好的经济实力不仅能使成员获取更多有用的信息，还能承担成员的各种培训和学习费用；提升成员获取信息的便捷性是提高成员综合素质的重要途径，当前农机服务组织成员由于受思想、地理位置、人文环境、经济条件等多种因素的制约，接收信息的渠道十分狭窄，提升成员获取信息的便捷性将大大推动组织成员获取新知识、新技能和其他有用信息的进程；完善组织的各项规章制度能从制度约束和反作用的角度来提升成员的综合素质，如科学公平的纳新制度可能吸纳到更多具有较高素质的成员，完善的竞争与分配制度能促进组织成员的自我学习与提升等等。

对 R_2 进行发散分析：

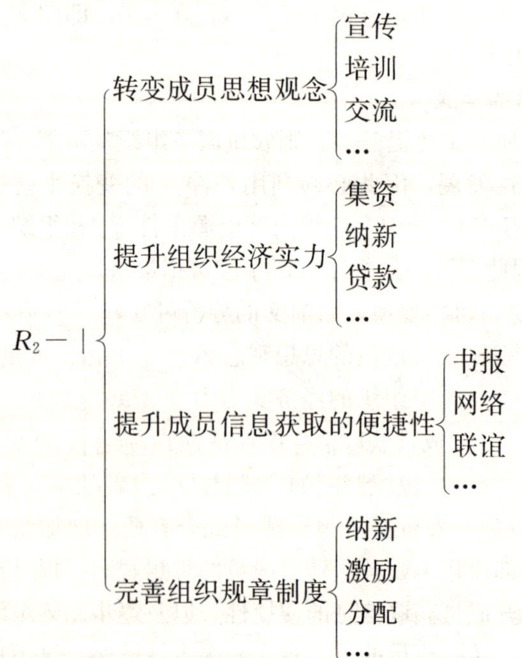

由组织内部资源的发散分析可知，该组织的优势资源为软资源——关系资源，而其硬资源——实物资源却是劣势资源。从转变成员思想观念来看，农机服务组织的领导者可引导成员关注外界的各种宣传，或在组织组织内部进行相关思想和知识的宣传，以扩大视野和知识面。也可通过组织内部培训或组织成员参加其他相关培训来逐步消除守旧思想、小农思想等负面思想的影响。还可引导成员与其他组织成员、外出打工返乡人员和外来人员多交流思想，通过外来思想的冲击使不利于组织发展的旧思想逐步淡化与消除。由此可见，要转变成员的思想观念，至少可以做如下三种条件的变换：

(1) $T_1A=A'$，$A'>A$。其中，$T_1=$“引导成员关注外界相关的宣传，或在组织内部进行相关宣传”

(2) $T_2A=A'$，$A'>A$。其中，$T_2=$“进行组织内部培训或组织成员参加第三方培训”

(3) $T_3A=A'$，$A'>A$。其中，$T_3=$“引导成员与组织外人员尤其是外来人员多交流”

以上各种变换的目的是转变成员固有的某些陈旧观念，使接受宣传后成员的思想观念优度有所提高，并能适应组织顺利运转和持续良性发展的需要。

从提升组织经济实力看，由于组织成员相比普通农户大多经济相对宽裕，可通过组织成员集资来筹集提升成员素质所需资金，或者通过吸纳新成员入股的方式来增强组织的经济实力，但此时入股资产应限定为资金。当然，也可通过银行贷款的方式来筹集资金，使组织具备提升成员素质所必须的资金。由此可见，要提升组织的经济实力，至少也可以做如下三种条件的变换：

(1) $T_4B=B'$，$B'>B$。其中，$T_4=$“组织内部成员集资”

(2) $T_5B=B'$，$B'>B$。其中，$T_5=$“通过吸纳新成员筹集资金”

（3）$T_6B=B'$，$B'>B$。其中，$T_6=$ “通过银行贷款筹集资金”

以上各种变换的目的是提升农机服务组织的经济实力，使组织的经济实力能适应提升成员素质的各种需要。

同理可以通过实施变化 $T_7=$ “购买或订阅各种书报”，$T_8=$ “搭建或利用互联网平台”，$T_9=$ “与其他组织进行联谊并共享各种有用信息”以提升组织成员获取信息的便捷性。也可通过变换 $T_{10}=$ “改善组织的纳新制度”，$T_{11}=$ “改善组织的激励制度”，$T_{12}=$ “改善组织的分配制度”来完善组织的各项规章制度并通过制度约束与反作用来促进成员素质的提升。至于如何改善农机服务组织的纳新制度、激励制度和分配制度，可通过发散分析或相关分析进一步深入研究，此略。

通过以上变换 $T_1 \wedge T_2 \wedge \cdots \wedge T_{12}$，可使该农机服务组织的内部资源 R_2 得到优化，使之与提升组织成员的综合素质，促进组织的持续良性发现相适应。当然，对于 R_3 所包含的组织所面临的影响组织成员素质提升的各项外部具体条件如农村文化设施完备性、农业信息化水平、组织间的竞争情况等等，也可采用类似的分析并得到相应的可拓变换策略。

6. 相容度二次判断

如前所述，对变换后形成的问题，再计算其相容度函数的值，若相容度由变换前的不大于 0 变为大于 0，则此可拓变换或变换的运算式即为解决不相容问题的可拓策略。对于本次策划，假定通过条件转换后该农机服务组织人才提升的条件 l 下各变量所达到的相应值如下：$v'_{01}=82$，$v'_{02}=10$，$v'_{03}=88$，$v'_{04}=75$，$v'_{05}=80$，$v'_{06}=85$，同样可建立简单关联函数为：

$$k_1(v'_{01})=\frac{v'_{01}-80}{100-80}=\frac{2}{20}=0.1\ ,\ k_2(v'_{02})=\frac{v'_{02}-9}{16-9}=\frac{1}{7}$$

$=0.14$

同理可算得 $k_3(v'_{03})=0.2$，$k_4(v'_{04})=0.17$，$k_5(v'_{05})$

$=0.2$，$k_6(v'_{06})=0.25$

显然，问题 P 的相容度为：$K(P)=k_1(v'_{01})\wedge k_2(v'_{02})\wedge k_3(v'_{03})\wedge k_4(v'_{04})\wedge k_5(v'_{05})\wedge k_6(v'_{06})>0$，即通过以上可拓变换，问题 $P=g*l$ 转化为相容问题。即有：

$$\left.\begin{array}{l}T_1\wedge T_2\wedge\cdots\wedge T_{12}\Rightarrow R'_2\\ T_{13}\wedge T_{14}\wedge\cdots\Rightarrow R'_3\end{array}\right\}\Rightarrow l'\Rightarrow g_0\Rightarrow g$$

7.3.2 对立问题的可拓分析

如前所述，本书重点研究农机服务组织作业过程中组织效用与委托人效用同时提升的问题。虽然在农机服务组织内部存在许多非理性行为如公平、互惠与利他，但组织整体行为却趋于理性化，其一直在追求效用的最大化，即在组织成员相互合作的基础上通过跨区作业追求组织整体效用的最大化。同时，接受农机服务的委托人也在追求自身效用的最大化，均希望以最小的投入达成最大的产出。委托人的效用最大化要求农机服务组织必须从效用层面为其提供具有最大效用的服务，使其能够更多地体验到农机跨区服务的实际效用。农机服务组织只有实现作业过程中各个构成要素的效用创新，才能最终实现委托人的效用最大化。同时，由于组织也在追求效用最大化且组织的效用主要来源于委托人，因此组织获得效用的前提是满足委托人的效用最大化要求，也就是说组织需通过提升委托人的效用来提升自己的效用水平。从农机服务组织效用和委托人效用的涵义来看，组织的成本与委托人的效用是同方向变化的，而组织的效用与委托人的成本也是同方向变化的。因此，当农机服务组织欲同时提升委托人效用和其本身效用时，就不可避免地要产生效用矛盾。

在农机跨区作业的实际过程中，将会有很多组织参与竞争，每个组织都将与委托人发生效用矛盾，但委托人在一次作业委托的过程中最终只会选择一家组织。为了简化问题，假定本书所研究的组织 W 只与一个委托人 U 产生业务联系，即发生效用矛盾，组织与其他委托人的效用矛盾可采用类似的分析。

1. 组织与委托人效用对立问题的可拓模型

如果在 t_0 时刻，委托人 U 的效用为 V_1，组织 W 的效用为 V_2，组织所使用的策略（或策略组合）为 M，则可建立如下用目标和条件表示的可拓模型。

组织 W 的目标可用如下动态物元表示：

G_1（t_1）＝［委托人 U　效用　V_1（t_1）］，V_1（t_1）$>V_1$（t_0），G_2（t_1）＝［组织 W　效用　V_2（t_1）］，V_2（t_1）$>V_2$（t_0）

条件用物元表示为：

l_1（t_0）＝［委托人 U　效用　V_1（t_0）］　l_2（t_0）＝［组织 W　效用　V_2（t_0）］

l_3（t_0）＝［组织 W　使用的策略　M］＝［W　c_0　M)］

其中，t_0 和 t_1 分别表示农机跨区作业前后，c_0 表示在跨区作业过程中组织 W 所采取的使其自身和委托人 U 效用均得到提升的策略，M 表示相应的策略集。

根据组织效用和委托人效用的涵义，提升组织效用就必然损害委托人效用，反之亦然。因此，组织在目前的组织效用和委托人效用以及所采用的作业策略条件下，实现提升组织效用和委托人效用这两个目标之间存在矛盾，即问题 $P=$［G_1（t_1）$\wedge G_2$（t_1）］$*$［l_1（t_0）$\wedge l_2$（t_0）$\wedge l_3$（t_0）］为对立问题。通过对目标和条件进行可拓分析，可为组织寻找提升自身效用及委托人效用的途径，并生成相应的策略集。

2. 目标的可拓分析

考虑到组织在与委托人交易的过程中需实现双赢，其要实现的目标有两个：一是提升委托人的效用目标，简写为 CO。二是提升其自身的效用目标，简写为 OO。下面分别对这两个目标进行可拓分析[180,99]。

（1）对 CO 的蕴含分析。此时农机服务组织的目标是提升委

托人 U 的效用，但组织必须首先明确如何提高委托人的效用。由于不同委托人的关键利益点不尽相同，因此组织需要找到不同委托人所关注的效用核心，采取相应的策略，才能达到真正提升委托人效用的目的。假设在本次交易中委托人最关注的效用是降低成本并提高收益，而委托人的效用取决于他的认知利益 e_c 和认知成本 c_c[99]，假设提升效用后委托人的认知利益和认知成本分别为 e'_c 和 c'_c，则可对组织的目标 G_1 进行蕴含分析并确定提升委托人效用的蕴含通道，这里仅对提升认知利益和降低认知成本两种情况进行分析，如图 7.4 所示。

根据图 7.4 对 CO 进行的蕴含分析，可得到如下蕴含通道：

D_1：$[l_{111} \vee l_{112} \vee l_{113} \Rightarrow l_{11}(t_1) \Rightarrow l_1(t_1) \Rightarrow G_1(t_1)] \vee [l_{121} \vee l_{122} \Rightarrow l_{12}(t_1) \Rightarrow l_1(t_1) \Rightarrow G_1(t_1)]$

从蕴含通道可以得到提升委托人效用的如下途径：

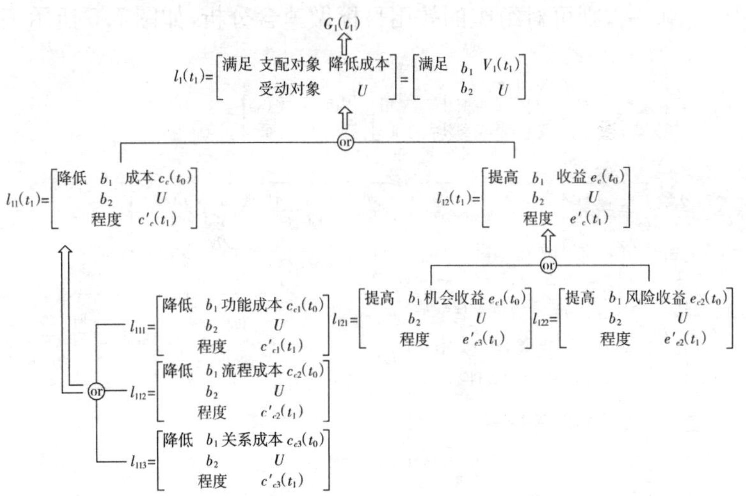

图 7.4　委托人效用目标蕴含系

①降低组织成本，即 $c'_c(t_1) < c_c(t_0)$，包括降低功能成本、流程成本、关系成本。其中，功能成本是指委托人自己购买

农机具的成本，流程成本主要指时间成本和付出的劳动成本，关系成本是指在委托人自己作业的情况下聘请亲戚、邻居帮忙的关系成本。②提高委托人收益，即 $e'_c(t_1) > e_c(t_0)$，包括提高机会收益和风险收益。其中，机会收益是指委托人可利用节约的时间去创收，风险收益是指通过组织作业有利于委托人抢农时并避免自然风险。③既提高组织收益又降低组织成本，即 $e'_c(t_1) > e_c(t_0)$ 且 $c'_c(t_1) < c_c(t_0)$。

（2）对 *OO* 的蕴含分析。对农机服务组织而言，在作业过程中除了要提升委托人的效用 *CO*，还必须得提升组织自己的效用 *OO*。也可以认为理性的组织会通过提升 *CO* 来最终提升 *OO*，即提升 *CO* 只是手段，提升 *OO* 才是组建组织并外出作业的最终目的。同样，组织的效用水平也取决于组织自身的认知利益 e_o 与认知成本 c_o，假定跨区作业后组织 *W* 的认知利益和认知成本分别为 e'_o 和 c'_o，则可对组织的效用目标做蕴含分析，如图 7.5 所示。

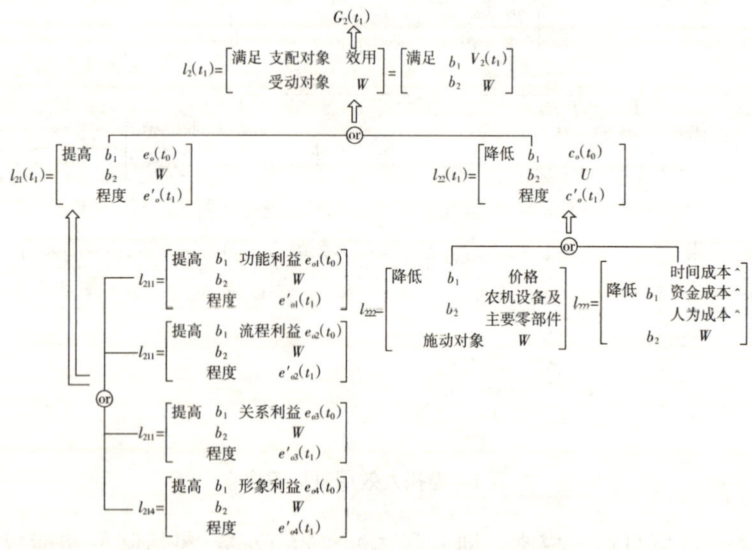

图 7.5　组织效用目标蕴含系

根据图 7.5 对 OO 的蕴含分析，得到提升组织效用的蕴含通道如下：

D_2：$[l_{211} \vee l_{212} \vee l_{213} \vee l_{214} \Rightarrow l_{21}(t_1) \Rightarrow l_2(t_1) \Rightarrow G_2(t_1)] \vee [l_{221} \vee l_{222} \Rightarrow l_{22}(t_1) \Rightarrow l_2(t_1) \Rightarrow G_2(t_1)]$

从蕴含通道可以得到提升委托人效用的如下途径：①提高组织的认知利益，使 $e'_c(t_1) > e_c(t_0)$，包括提高功能利益、流程利益、关系利益和形象利益。其中，功能利益指提升组织的农机装备水平，流程利益指通过提升组织的管理水平来降低作业成本，关系利益是指提升组织内部成员之间或组织与其他组织、委托人之间的关系，形象利益是指提升组织的口碑并尽可能树立品牌形象。②降低组织的认知成本，使 $c'_c(t_1) < c_c(t_0)$，包括降低价格成本、时间成本、资金成本和人力成本。其中，价格成本是指农业机械的购置成本和维修过程中主要零部件的购置成本，时间成本是指在跨区作业过程中用于迁徙的时间成本和作业过程中的时间成本，资金成本是指联系业务的成本和作业过程中的维修成本、油耗成本及食宿成本等，人力成本是指在作业过程中投入的人力资源数量及质量。③既提高组织的认知利益又降低组织的认知成本，使 $e'_c(t_1) > e_c(t_0)$ 且 $c'_c(t_1) < c_c(t_0)$。

3. 条件的可拓分析

影响组织实现效用目标的条件有三个：一是当前委托人的效用状况，简写为 CC；二是组织自身当前的效用状况，简写为 OC；三是组织当前所使用的策略或策略组合，简写为 OM。下面分别对以上三个条件进行可拓分析。

①CC 的可扩分析。农机服务组织在 t_0 时刻的客户（委托人）资源 U 可以根据其效用水平划分为 U_1，U_2，…，U_n，其效用总和分别为 v_{11}，v_{12}，…，v_{1n}，则有：

$$l_1(t_0) = [U \quad 效用 \quad V_1(t_0)] = [U \quad 效用 \quad v_{11} \oplus v_{12} \oplus \cdots \oplus v_{1n}]$$

②OC 的发散分析。农机服务组织在 t_0 时刻的效用是主要是由现有客户创造的，假设不同的客户（委托人）对组织创造的效

用分别为 v_{21}，v_{22}，…，v_{2n}，则有：

$$l_2(t_0)=[W\quad 效用\quad V_2(t_0)]=[W\quad 效用\quad v_{21}\oplus v_{22}\oplus\cdots\oplus v_{2n}]$$

③OM 的发散分析。农机服务组织欲在跨区作业过程中同时提升委托人效用和自身效用，需要采取一系列策略。对组织所采用的策略进行发散分析，可以得到如下多种策略：

$$l_3(t_0)=[W\quad c_0\quad M]-\left|\begin{cases}l_{31}(t_1)=[W\quad c_0\quad 低成本策略]=[W\quad c_0\quad M_1]\\ l_{32}(t_1)=[W\quad c_0\quad 差异化策略]=[W\quad c_0\quad M_2]\end{cases}\right.$$

$$\left.\begin{aligned}l_{321}(t_1)&=[W\quad c_0\quad 功能化差异]=[W\quad c_0\quad M_{21}]\\ l_{322}(t_1)&=[W\quad c_0\quad 流程化差异]=[W\quad c_0\quad M_{22}]\\ l_{323}(t_1)&=[W\quad c_0\quad 关系化差异]=[W\quad c_0\quad M_{23}]\\ l_{324}(t_1)&=[W\quad c_0\quad 形象化差异]=[W\quad c_0\quad M_{24}]\end{aligned}\right\}$$

其中，低成本策略 M_1 是组织为了提升委托人和自身效用而采取的策略，其目的是降低农机具与主要零部件的购置成本，以及时间成本、资金成本及人力成本等等。

差异化策略是在跨区作业过程中，农机服务组织为了提升委托人和自身效用而采取的区别于其他农机服务组织的特殊化策略。其中，功能化差异是指在跨区作业过程中农机服务组织通过购置或租赁技术先进、功能完善的农机具从而在作业的质量、效果上优于其他组织，并能根据委托人不同的作业需求提供多种功能的农机作业服务以满足委托人的个性化需求；流程差异化是指农机服务组织通过提升自身的管理水平，能够提供不同于其他服务组织的服务体验，使委托人购买农机服务更加简单、快捷、省钱并得到满意的服务；关系差异化是指农机服务组织在促进内部成员关系和谐的基础上与委托人形成良好的情感纽带，使委托人在情感上接受、信任农机服务组织并尽可能建立长期的农机服务合作关系，在需要抢农时、避风险时农机服务组织能以合理的价格优先对这部分委托人实施作业；形象化差异是指农机服务组织通过优良的作业服务与合理的收费标准树立良好的口碑与品牌，提升其自身在委托人群中的形象。

从以上对提升委托人效用及组织效用的目标和条件的分析可以看出，委托人效用与组织效用之间既存在着矛盾因素，同时又互为因果关系。没有委托人效用的提升也就没有组织效用的改进但委托人效用并不能自动地转化为组织效用。同时，没有组织效用的提升和满足也就没有委托人效用的改善，组织效用的亏损会连带着委托人效用的下降。因此，在农机服务组织的跨区作业过程中，组织需采取适当的策略化解供需双方的效用矛盾，以便在提升委托人效用的同时又能提高组织自身效用。

4. 实施可拓变换，生成可拓策略集

由前文可知，在跨区作业之前，委托人和组织的效用分别为 $l_1(t_0)$ ＝[委托人 U 效用 $V_1(t_0)$] 和 $l_2(t_0)$ ＝[组织 W 效用 $V_2(t_0)$]。在跨区作业的过程中，通过农机服务组织实施策略集 $l_3(t_0)$ ＝[组织 W 使用的策略 M]＝[W c_0 M]，可使委托人和组织在跨区作业后的效用分别变化为 $G_1(t_1)$ ＝[委托人 U 效用 $V_1(t_1)$] 和 $G_2(t_1)$ ＝[组织 W 效用 $V_2(t_1)$]，即可使委托人效用和组织效用同时得到提高。由前文的分析可知，组织要同时提升委托人效用和自身效用，可通过提升功能利益、流程利益、关系利益和形象利益，并要求组织降低其成本即提高经济利益来共同实现。

（1）提升功能利益。如前所述，提升功能利益主要指通过提升作业农机具的技术、性能和作业功能来提高农机跨区作业服务的质量与效果并尽量满足委托人个性化的作业需要。就农机服务组织而言，提升功能利益可通过以下途径实现：①购买或租赁在质量和性能上要优于其他组织的农机具；②通过各种农机具的配合，扩展委托人的选择空间并满足其个性化的作业需求；③提升组织的农机具故障检测及维修水平，使服务过程更加快捷和顺畅。以上三点实施的主体都是农机服务组织，但都是在委托人的要求或市场竞争背景下实施的，是组织化解供需双方效用对立问题所采取的策略。

由此可知，为了同时提升组织和委托人的功能利益，至少可以做如下三种变换：

①$T_1 l_{11}$（t_0）$=T_1$［U　效用　V_{11}（t_0）］＝［U　价值　V_{11}（t_1）］，V_{11}（t_1）$>V_{11}$（t_0）

且 $T_1 l_{21}$（t_0）$=T_1$［W　效用　V_{21}（t_0）］＝［W　效用　V_{21}（t_1）］，V_{21}（t_1）$>V_{21}$（t_0）

其中，$T_1=$"提升组织作业农机具的性能和质量"

②$T_2 l_{11}$（t_0）$=T_2$［U　效用　V_{11}（t_0）］＝［U　价值　V'_{11}（t_1）］，V'_{11}（t_1）$>V_{11}$（t_0）

且 $T_2 l_{21}$（t_0）$=T_2$［W　效用　V_{21}（t_0）］＝［W　效用　V'_{21}（t_1）］，V'_{21}（t_1）$>V_{21}$（t_0）

其中，$T_2=$"丰富组织作业农机具的种类，以满足委托人个性化的作业需求"

③$T_3 l_{11}$（t_0）$=T_3$［U　效用　V_{11}（t_0）］＝［U　价值　V''_{11}（t_1）］，V''_{11}（t_1）$>V_{11}$（t_0）

且 $T_3 l_{21}$（t_0）$=T_3$［W　效用　V_{21}（t_0）］＝［W　效用　V''_{21}（t_1）］，V''_{21}（t_1）$>V_{21}$（t_0）

其中，$T_3=$"提升组织的农机具故障检测及维修水平"

在此处实施的变换 T_1，T_2，T_3 中，农机服务组织究竟应该选取哪一个或者哪几个变换的组合以便以较低的成本更好地提升双方的功能利益，从而优化双方的投入产出水平，需要根据组织的可控资源与可拓资源如农机具的质量、数量与种类，组织的经济实力与人才实力等加以综合考虑。对本书研究的农机服务组织而言，其成员的来源比较单一（农民），作业范围主要是小麦、水稻等主要农作物的收获环节，组织的资金与人才储备也相对薄弱且扩大资金与人才储备的空间有限，因此其快速提升作业农机具质量和性能的可能性不大。可行的策略一是购买一些辅助农机具来优化农机具结构，丰富作业服务的内容。二是吸纳一些维修技术水平较高的新成员，或对原来成员进行培训，提升组织的农机具故障检测及维修水平。

（2）提升流程利益。如前所述，提升流程利益是指农机服务组织通过提升自身的管理水平并降低作业成本，能够提供不同于其他服务组织的服务体验，使委托人购买农机服务更加简单、快捷、省钱并得到满意的服务。提升流程利益可通过以下途径实现：1）提升组织的业务联系能力；2）逐步完善组织的合作机制；3）规范成员的行为表现。由此可知，为了同时提升组织和委托人的流程利益，至少可以做如下三种变换：

①$T_4 l_{12}$（t_0）$=T_4$［U 效用 V_{12}（t_0）］＝［U 价值 V_{12}（t_1）］，V_{12}（t_1）$>V_{12}$］（t_0）

且 $T_4 l_{22}$（t_0）$=T_4$［W 效用 V_{22}（t_0）］＝［W 效用 V_{22} （t_1）］，V_{22}（t_1）$>V_{22}$（t_0）

其中，T_4＝“提升组织的业务联系能力”

②$T_5 l_{12}$（t_0）$=T_5$［U 效用 V_{12} （t_0）］＝［U 价值 V'_{12}（t_1）］，V'_{12}（t_1）$>V_{12}$（t_0）

且 $T_5 l_{22}$（t_0）$=T_5$［W 效用 V_{22}（t_0）］＝［W 效用 V'_{22}（t_1）］，V'_{22}（t_1）$>V_{22}$（t_0）

其中，T_5＝“逐步完善组织的合作机制”

③$T_6 l_{12}$（t_0）$=T_6$［U 效用 V_{12}（t_0）］＝［U 价值 V''_{12}（t_1）］，V''_{12}（t_1）$>V_{12}$（t_0）

且 $T_6 l_{22}$（t_0）$=T_6$［W 效用 V_{22}（t_0）］＝［W 效用 V''_{22}（t_1）］，V''_{22}（t_1）$>V_{22}$（t_0）

其中，T_6＝“规范成员的行为表现”

同理，对于此处实施的变换 T_4，T_5，T_6，也需要根据农机服务组织的可控资源和可拓资源，并结合组织运营的实际情况加以取舍。对 T_4 而言，提升组织的业务联系能力的意义在于尽量减少作业任务联系过程中的中介费用，从而大幅度降低作业成本。在这种情况下，供需双方可借助一定的平台发布供求信息，如需求方—委托人可联合起来，通过当地农机部门借助互联网发布农机服务的需求信息，在网上联系农机服务组织前去作业（这样做的前提是农机服务组织也在同一平台或相关媒介上发布了相关信息），这样可大大减少双方联系业务的成本。当然，就目前我国农机社会化服务市场的发展来看，绝大部分地区还不具备这个条件，这就需要组织专门派出成员或在作业的目的地通过熟人在作业季节到来之前进行业务联系并签署相关契约。就以上两种策略来看，组织专门派出成员联系业务的成本较高，通过作业目的地的熟人联系成本可大大下降。这就要求农机服务组织在作业过程中注重关系利益的提升，通过过去的作业在某一地区树立良好的口碑并尽量结交一些熟人，这对于组织和委托人双方流程利益的提升具有重要作用。对 T_5 而言，组织形成的合作机制在第 4 章已有详细论述，此略。对 T_6 而言，这里所指的规范成员的行为主要是通过组织的规章制度的约束和文化氛围的熏陶来规范成员在作业过程中的负面行为，包括不文明的语言等各种不利于组织形象和利益的其他行为，这样可在一定程度上提升组织的形象利益，减少组织跨区作业过程中各种不必要的纠纷并增加供需双方的效用。

如前所述，农机服务组织化解供需双方的效用对立问题除了要提升功能利益、流程利益外，还需在降低作业成本的同时提升双方的关系利益和形象利益，可采用类似的分析方法进行可拓变换并生成相应的可拓策略。由于时间和篇幅的限制，此略。综上，在农机服务组织的跨区作业过程中，组织应根据自身所掌握的可控资源和可拓资源情况，采取一定的策略集合促使组织和委托人之间的效用对立问题逐步转化为共存问题。至于对具体可拓策略的评价与取舍，需根据各组织的资源情况，结合策略实施的可行性和效果进行综合判定，不能一概而论。

7.4 小结

本章辨识了我国农机服务组织发展过程中存在的矛盾问题（不相容问题和对立问题），并对主要矛盾问题进行了可拓分析，生成了化解矛盾问题的可拓策略集。主要研究内容和结论如下：①当前我国农机服务组织中存在众多不相容问题，如农机质量与作业要求的不相容，作业环境与作业安全的不相容等等，但主要的不相容问题有三个：人才不相容问题、资金不相容问题和组织管理不相容问题，以上问题将对农机服务组织发展的持续性和发展趋势产生重大影响。②组织效用与委托人效用同时提升的问题是当前农机服务组织面临的最大对立问题。如何同时提升组织与委托人的效用，既扩大农机社会化服务的市场空间，又能提高组织从事农机跨区服务的积极性，对于农机服务组织的改革和发展具有重要意义。③界定了农机服务组织中人才不相容问题的目标与条件，构建了人才不相容问题的可拓模型，界定了该问题的核问题并进行了相容度判定，从组织的内部资源和外部资源角度通过对条件的发散分析并实施相应的可拓变换生成了化解组织人才不相容问题的可拓策略，从而使农机服务组织中的人才不相容问题转化为相容问题。④对农机服务组织与委托人效用对立问题进行了可拓分析，建立了组织与委托人效用对立问题的可拓模型，通过对农机服务组织和委托人目标的蕴含分析，提出分别提升组织效用和委托人效用的蕴含通道。通过对目标和条件的蕴含分析并实施可拓变换，确定了同时提升双方价值的可行策略。结果表明，运用可拓策划的思想和方法进行处理后，在农机服务组织跨区作业过程中可以同时提升委托人效用和组织效用，化对立问题为共存问题。

8 农机服务组织发展趋势分析

农业机械化既是一个技术的发展过程，也是一个经济的发展过程，其发展趋势在一定程度上影响和决定着我国农业的发展，而农机服务组织的发展趋势又在一定程度上影响和决定着我国农业机械化的发展。农机服务组织的发展必须适应农业及农业机械化的发展要求才能在促进农业机械化发展的同时推动我国农业现代化的进程。基于以上考虑，本章结合我国农业机械化取得的成就及发展的中远期规划，重点探讨我国农机服务组织的发展趋势问题，包括发展的可持续性、发展的主要方向、发展的指导思想及发展的主要模式等，拟为我国农机服务组织的持续良性发展提供参考。

8.1 发展的背景分析

8.1.1 我国农机化事业取得重大进展

20 世纪 90 年代以来，工业化、城镇化的快速发展和农村劳动力大量转移加快了农业的专业化分工，广大农民对机械化代耕、代种、代收的生产模式需求十分迫切。自 1996 年农业部首次在河南省组织召开全国“三夏”跨区机收小麦现场会，揭开我国大规模组织联合收割机跨区收获小麦的序幕以来，我国农业机械化步入了高速发展阶段。2003 年，全国小麦机收水平达到 72.79%，成为我国第一个基本实现生产全程机械化的粮食作物。此后，农机跨区作业开始从小麦机收向水稻、玉米等农作物的机械化收获和机耕、机播等生产环节拓展，全国农机跨区作业的规模和范围不断扩大，成为我国农机社会化服务的主要模式，初步探索出一条符合国情的农业机械化发展道路，极大地提高了农机利用率和农机经营效益，保障了农业机械化的可持续发展。

2004—2008年，中共中央、国务院围绕“三农”问题连续5年印发中央一号文件，都对加快推进农业机械化提出了明确要求和措施。2004年中央财政开始实施农机具购置补贴政策，补贴总额从2004年的0.7亿元增长到2008年的40亿元，连续几年翻番。与此同时，中央和地方不断加大对农业机械化扶持力度，保护性耕作等重大农业机械化技术推广、示范和工程建设项目开始实施，极大地调动了农民发展农业机械化的积极性。其中，2004颁布的《中华人民共和国农业机械化促进法》是我国第一部农业机械化法律，首次明确了农业机械化在农业和农村经济发展中的法律地位，确立了促进农业机械化发展的扶持措施。以《促进法》为依据，各地不断加快农机化法制建设进程，目前全国农业机械化法律法规体系框架已基本形成，包括农业部的9部行政规章，28个省（自治区、直辖市）的37部地方性法规，22个省（自治区、直辖市）的32部政府规章。这些法律、法规涵盖了农机管理、质量鉴定、技术推广、安全监理、农机维修等领域，为促进和规范我国农业机械化发展发挥了重要作用。在政策扶持和法律规范下，全国农机装备保持了较快的增长速度，结构进一步改善，农机质量、效益同步增长，我国的农业机械化总体上进入了又好又快的发展阶段。

以1978年改革开放初为基点，2007年全国农机总动力达到7.66亿千瓦，增长5.5倍。大中型拖拉机204.8万台，增长2.7倍。联合收割机63.2万台，增长32倍。全国机耕、机播、机收水平为58.9%、34.4%、28.6%，分别提高18.0、25.5和26.5个百分点。此外，高性能、大功率农机逐渐占据主导地位，社会化、市场化的运作模式迅速提高了农机利用率，农业机械化水平显著提高。2007年我国耕种收综合机械化水平达到42.5%，农业劳动力占全社会从业人员比重降至40%以下，这标志着我国农业机械化发展已经由初级阶段跨入了中级阶段。这是我国农业机械化改革开放 30 年实践中具有重大意义的历史性跨越。一方面，耕种收综合机械化水平跨过 40%门槛，说明农业生产方式发生重大变革，机械化生产方式由原来的次要地位开始向主导地位转化；另一方面，农业劳动力占全社会从业人员的比重降低到 40%以下，说明我国农业发展方式发生重大转变，由原来依赖和占用人力资源为主向依靠科学技术和现代农业装备为主转变[181]。

8.1.2　我国农业机械化事业任重而道远

2008 年 9 月 23 日在呼和浩特市召开的首届内蒙古农牧业机械化发展论坛上，农业部农业机械化管理司司长宗锦耀认为，预计到 2020 年，我国主要农作物耕种收综合机械化水平将超过 70%，第一产业的从业人员比重将降到 20%以下，林果业、畜牧业、渔业、设施农业和农产品加工业装备水平将大幅提高，我国将实现农业机械化发展由中级阶段向高级阶段的历史跨越，开辟中国特色农业机械化的广阔道路[182]。这一发展目标绘制了我国农业机械化发展的宏伟蓝图，也对农机服务组织的发展提出了更高的要求和期望。在这一现实背景下，作为农机社会化服务主要载体的农机服务组织承载着艰巨的历史任务，为保证以上目标的顺利实现，其发展趋势需与我国农业及农业机械化发展的客观需求相适应。

8.2　发展的可持续性分析

8.2.1　发展可持续性问题的提出

随着我国农机作业水平的大幅度提高，我国农机装备水平得到极大地提升，农机总动力持续上升（如图 8.1 所示），绝大部分省市的农机总动力和联合收割机拥有量也大幅度增加（如图 8.2、图 8.3 所示）。

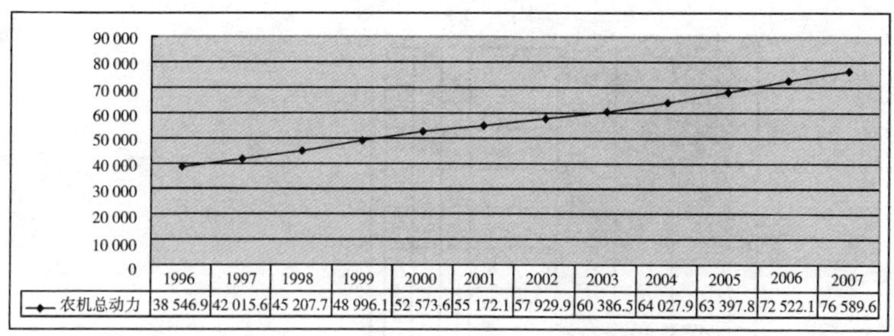

	1996	1997	1998	1999	2000	2001	2002	2003	2004	2005	2006	2007
农机总动力	38 546.9	42 015.6	45 207.7	48 996.1	52 573.6	55 172.1	57 929.9	60 386.5	64 027.9	63 397.8	72 522.1	76 589.6

图 8.1　1996 年以来我国农机总动力变化（单位：万千瓦）

资料来源：历年《中国统计年鉴》

由图 8.1 可知，1996 年以来，在中央和地方政府相关部门的引导和鼓励下，我国农机总动力呈直线上升，可以预见，这一上升趋势还将继续。由图 8.2 可知，近几年绝大部分省市（北京、天津、上海除外）的农机总动力也呈现出大幅度上升趋势，同样可以预见，在国家的一系列鼓励政策下，这一上升趋势也将继续。由图 8.3 可知，2001—2006 年，我国绝大多数省市联合收割机拥有量也大幅度增加，其中以山东、江苏和湖南增长最快，也有少数地区如北京、上海的联合收割机拥有量有所降低。

农机服务组织形成和发展的前提是各地区农机化发展水平的不均衡和全国范围内农机装备资源的整体稀缺。由图 8.1、图 8.2 和图 8.3 可推知，按照当前我国整体及各省市农机装备水平的发展速度与趋势，在不久的将来我国的农机装备将趋于饱和状态，包括结构的饱和和整体的饱和。所谓结构的饱和，是指各地区在某种主要农作物的农机装备水平上趋于饱和。所谓整体的饱和，是指各地区在主要农作物的农机装备水平上均趋于饱和。当各地区的农机装备水平均达到自给自足甚至供大于求时，农机服务组织存在的前提已不存在，这就不得不引发人们的思考，到时候农机服务组织还会存在吗？我国的农机社会化服务还能持续多久？

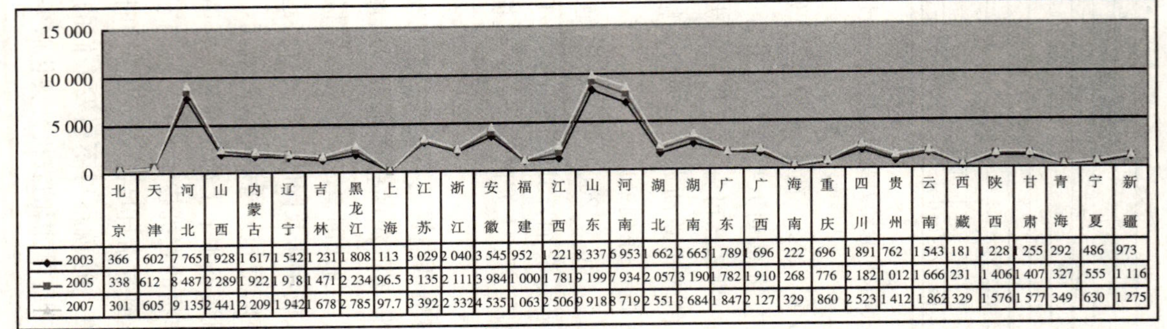

	北京	天津	河北	山西	内蒙古	辽宁	吉林	黑龙江	上海	江苏	浙江	安徽	福建	江西	山东
2003	366	602	7 765	1 928	1 617	1 542	1 231	1 808	113	3 029	2 040	3 545	952	1 221	8 337
2005	338	612	8 487	2 289	1 922	1 9[illegible]8	1 471	2 234	96.5	3 135	2 111	3 984	1 000	1 781	9 199
2007	301	605	9 135	2 441	2 209	1 942	1 678	2 785	97.7	3 392	2 332	4 535	1 063	2 506	9 918

	河南	湖北	湖南	广东	广西	海南	重庆	四川	贵州	云南	西藏	陕西	甘肃	青海	宁夏	新疆
2003	6 953	1 662	2 665	1 789	1 696	222	696	1 891	762	1 543	181	1 228	1 255	292	486	973
2005	7 934	2 057	3 190	1 782	1 910	268	776	2 182	1 012	1 666	231	1 406	1 407	327	555	1 116
2007	8 719	2 551	3 684	1 847	2 127	329	860	2 523	1 412	1 862	329	1 576	1 577	349	630	1 275

图 8.2　近年来各省市农机总动力变化（单位：万千瓦）

资料来源：历年《中国统计年鉴》

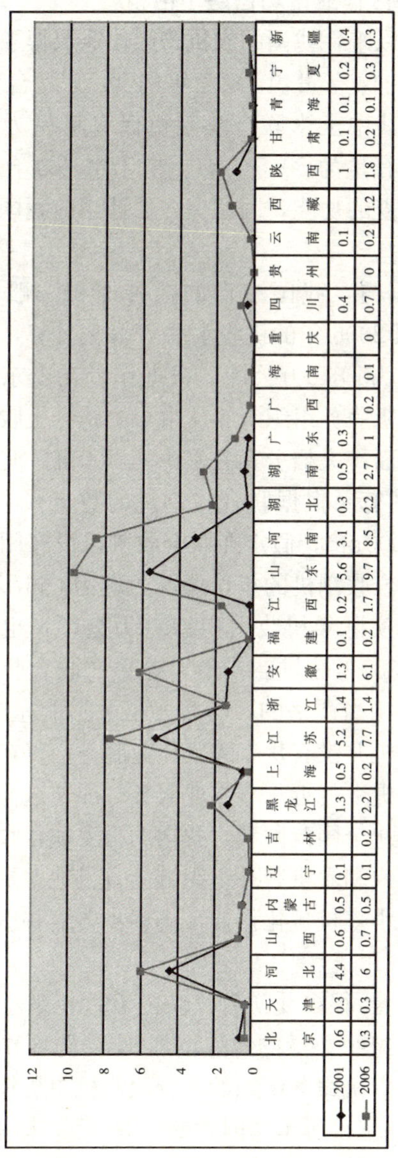

	北京	天津	河北	山西	内蒙古	辽宁	吉林	黑龙江	上海	江苏	浙江	安徽	福建	江西	山东	河南
2001	0.6	0.3	4.4	0.6	0.5	0.1		1.3	0.5	5.2	1.4	1.3	0.1	0.2	5.6	3.1
2006	0.3	0.3	6	0.7	0.5	0.1	0.2	2.2	0.2	7.7	1.4	6.1	0.2	1.7	9.7	8.5

	湖北	湖南	广东	广西	海南	重庆	四川	贵州	云南	西藏	陕西	甘肃	青海	宁夏	新疆
2001	0.3	0.5	0.3				0.4		0.1		1	0.1	0.1	0.2	0.4
2006	2.2	2.7	1	0.2	0.1	0	0.7	0	0.2	1.2	1.8	0.2	0.1	0.3	0.3

图 8.3 2001 年和 2006 年各省市联合收割机拥有量对比（单位：万台）

资料来源：中国农业信息网

1. 我国小麦作业跨区作业市场已趋于饱和

从 20 世纪 90 年代以来，我国的农机跨区作业取得了显著成效。全国联合收割机的保有量由 1997 年的 14.1 万台增加到 2006 年的 56.7 万台，其中玉米联合收割机保有量仅为 1.5 万台，稻麦联合收割机拥有量为 50.5 万台。由于水稻联合收割机一般也同时具备机收小麦的功能，因此保守估计当前我国小麦联合收割机数量为 55 万台。

从历年的统计数据看，我国小麦的播种面积一般保持在 2 350万公顷左右，按照 2006 年的机收水平 78.3%计算，我国小麦的实际年机收面积应为1 840万公顷。根据作者在山东省苍山县的调查，当前我国农机服务组织每年从事小麦跨区机收时，每台联合收割机的年作业面积大概分布在800～1 200亩之间，这里取中间值1 000亩进行估算。根据联合收割机的数量（55 万台）和单机年作业面积（1 000亩），假定在联合收割机没有闲置的情况下，我国当前小麦联合收割机的年作业能力应为3 667万公顷，远大于当前我国小麦的实际年机收面积1 840万公顷，也远大于我国小麦的种植面积2 350万公顷。当然，这里“联合收割机没有闲置”的前提假设是相当严格的，与实际情况不能完全相符。我国有一小半联合收割机并没有从事跨区作业服务，仅在满足机主自已家作业需要的前提下就近从事作业服务。即使这样，我们也可推断出以下结论：从全国范围看，我国的小麦联合收割机已达到饱和状态。如果农户和农机服务组织继续盲目地大量购置小麦联合收割机，将导致小麦机械化作业市场逐步萎缩并造成农机资源的大量浪费。

从实地调查结果来看，很多受访者反映随着近年来小麦联合收割机数量和农机服务组织数量的快速增加，小麦跨区作业市场竞争越来越激烈。很多农机服务组织的联合收割机单机年作业面积逐年下降，加上受柴油涨价等市场因素的影响，近年来跨区作业的经济效益明显下降。事实上，国家相关部门早已意识到这个问题,农业部农机化管理司 2006 年发出预警信号,要求各地谨慎发展小麦联合收割机,并决定不再将小麦联合收割机列入 2007 年农机购置补贴目录。这标志着我国农机社会化服务的发展面临着一个拐点,预示着我国农机社会化服务一个新的发展阶段的到来。

2. 三大粮食作物的机械化水平很不均衡

2008 年中央一号文件提出要“加快推进粮食作物生产全程机械化。”把全程机械化列入重要工作日程。对我国的三大粮食作物——稻谷、玉米、小麦而言，其按面积、产量比重大小排序是：稻谷第一、玉米第二、小麦第三。三大作物面积约占粮食作物面积的 75%，产量约占粮食总产量 87%。所以，三大粮食作物生产机械化是我国粮食作物生产全程机械化最重要、最基本的内容，是保障国家粮食和食品安全的重要技术支撑，是我国农业机械化重中之重。截至到 2007 年底，三大粮食作物的机播、机收水平如表 8.1 所示。

由表 8.1 可知，小麦机收水平由 1997 年的 54.8%增加到 2007 年的 79.17%，基本实现了小麦生产的全程机械化，带动了全国农业机械化的发展。但同时应该看到，我国的农机服务组织大多从事的是小麦跨区机收作业，由于行为惯性、农机具的供求现状、国家的政策等多种因素的制约，对玉米和水稻进行跨区作业的组织很少。以 2006 年为例，我国共跨区机收小麦4 288.72 千公顷，跨区机收水稻 206.72 千公顷，跨区机收玉米 0 公顷。这就导致我国三大粮食作物耕、播、收综合机械化水平的失衡，同时也导致了农机服务组织作业结构和发展方向的失衡。

表 8.1 全国三大粮食作物机播、机收水平（2007 年）

作　物	小麦	水稻	玉米
机播（栽）水平（%）	78.01	11.06	60.47
机收水平（%）	79.17	46.20	7.23

资料来源：2007 年《全国农业机械化统计年报》。

8.2.2 发展方向及前景预测

如前所述，2007 年我国耕种收综合机械化水平达到 42.5%，农业劳动力占全社会从业人员比重降至 40%以下，这标志着我国农业机械化发展已经由初级阶段跨入了中级阶段。为达到 2020 年我国主要农作物耕种收综合机械化水平超过 70%，第一产业从业人员比重降到 20%以下的中远期发展目标，我国的农机化事业任重而道远。作为农机社会化服务的主体，农机服务组织也肩负着艰巨的历史责任。本书认为，当前我国农机服务组织的发展是可持续的，但主要发展方向必须从小麦跨区作业快速拓展到水稻、玉米及其他作物跨区作业上来，作业领域也须由机收快速向机耕、机插、机播等领域拓展。

事实上，在我国的小麦生产基本实现全程机械化，夺取了我国农业机械化第一战役的重大胜利后，我国已开展了向水稻、玉米生产全程机械化进军的第二大战役。农业部先后召开了推进、部署水稻、玉米生产机械化的全国会议，并列为农机购置补贴的重点，积极推进水稻、玉米生产机械化示范基地建设，并已取得重要进展，但当前水稻机栽（插）、玉米机收仍然是制约这两大作物全程机械化的瓶颈。

1. 农机服务组织从事水稻跨区作业的发展前景

水稻是我国种植面积最大、产量最高的粮食作物，常年种植面积近3 200万公顷，约占世界水稻种植面积的 21.4%和世界水稻总产量的 34.5%。全国居民口粮消费结构中，稻谷占 65%左右。提高水稻综合生产能力是保障我国粮食安全的长期战略目标。目前世界上有的国家已经实现了水稻机械化，而我国历经 40 余年周折，直到 20 世纪 90 年代，水稻生产过程中的耕整地、育秧、栽植与收获等机械化才有了较大的进展。

虽然我国水稻生产机械化起步较晚，但近几年来发展速度很快，水稻作业机械保有量得到大幅度提升，如表 8.2 所示。

表 8.2 2001 年以来我国水稻作业机械拥有量变化情况

农机名称＼年份	2001	2002	2003	2004	2005	2006	2007
联合收割机	28.38	31.21	36.22	40.66	47.70	56.78	63.00
半喂入收割机	0.39	0.59	0.77	0.97	1.47	2.27	2.87
机动收割机	10.56	11.24	9.51	8.79			
插秧机	5.74	5.94	6.29	7.09	8.69	11.69	15.69
谷物烘干机	0.45	0.82	0.70	0.87	0.97	1.35	1.43

资料来源：历年《全国农业机械化统计年报》。

由表 8.2 可知，2001 年以来我国水稻收获机械拥有量高速增长，其中全喂入收割机 2007 年增幅有所下降，半喂入收割机逐年增长，机动收割机 2005 年市场基本停销，插秧机连年翻番，近三年进入高速增长阶段。另外，我国的谷物烘干机在 20 世纪 80 年代初超过万台，90 年代末只剩约3 000台，主要原因是当时的机型性能差、成本高。其拥有量在 2003 年后又开始逐年上升，主要原因是选型准确（立式），运行机制创新。

同时应该看到，虽然近年来我国水稻作业机械保有量大幅度上升，但截至到 2007 年我国水稻的机插、机收水平仍然只有 11.06%和 46.20%，远低于小麦的 78.01%和 79.17%。这说明当前我国水稻机械化还处于初级阶段，而且各地区水稻机械化发展水平很不均衡。据农业部水稻机械化插秧专家组组长陆为农预测[183]，从发展时序来看，“十二五”期间将是我国水稻机械化的高速发展阶段。其中，“十二五”末水稻机收率将达 90%以上，水稻机插率将达 50%以上，水稻烘干比率将达 30%以上。“十三五”期间将是我国水稻机械化的技术普及阶段（全面实现阶段），“十三五”末水稻机收、机种植、机烘干三大环节普及率将达 80%以上，主要环节实现机械化并向全程机械化突变；从种植方式来看，到 2020 年我国水稻机插面积将占总种植面积的 75%，机直播率将达到 10%，机摆（钵苗摆栽）率将达到 15%。结合我国水稻机械化的现状及中长期发展趋势，农机服务组织从事水稻跨区机插、机收作业的前景十分广阔，不仅有利于解决由小麦作业机械的结构性饱和引发的农机服务组织发展障碍问题，还能大大提升农机服务组织的作业效益。在具体实施中，一是要借鉴小麦跨区机收的成功经验，完善水稻跨区机收服务措施，推进长江流域的“东西合作”以及重点水稻产区高性能收割机的“南下北上”，扩大水稻跨区机收规模。二要推进水稻机插跨区作业。通过政府引导扶持，加强技术宣传培训示范，强化信息发布和省际间协调，积极推进跨区作业服务，加快机插秧技术普及与应用。

2. 农机服务组织从事玉米跨区作业的发展前景

玉米是我国第二大粮食作物，全国 31 个省、直辖市、自治区都有玉米种植，约占粮食种植面积的 26％和粮食总产量的 30％。我国是全球第二大玉米生产国和消费国，玉米总产量约占世界总产量的 20％。在我国，玉米粮、经、饲兼用，对整个国民经济发展有着巨大的影响。大力发展玉米生产机械化，不仅可以减轻农民的劳动强度，有效争抢农时，而且可以确保农艺措施到位，提高玉米产量，实现玉米生产节本增效。目前，在粮食作物生产全程机械化中，玉米机收是最落后的薄弱环节（见表 8.1），是我国农业机械化进程中必须攻克的带“瓶颈”制约性质的一大难点。在我国，玉米生产没有实现全程机械化，全国就不可能基本实现农业机械化。因而玉米收获机械化也是新阶段国家加快推进的主攻重点和农业机械化发展的新亮点。

虽然我国玉米机械化水平近年来取得了较大的进展，但机播、机收机械化水平尤其是玉米收获机械化水平仍然十分低下，而且各地区之间发展极不平衡，如表 8.3 和表 8.4 所示。

表 8.3　2001—2006 年全国玉米收获机械化发展情况

项目 \ 年度	2001	2002	2003	2004	2005	2006
玉米播种面积/千公顷	24 282	24 634	24 068	25 446	26 358	26 970.9
玉米联合收割机保有量/万台	0.37	0.44	0.41	0.56	0.90	1.50

（续）

项　目 \ 年　度	2001	2002	2003	2004	2005	2006
玉米机械收获面积/千公顷	395.92	428.29	454.31	636.94	821.79	1 248.03
玉米机收水平/%	1.63	1.74	1.89	2.65	3.12	4.73

资料来源：历年《全国农业机械化统计年报》。

由表8.3和表8.4可知，北方玉米种植区（包括吉林、黑龙江、辽宁、内蒙古、山西、陕西、新疆、甘肃、宁夏等9个省、自治区）虽从玉米面积和产量看是我国第一大玉米产区，而且其玉米机播水平已近80%，但由于目前的玉米联合收割机还不适应北方玉米区的作业要求，玉米机收发展较慢，2006年该区玉米机收水平仅为4.70%。事实上，2007年该区玉米机收水平虽达到6.6%，但还低于全国7.23%的平均水平。该区玉米机收难度较大，水平较低，是我国玉米收获机械化发展潜力最大，也是难度较大的地区；黄淮海玉米种植区（包括山东、河北、河南、天津、北京、安徽、江苏等7个省、市）按玉米面积和产量是我国第二大玉米产区。该区的特点是经济比较发达，农机化水平较高，农民对玉米生产机械化认可程度高。当前的玉米联合收割机基本上能适应该区农业生产需要，全国现有的玉米联合收割机约85%在该区。2006年，该区玉米机收水平达到7.03%，远高于其他两个玉米种植区。2007年，该区玉米机收水平约为12%，高出全国平均水平4.7个百分点。其中，山东省2007年玉米机收水平达到23%，高出全国平均水平16个百分点，成为全国玉米收获机械化的领头羊；其他玉米种植区（包括四川、云南、贵州、重庆、广西、湖北、湖南、广东、浙江、福建、江西、海南、上海、西藏、青海等15个省、自治区、直辖市）的特点是玉米在粮食作物中比重较低，该区玉米种植90%分布在丘陵山区和高原，地块小、地形复杂，种植制度一年多熟、一年一熟兼有，以间套作为主，机械作业难度大。2006年，该区玉米机收水平仅为0.02%，远低于其他两大玉米种植区。2007年，该区玉米机播水平仅为0.89%，玉米机收水平仅0.04%。

表8.4 近年来全国玉米收获机械化区域发展情况比较

区域	项目＼年份	2000年	2006年	变化%（2006/2000）
北方玉米种植区	播种面积/千公顷	9 547.90	12 551.20	31.46
	机收面积/千公顷	190.75	589.91	209.26
	机收水平%	2.00	4.70	235
	机播水平%	—	75.81	—
	玉米联合收割机/万台	0.08	0.22	171.00
黄淮海玉米种植区	播种面积/千公顷	8 269.90	9 342.10	12.97
	机收面积/千公顷	195.12	657.00	236.72
	机收水平%	2.36	7.03	297.88
	机播水平%	—	58.19	—
	玉米联合收割机/万台	0.28	1.29	359.21
其他玉米种植区	播种面积/千公顷	5 013.40	4 461.60	11.01
	机收面积/千公顷	3.31	1.07	67.67
	机收水平%	0.07	0.02	28.57
	机播水平%	—	0.77	—
	玉米联合收割机/万台	0	0	0

资料来源：历年《全国农业机械化统计年报》，《中国农业统计年鉴》。

2008年，农业部在前两年开展玉米收获机械补贴试点的基础上，将玉米收获机械纳入了全国补贴范围，并启动了玉米生产机械化示范项目建设工作，在玉米主产区建设10个全国玉米生产机械化示范县，并确定了到2010年全国玉米耕、种、收综合机械化水平超过50%，其中玉米机收水平达到16%、机播水平达到80%的玉米生产机械化短期发展目标[184]。虽然2007年我国玉米耕、种、收综合机械化水平达到42.8%，其中机耕水平达到60%，机播水平达到60.47%，机收水平达到7.23%，但距离2010年的短期规划目标还存在很大差距。2008年国务院原则通过了《国家粮食安全中长期规划纲要》，国务院有关部门和粮食增产潜力较大的地区都在抓紧研究增加粮食生产的规划和措施。在新形势下，国家对玉米生产机械化的支撑力度会更大，玉米生产机械化的快速发展态势正方兴未艾，日益增强，已成为我国农机化事业发展中的一个新亮点。可以预测，农机服务组织从事玉米跨区机耕、机播和机收作业的前景十分广阔，我国的玉米全程机械化进程将为农机服务组织的发展提供新的机遇和平台，必将掀起农机服务组织发展的新高潮。在具体实施中，一是要逐步改进农机产品的设计与质量，促进农机与农艺的结合。同时要加大对购买玉米收割机的补贴力度，扶持各类服务组织发展，创造玉米跨区作业的条件，提高玉米机收水平。二是要根据农业部关于“当前和今后一段时间，全国率先发展黄淮海夏玉米区，积极发展北方春玉米区，有条件的发展南方山地丘陵山区”的战略部署，有规划、有步骤，因地制宜地发展玉米跨区作业。

8.3 发展的思路与模式分析

随着我国农机服务组织的迅速成长和壮大，农机服务组织化程度的明显提高和服务机制的不断创新，农机社会化服务已成为我国社会经济发展中的新亮点。回顾近十几年来我国农机社会化服务的发展历程，其主要特征包括：以跨区作业为主要特征的农机作业市场不断扩大，跨区作业已由小麦机收扩展到水稻机插秧、机收，玉米和马铃薯机收等环节；农机作业服务范围进一步扩宽，从产中向产前、产后延伸，从种植业向畜牧业、农产品产后处理及加工拓展。虽然我国的农机服务组织在农村产业结构调整、农民增收、节本增效等方面发挥了一定的积极作用，但从整体来看，农机服务组织的发展仍处于初级阶段，与我国农业机械化已经进入中级阶段不相符，存在发展不规范、农民参与率低、规模小、带动能力不足等问题，农机服务组织的发展滞后于农业和农业机械化发展的需要[185]。因此，探讨我国农机服务组织的发展模式对于促进其发展并促使其与我国的国情和农业机械化发展的客观需要相适应具有重大意义。

8.3.1 指导思想与原则

未来十年是我国建设社会主义新农村的重要时期，也是我国农业机械化加快发展的重要机遇期。发展农业机械化、建设现代农业和社会主义新农村，对农机社会化服务提出了新的更高要求。结合我国农机社会化服务发展面临的环境和条件，推进农机社会化服务发展的指导思想是：围绕粮食增产、农业增效和农民增收的核心问题，以推进主要粮食作物的全程机械化为目标，以培植新型服务组织、改革和加强基层推广机构、完善政策法规体系为重点，以提高农业机械利用率和经济效益为动力，开展组织创新、机制创新和管理方式创新。建立以农机服务组织和农机大户为主体，农机经营户为基础，基层农机推广、培训、维修、信息服务和投诉监督等服务组织为支撑，政府的支持服务为保障的新型农机社会化服务体系。同时要提高农机社会化服务信息化、品牌化、组织化和规范化程度，推进农机社会化服务市场化、专业化、规模化、产业化，提升农机社会化服务能力、质量和效益，支撑、保障农业机械化水平的提高，增强农业综合生产能力。

在上述指导思想下，我国农机服务组织的发展须坚持以下三个原则：

（1）坚持民办公助的原则。农民是发展农机社会化服务的主体，但农机社会化服务的发展也离不开政府的扶持与引导。农机服务组织的建立和发展要按照“民办、民管、民受益”的方针，由农民自愿组建，共同拥有，自主决策，利益共享，风险共担，自我发展。相关政府部门在发展农机社会化服务中需履行好指导、扶持、规范、服务的职责，尊重农民群众的意愿，把工作重心放在为农机服务组织创造和谐发展环境上来，从服务组织最迫切的需求入手，充分调动广大机手的积极性，引导农机服务组织依法经营，规范经营，诚信经营并持续发展。

(2) 坚持效益为中心的原则。如前所述，效用最大化是绝大多数农机服务组织和成员的主要追求目标，也是促进农机服务组织持续发展的源动力。在农机服务组织的发展进程中，相关政府部门须遵循市场经济规律，引导农机服务组织以我国的农机作业市场需求为出发点，以经济效益为中心，围绕市场求发展，在自愿、互利、平等的基础上，形成合理的利益联结方式，创新有效益的可持续发展模式，促进农机服务组织的持续良性发展。

(3) 坚持市场调节与宏观调控相结合的原则。近年来我国农机服务组织的作业效益逐步下滑，其原因有三：一是作业机械和服务组织数量的大幅度增加且主要集中在小麦作业领域，导致跨区作业市场的萎缩。二是受燃油市场价格的影响。三是散机数量的大幅度增加扰乱了市场秩序。作业效益的下滑可能导致农机服务组织的萎缩。相关政府部门需发挥其宏观调控的功能，引导农机服务组织向水稻、玉米及其他农作物的作业市场拓展，并在有效引导的基础上逐步调节、规范农机社会化服务市场。

8.3.2 发展模式预测

如前所述，随着农机服务组织的迅速成长和壮大，服务模式的不断创新，我国的农机社会化服务呈现出持续、健康、快速发展态势。但当前我国农机服务组织的发展仍处于初级阶段，与我国农业机械化已经进入中级阶段不相符，存在发展不规范、农民参与率低、规模小、带动能力不足等问题，农机服务组织的发展滞后于农业和农机化发展的需要。在2020年我国主要农作物耕种收综合机械化水平超过70%，第一产业的从业人员比重降到20%以下的农机化发展中远期目标下，我国的农机服务组织在肩负艰巨历史使命的同时也面临着巨大的发展压力。为实现这一目标，推进我国农机化事业的全面进步，其发展模式将主要体现在以下“四化”：组织规模扩大化、服务内容多样化、投资主体多元化、组织成员素质化。

1. 组织规模扩大化

从形成机理看，当前我国农机服务组织的形式主要有乡站牵头型，村户联合型和大户带动型，其中又以村户联合型和大户带动型居多。从调查结果来看，跨区作业的主体主要包括农机户（农机专业户、农机大户）、农机作业服务队、农机作业合作社、农机作业协会、散机户等，其组织规模大小不一，合作机制也互有差异。如前所述，随着近年来农机具数量和从业人员数量的快速增加，再加上当前农机服务组织的作业范围主要集中在小麦机收领域，使得小麦跨区作业市场逐步萎缩，组织之间的竞争愈发激烈，跨区作业的效益却逐步下降。由于当前我国农机服务组织普遍规模较小，组织形式多种多样但管理普遍不规范，随着我国农业的进一步发展，在玉米、水稻的跨区作业还未大面积开展之前，小麦作业领域的一些规模小、管理差的农机服务组织要么被淘汰，要么被迫进行联合。为适应我国农业的发展，需逐步扩大农机服务组织的规模而减少其数量，以规范其经营、管理与作业过程，即在中短期内我国的农机服务组织将向规模化发展。也就是说，各服务组织间无序发展、无序竞争的日益激烈将促使农机服务组织向联合、股份、合伙、合作、协会等多样化方向发展。规模化程度的增加不会从根本上改变农机服务组织的现有组织形式，但有利于提升组织的管理水平，降低组织的作业成本，规范成员的作业行为，能有效提升组织的决策能力。此外，随着组织的规模化和作业市场的逐步规范，农机服务组织的作业半径将逐步趋于合理化，能有效降低当前某些组织因盲目地长途迁徙所增加的成本。总之，规模化为农机服务组织降低成本、提升竞争力和增加效益提供了可行途径，是我国农机服务组织中短期内的主要发展模式之一。

2. 服务内容多样化

随着农机社会化服务领域的拓宽和服务范围的不断扩大，作业服务、信息服务、技术服务、维修服务等服务内容越来越专业化，专业的插秧公司、植保公司、机耕队等专业作业组织将大量涌现，农机经纪人、农机协会等专门从事中介、信息服务的组织也将蓬勃发展。但是，在追求效益最大化的组织看来，专业化是不理性的，也是不经济的。在激烈的市场竞争下，随着组织规模的扩大和玉米、水稻等其他农作物跨区作业市场的兴起，农机社会化服务由单项服务向综合服务及农业生产全过程服务的拓展不仅能延长由作物种类差异引发的年度作业时间，还能延长由作业环节差异引发的年度作业时间，能适度降低组织的作业半径，达到大幅度增加组织收益的目的。也就是说，农机服务组织服务内容的多样化将主要表现在两个方面：一是作业作物种类的横向拓展，如从小麦向玉米、水稻、马铃薯等其他作物的拓展。二是作业环节的纵向深入，如从机收环节向机耕、机播（插）环节的纵深拓展。这两种拓展都是当前我国农机服务组织持续良性发展所需要的，也是我国农机化水平大幅度提升所需要的。当然，农机服务组织服务内容的多样化有几个前提：一是受单项作业的市场空间挤压。二是国家和地方政府的正确引导和充分的补贴。三是农机服务组织本身具备一定的经济实力或者具备一定的融资能力，在国家的购置补贴下有能力购置相应的配套农机具。此外，组织本身的管理水平和发展意识也是一个重要影响因素。

3. 投资主体多元化

没有对农机的大量人力、物力和财力投入，实现农业机械化只能成为一句空话。在计划经济体制下，我国的农机事业以国家和集体投资为主，在特定历史时期内极大地提升了我国的农业机械化水平。在当前的市场经济体制下，我国农机服务组织的投入是以农机服务组织成员投入为主，财政资金投入为补，社会和金融资金投入为辅，但社会和金融资金所占比例极少。为更好地适应农机服务组织功能建设的市场化运作，促进农机服务组织的持续良性发展和我国农业机械化水平的持续提升，农机服务组织的投资主体应逐步向多元化发展。多元化投资格局要求政府财政、组织成员和集体等多个投资主体的投资比例基本均衡，要加快建立以集体、民营和个人投入为主体，国家资金扶持为导向，多层次、多渠道、多元化的农机投入机制。可按照尊重农民意愿和公平、公正、公开的原则，以购机补贴政策为引导，通过市场机制、财政支持、税收优惠政策和金融扶持等措施，采取择优选项、购机招标、入股合作等方式，积极鼓励农民、农机服务组织购买农业机械。此外，在市场经济条件下一切经济活动主体的主要目标是追求经济效益的最大化，而农机社会化服务市场良好的发展前景和较高的收益水平显然具有很大的投资潜力，可通过政策引导和机制完善来鼓励军队农场、农垦农场、工商企业、城市下岗职工等经济主体对农机社会化服务市场的投资，共同推进农机服务组织的持续良性发展。

4. 组织成员素质化

农机服务组织成员的素质应包括文化素质、业务素质、管理素质（包括管理组织的能力、成员行为约束的能力、协调成员间关系的能力等）等，成员素质的高低是决定农机服务组织能否持续发展的关键因素之一。从实地调查结果来看，当前我国农机服务组织成员的主要来源是农民，除了作业的业务素质比较高之外，其他素质均不尽人意，尤其是管理素质非常低下。由于我国农机服务组织尚处于初级发展阶段，组织之间的竞争在很大程度上表现为资金、设备等硬性资源的竞争，作为三大生产要素中最重要的“人”的作用还未能完全发挥出来。在越来越激烈的农机社会化服务市场竞争中，伴随组织规模扩张化和服务内容多元化，必然会对组织成员的素质提出更高的要求。事实上，“人、机、物”三要素是任何组织生产经营活动的基础，它直接关系到组织管理水平的好坏、产品档次的高低、产品质量的优劣，是现场管理工作的三项重要因素，而人的因素又是这三项重要因素中的重中之重，在农机服务组织的形成与发展进程中也不例外。可以预见，在未来农机服务组织的发展进程中，各组织为了增强生存能力、市场竞争能力和作业盈利能力，必然会逐步意识到成员素质的重要性并采取相应的提升措施。

8.4 小结

本章结合我国农机服务组织发展的背景，探讨了农机服务组织的发展趋势，主要研究内容和结论包括：①20世纪90年代以来我国的农业机械化发展已经由初级阶段跨入了中级阶段，但距离2020年主要粮食作物全程机械化的中远期目标还有很大差距。作为农机社会化服务主要载体的农机服务组织承载着艰巨的历史使命，其发展趋势须与我国农业及农业机械化发展的客观需求相适应。②农机服务组织形成和发展的前提是各地区农机化发展水平的不均衡和全国范围内农机装备资源的整体稀缺。随着近十几年来各省、直辖市、自治区农机装备水平的大幅度提升，我国的农机装备水平在小麦作业领域已趋于结构性饱和状态，小麦跨区作业市场将逐步萎缩，使得农机服务组织的可持续发展问题浮出水面。③小麦已成为我国第一个基本实现生产全程机械化的粮食作物，但由于组织的行为惯性、农机具的供求现状、国家的政策等多种因素的制约，使得对玉米和水稻进行跨区作业的组织很少，导致我国三大粮食作物耕、播、收综合机械化水平失衡，同时也导致了农机服务组织作业结构和发展方向的失衡。④我国农机服务组织的发展是可持续的，但主要发展方向必须从小麦跨区作业快速拓展到水稻、玉米及其他作物跨区作业上来，作业领域也须由机收快速向机耕、机插、机播等领域拓展。当前水稻机栽(插)、玉米机收是制约这两大作物全程机械化的瓶颈性因素，这两个领域可为农机服务组织的持续发展提供广阔的空间。⑤推进我国农机社会化服务的指导思想是围绕粮食增产、农业增效和农民增收的核心问题，以推进主要粮食作物的全程机械化为目标，以培植新型服务组织、改革和加强基层推广机构、完善政策法规体系为重点，以提高农业机械利用率和经济效益为动力，开展组织创新、机制创新和管理方式创新。同时须遵循民办公助原则、效益中心原则，以及市场调节与宏观调控相结合的原则。⑥在当前我国农业及农业机械化发展的现实背景下，为实现2020年主要粮食作物全程机械化的中远期目标，推进我国农机化事业的全面进步，农机服务组织的发展模式将主要体现为“四化”，即组织规模扩大化、服务内容多样化、投资主体多元化和组织成员素质化，这四个方向的有机结合将促进农机服务组织的持续良性发展。

9 结论及展望

9.1 研究结论

本书在实地调查的基础上，以马克思主义的农民合作理论、系统工程理论、行为经济理论、博弈论、组织行为理论、可拓学等理论为分析工具，对我国农机服务组织的形成与发展问题进行了较为系统的研究。研究的主要内容包括农机服务组织的形成机理、成员行为、作业效率、矛盾问题及发展趋势，主要研究结论可概括如下：

1. 山东省苍山县农机服务组织的形成和发展情况调查研究

主要研究结论如下：①农机服务组织形成和发展的环境包括政策环境、社会环境和市场环境。由于近年来国家连续出台相关政策法规来引导、鼓励和规范农机服务组织的发展，当前组织发展的政策环境较好。地方农机部门的引导和服务质量较好，但道路交通状况、农机生产厂家的售后维修服务、中介组织的服务、农民（委托人）对农机服务组织的认知及农民的配合程度等仍有待改进。农户对农机服务的具体需要比较旺盛，但农户接受农机服务的比例有待提高。由于无序和恶性竞争的存在，组织成员对作业的市场价格满意度较低，但农户的满意度较高。②当前农机服务组织的人员规模和农机具规模较小，成员的文化水平与业务能力比较低。组织规章制度的完备性、组织纳新评判标准的科学性、作业合同的完备性亟待加强，成员加入的途径、作业过程管理和作业利益分配管理不尽合理，组织的凝聚力较高但成员行为的控制能力较低。成员加入组织的目的大致相同但动机各异，同时很大部分成员还关注组织内部的收益差距、不公平现象和互惠行为并表现出各种行为反应。农户对作业效果的满意度、组织的客户保持率、组织内部人际关系的协调性和组织成员自身及财产安全性等方面较好，但在跨区作业中联合收割机作业本身的投入产出水平有待提高。

2. 农机服务组织的形成机理研究

主要研究结论如下：①通过构建农机服务组织形成机理模型和农机服务组织体系形成机理模型，认为农机服务组织是在政府的引导和支持下，在潜在成员自身利益的驱动下通过亲缘、友缘、地缘、学缘和业缘等社会关系而形成。②在农机服务组织的形成过程中，组织发起人和普通成员之间存在博弈过程。只有二者均认为创建或加入农机服务组织能获得大于单独作业的综合效用时，农机服务组织才有可能形成。③通过亲缘、友缘、地缘、学缘和业缘选择合作伙伴的方法缺乏科学性，利用基于相似系数的多级可拓评判方法可对潜在成员的合作优度进行科学地评价，该方法是农机服务组织形成过程中合作伙伴评价与选择的科学方法。④农机服务组织在形成过程中需遵守三种合作机制——理性机制、利益转移机制和协商机制，只有三种机制进行有效耦合并协同作用，原本独立的潜在成员才有可能形成农机服务组织并实现组织和自身利益的最大化。

3. 农机服务组织成员的行为研究

主要研究结论如下：①农机服务组织作为一种非完全共同利益的合作体，成员合作的需要与动机各异，行为表现也各不相同。成员组建和参与组织的需要包括生存需要、安全需要、交往需要、受人尊重需要和自我实现需要，其中以生存需要和安全需要最为普遍。成员行为的动机不仅仅只是理性和自利，也有情感、观念引导和社会目标引致的成分，主要包括求利动机、亲和动机、公平动机和成就动机。②认知是组织成员对组织及其周围环境的综合心理反应，也是组织成员进行行为表现的心理基础。受知觉者的有限理性、知觉的对象和发生知觉的情景等多种因素的影响，组织成员主要存在以下几种认知与行为偏差：自负偏差、损失厌恶偏差、锚定偏差和从众偏差。③组织中广泛存在着有悖于“经济人”假设的公平与互惠行为。当不公平现象出现时，收益劣势成员会表现出“不公平厌恶”甚至会放弃一定的收益来杜绝不公平现象的产生。同时，运用不公平厌恶模型还可对成员合作博弈的“囚徒困境”进行改进。互惠行为在农机服务组织中广泛存在，主要表现为积极互惠和消极互惠。积极互惠的心理基础是“心理账户”和“不公平厌恶”，消极互惠的心理基础是“不公平厌恶”。自利人群和互惠人群在农机服务组织中会相互影响并试图改变对方的行为方式。利他行为在农机服务组织中也大量存在，主要表现为亲缘利他、纯粹利他和互惠利他。④为消除认知和行为偏差的影响，顺利达成组织目标，组织管理者需要控制、影响和调节成员的行为。行为控制的途径主要有角色认知、规章制度和群体规范。明文的规章制度是组织成员行为的“硬约束”，是控制农机服务组织成员行为的有效方式之一。除了规章制度和相应的教育及培训外，还可通过角色塑造、角色扩展来进行角色认知。群体规范是组织成员实施积极互惠与消极互惠的分界线，能对成员的行为形成无形的约束。

4. 农机服务组织的作业效率研究

主要研究结论如下：①农机服务组织作业效率受作业环境子系统、组织实力子系统、组织管理子系统和组织作业子系统的影响，且主要受组织实力的硬约束和成员行为动机、心理认知等条件的软约束。从主要影响因素的灵敏度来看，硬性指标灵敏度最大，其次是满意度指标，最后是组织管理指标。说明当前影响农机服务组织作业效率的首要因素仍然是组织实力和政策引导，农机服务组织发展还处于低级阶段，组织管理的作用未能很好地发挥。②当前成熟的效率测度方法主要有参数方法和非参数方法。非参数方法中的数据包络分析（DEA）因其自身具有的众多优势而非常适合农机服务组织作业效率的测度研究。③苍山县 15

个被评农机服务组织均处于 DEA 非有效状态。虽然其投入产出水平已处于一个较高的水平，但还存在一定的资源浪费。这说明盲目的投入会造成资源浪费与产出低下并存的后果，可参考投影结果来提高组织管理水平、增加组织成员的各项满意度并采取各种激励和协调措施获取处理得当收益来提高作业效率。从纯技术效率来看，15 个被评农机服务组织全处于 DEA 非有效状态，需加强技术培训，提升管理水平并激励成员学习。从规模效率来看，大部分组织处于规模效益递增阶段，须适当扩大经营规模以适应我国农业和农机化发展的需求。

5. 农机服务组织的矛盾问题研究

主要研究结论如下：①当前我国农机服务组织中存在众多不相容问题，如农机质量与作业要求的不相容，作业环境与作业安全的不相容等等，但主要存在不相容问题有三个：人才不相容问题、资金不相容问题和组织管理不相容问题，以上问题将对农机服务组织发展的持续性和发展趋势产生重大影响。②组织效用与委托人效用同时提升的问题是当前农机服务组织面临的主要对立问题。如何同时提升二者的效用，既扩大农机社会化服务的市场空间，又提高组织从事农机跨区服务的积极性，对于农机服务组织的改革和发展具有重要意义。③可拓学是化解农机服务组织发展中矛盾问题的有力工具。通过可拓分析并实施相应的变换可使农机服务组织中的各种不相容问题转化为相容问题，也可促使农机服务组织在跨区作业过程中同时提升委托人和组织本身的效用，化对立问题为共存问题。

6. 农机服务组织的发展趋势研究

主要研究结论包括：①我国农业机械化发展已由初级阶段跨入了中级阶段，但距 2020 年主要粮食作物全程机械化的中远期目标还有很大差距。农机服务组织承载着艰巨的历史使命，其发展趋势须与我国农业及农业机械化发展的客观需求相适应。②农机服务组织形成和发展的前提是各地区农机化发展水平的不均衡和全国范围内农机装备资源的整体稀缺。我国的农机装备水平在小麦作业领域已趋于结构性饱和状态，小麦跨区作业市场将逐步萎缩。③由于组织的行为惯性、农机具的供求现状、国家的政策等多种因素的影响，当前对玉米和水稻进行跨区作业的农机服务组织很少，导致我国三大粮食作物耕、播、收综合机械化水平失衡，同时也导致了农机服务组织作业结构和发展方向的失衡。④我国农机服务组织的发展是可持续的，但主要作业方向必须从小麦跨区作业快速拓展到水稻、玉米及其他主要作物，作业领域也须由机收快速向机耕、机插、机播等领域拓展。水稻机栽(插)、玉米机收是制约这两大作物全程机械化的瓶颈性因素，这两个领域可为农机服务组织的持续发展提供广阔的空间。⑤推进我国农机社会化服务的指导思想是围绕“三增”的核心问题，以推进主要粮食作物的全程机械化为目标，以培植新型服务组织、改革和加强基层推广机构、完善政策法规体系为重点，以提高农业机械利用率和经济效益为动力，开展组织创新、机制创新和管理方式创新。同时须遵循民办公助原则、效益中心原则以及市场调节与宏观调控相结合的原则。⑥为实现2020年主要粮食作物全程机械化的中远期目标，推进我国农机化事业的全面进步，农机服务组织的发展模式将主要体现为“四化”，即组织规模扩大化、服务内容多样化、投资主体多元化和组织成员素质化，四种模式的有机结合将促进农机服务组织的持续良性发展。

9.2 研究展望

本书对农机服务组织的形成与发展问题进行了较为系统的探索性研究，虽取得了一定的创新性成果，但由于各种客观条件和本人水平的限制，本书仍存在需进一步研究和完善的地方：

（1）我国地域宽广，受发展历史、地理位置、经济条件等多种因素的影响，各省、直辖市、自治区的农业机械化和农机服务组织发展各具特色，发展水平也互有差异。今后需逐步扩大调查的范围，力争获取农机服务组织发展的第一手动态数据，对全国各地农机服务组织的发展问题作更深入的、动态的比较研究，以得到更有针对性、时效性的研究结论。

（2）农机服务组织作为农民专业合作组织的特例，其前期的相关研究成果极为有限。本书仅是利用有限的时间在有限的调查条件下作了初步的探索性研究，虽然研究的内容已涉及农机服务组织形成与发展中的主要方面，但还有很多问题尚未提及，如农机服务组织对农业和农业机械化的贡献率问题，农机服务组织与我国农业和农业机械化的适宜性问题，以及农机服务组织发展中存在的多方博弈问题等等，在今后的研究中须逐步深入和完善。

（3）由于时间的限制，本书仅对农机服务组织的发展趋势作了简单的探讨，在今后的研究中可结合我国农业和农业机械化发展的客观需要，对其发展趋势作进一步的深入研究。也可结合生物进化的思想与相关理论，以企业仿生学、制度经济学和系统科学为主要分析工具，进一步探讨农机服务组织的进化与变异问题，探求在我国农业现代化进程中农机服务组织的发展规律与影响因素，为相关部门提供更具体的决策参考。

参考文献

[1] 中华人民共和国国家统计局．2007 年国民经济和社会发展统计公报［S］．北京：中华人民共和国国家统计局，2008.

[2] 张宝文．在新的起点上扎实推进农业机械化［J］．求是杂志，2008（11）：44-46.

[3] 张桃林．深入贯彻落实科学发展观走中国特色农业机械化道路［N］．农民日报，2008-10-23.

[4] 农业部农业机械化管理司．2007 年全国农业机械化统计年报［S］．北京：农业部农业机械化管理司，2008.

[5] 许锦英．农机服务产业化是稳定家庭承包责任制，发展农业生产力的重要途径［J］．中国农村经济，1998（9）：66-67.

[6] 高野信雄．欧洲におけるコントラクタ—の活動（1）［J］．畜産の研究，1993，47（7）：3-7.

[7] 高野信雄．欧洲におけるコントラクタ—の活動（2）［J］．畜産の研究，1993，47（8）：25-29.

[8] 高野信雄．わが国におけるコントラクタ—の活動（1）［J］．畜産の研究，1993，47（11）：45-51.

[9] 高野信雄．わが国におけるコントラクタ—の活動（2）［J］．畜産の研究，1993，47（12）：55-59.

[10] 高野信雄．わが国におけるコントラクタ—の活動（3）［J］．畜産の研究，1993，48（1）：50-54.

[11] 李斯华．农机跨区作业发展的三个十年．中国农机化导报［N］．2007-3-5（8）．

[12] 宣兴云，王春法．国外农业社会化服务［M］．北京：中国人民大学出版社，1998.

[13] 范学民．中国农机合作经济组织研究［D］．北京：中国农业大学经济管理学院，2004.

[14] 范学民．韩国农机化及农机合作组织［J］．农机科技推广，2004

(06)：42-42.

[15] 郭鸿鹏．农机作业委托体制创新理论及实证研究［D］．长春：吉林大学生物与农业工程学院，2004.

[16] Chancellor，W. J. The tractor contractor system in southeast Asia and the suitability of imported agricultural machinery，agricultural mechanization in southeast Asia，(Kishida，Y. Ed.)［R］. Farm machinery industrial research corp.，1971：58-60.

[17] K. Yasunobu，Y. Morooka. A contract system for rice farming work in the Muda Plain，Peninsula Malaysia［J］. Farming Japan，1995，29 (2)：34-37.

[18] 岡田直樹．コントラクタ—の展開方向と課題［G］．特集1/コントラクタ—の新たの動き，1997：24-25.

[19] Werner. Pevetz. The acceptance of the machinery circle by part-time farmers in Austria［J］. Monatsberichte ueber die oesterreichische landwirts chaft，1997，44 (6)：395-400.

[20] T. Takigawa，B. Bahalayodhin，M. Koike，P. Usaborisut，T. Sakuma，Yinsheng Yang. Development of the contract hire system for rice production in Thailand (Part 1) —Managerial aspects of contract hire system in Nong Pla Mor village，Ratchaburi province［J］. Journal of the Japanese Society of Agricultural Machinery，2002，64 (5)：51-59.

[21] Alcido Elenor Wander，Regina Birner，Heidi Wittmer. Can Transaction Cost Economics Explain the Different Contractual Arrangements for the Provision of Agricultural Machinery Services? A Case Study of Brazilian State of RIO Grande DO SUL Teoria e Evdiência Economica [J]. Passo Fundo，2003 (11)：10-25.

[22] Constance A. Bak，Leslie H. Vogt，William R. George and I. Richard Greentree. Management by team：an innovative tool for running a ser vice organization through internal marketing［J］. Logistics Information Management，1995，8 (4)：12-18.

[23] William E. Youngdahl，Deborah L. Kellogg. The relationship between service customers′ quality assurance behaviors，satisfaction，and effort：A cost of quality perspective［J］. Journal of Operations Mana gement，1997 (15)：19-32.

[24] Patralekha Bhattacharya，Krishna Kumar Mehta. Socialization in net-

work marketing organizations: is it cult behavior [J]? Journal of Socio-Economics, 2000 (29): 361-374.

[25] Michael K. Brady, Christopher J. Robertson. Searching for a consensus on the antecedent role of service quality and satisfaction: an exploratory cross-national study [J] . Journal of Business Research, 2001 (51): 53-60.

[26] Dana Yagil, Iddo Gal. The role of organizational service climate in generating control and empowerment among workers and customers [J]. Journal of Retailing and Consumer Services, 2002 (9): 215-226.

[27] Terrie C. Reeves, W. Jack Duncan, Peter M. Ginter. Strategic configurations in health services organizations [J] . Journal of Business Research, 2003 (56): 31-43.

[28] B. S. Sahay. Multi-factor productivity measurement model for service organization [J] . International Journal of Productivity and Performance Management, 2005, 54 (1): 7-22.

[29] Sidhartha R. Das, Maheshkumar P. Joshi. Process innovativeness in technology services organizations: Roles of differentiation strategy, operational autonomy and risk-taking propensity [J] . Journal of Operations Management, 2007 (25) : 643-660.

[30] 孙世民，李汝莘．农机服务产业化——我国农机化发展的必由之路[J]．农业机械学报，2000 (4)：127-128.

[31] 杨印生，郭鸿鹏，谢鹏扬．农机作业委托对我国农业机械化发展的影响 [J]．农业机械学报，2004 (3)：193-194.

[32] 张国霖．关于农机化作业服务组织发展问题的思考 [J]．福建农机，2005 (4)：7-9.

[33] 杨伟平．对开展农机社会化服务的再认识 [J]．福建农机，2005 (2)：35-36.

[34] 许锦英．发展农机服务组织的战略意义与对策建议 [J]．中国农机化，2007 (6)：10-13.

[35] 单爱军，曹少辉，张鹤生．黑龙江省农机作业服务组织作用及发展探讨 [J]．农机化研究，2007 (8)：187-189.

[36] 杨玉林，白人朴．我国小麦跨区机收作业现状，问题及发展趋势[J]. 中国农业大学学报，2000，5 (6)：60-64.

[37] 林建华．关于我省新型农机服务组织的调查与思考 [J]．山东农机

化，2006（2）：6-7.

[38] 熊波．国内外农机社会化服务组织的发展及分析［J］．北京农业科技论文，2007（3）：49-53.

[39] 鞠卫平，何瑞银，高建国，郑小钢．江苏省农机社会化服务组织体系研究［J］．农业装备技术，2007，33（4）：4-6.

[40] 吴国平，王振国．村级农机服务组织存在的问题亟待解决［J］．农村牧区机械化，2000（2）：40-40.

[41] 杨敏丽，李安宁．国外农机社会化服务发展综述［J］．现代农业装备，2007（11）：57-60.

[42] 吴春霞，许惠渊，郑小平．试论股份合作制在基层农机服务组织中的推行与完善［J］．中国农业大学学报(社会科学版)，2002（1）：31-35.

[43] 杨印生，郭鸿鹏．农机作业委托的制度模式创新及发展对策［J］．中国农村经济，2004（2）：68-71.

[44] 郭鸿鹏，杨印生．我国农机作业委托组织形式初探［J］．农业机械学报，2004（1）：189-191.

[45] 杨敏丽，涂志强，郑诚．农机服务产业组织结构与机制创新研究［J］. 农机化研究，2006（2）：1-5.

[46] 关凯书，赵虹，张承新，王继鹏．黑龙江垦区农机社会化服务模式探讨［J］．现代化农业，1995（10）：25-27.

[47] 郑维国．对构建农机社会化服务体系的探讨［J］．理论观察，2005（4）：161-162.

[48] 王林水．浅谈农机社会化服务的实践与思考［J］．农机推广与安全，2005（5）：33-34.

[49] 师丽娟，杨敏丽，姜雪琴，盖宝川．我国农机社会化服务组织形式现状研究［J］．农机户研究，2006（10）：1-4.

[50] 仇淑萍，江波，廖晓莲，符建湘．家庭承包土地经营与农机服务组织模式研究［J］．现代农业装备，2007（1）：44-47.

[51] 苏工兵．对农机服务产业化若干问题的认识［J］．中国农机化，1997（2）：14-15.

[52] 任辉，杨印生，小池正之．泰国的农作业委托以及影响因素分析［J］．农业机械学报，2001（4）：105-108.

[53] 许锦英．对农机服务产业化几个相关问题的认识［J］．中国农机化，2001（1）：23-25.

[54] Mei-Ying Huang，Cliff J. Huang，Tsu-Tan Fu. Cultivation Arrange-

ment and the Cost Efficient of Rice Farming in Taiwan [J]. Journal of Productivity Analysis, 2002, 18 (3): 223-239.

[55] 李汝莘，许锦英．农机服务产业化效益分析 [J]．农机化研究，2002 (5)：10-13.

[56] 杨印生，郭鸿鹏．农机作业委托系统中介人问题的制度经济学解说 [J]．农业经济问题，2004 (2)：58-60.

[57] 任朝军，朱瑞祥，石高超，张会娟．农机购置补贴与农机服务产业化的关系 [J]．农机化研究，2007 (2)：25-27，43.

[58] 杨富堂．农机作业服务外包业务中的委托代理关系分析 [J]．中国农机化，2007 (1)：15-18.

[59] 姜建良．企业文化在农机化服务体系建设中的作用 [J]．中国农机化，2007 (2)：49-50.

[60] 杨敏丽．农机服务产业组织结构与机制创新研究报告 [R]．北京：中国农业大学，2004.

[61] 饭野春树．巴纳德组织理论研究 [M]．北京：生活．读书．新知三联书店，2004.

[62] 柯象峰，何光来，秦果显译．欧文选集 [M]．北京：商务印书馆，1965 (1)：155-156.

[63] 马克思．资本论（第3卷）[M]．北京：人民出版社，1975：909.

[64] 马克思．资本论（第1卷）[M]．北京：人民出版社，1975：830.

[65] 马克思．资本论（第3卷）[M]．北京：人民出版社，1975：678.

[66] 马克思，恩格斯．马克思恩格斯选集（第4卷）[M]．北京：人民出版社，1972：312.

[67] 马克思，恩格斯．马克思恩格斯选集（第4卷）[M]．北京：人民出版社，1972：311.

[68] 马克思，恩格斯．马克思恩格斯全集（第18卷）[M]．北京：人民出版社，1972：695.

[69] 马克思，恩格斯．马克思恩格斯选集（第4卷）[M]．北京：人民出版社，1972：310.

[70] 马克思，恩格斯．马克思恩格斯全集（第16卷）[M]．北京：人民出版社，1972：218.

[71] 列宁．列宁全集（第4卷）[M]．北京：人民出版社，1984：772.

[72] 列宁．列宁选集（第4卷）[M]．北京：人民出版社，1996：685-686.

[73] 列宁．列宁全集（第 31 卷）[M]．北京：人民出版社，1984：478.
[74] 列宁．列宁全集（第 4 卷）[M]．北京：人民出版社，1984：681-682.
[75] 列宁．列宁全集（第 4 卷）[M]．北京：人民出版社，1984：768-769.
[76] 毛泽东．毛泽东选集 [M]．北京：人民出版社，1991：40-41.
[77] 毛泽东．毛泽东选集（第 3 卷）[M]．北京：人民出版社，1991：931-933.
[78] 毛泽东．毛泽东农村调查文集 [G]．北京：人民出版社，1982：352.
[79] 邓小平．邓小平文选（第 3 卷）[M]．北京：人民出版社，1993：355.
[80] 吴彤．自组织方法论研究 [M]．北京：清华大学出版社，2001.
[81] 郭国庆．现代非营利组织研究 [M]．北京：首都师范大学出版社，2001.
[82] 李朝霞．企业进化机制研究 [M]．北京：北京图书馆出版社，2001.
[83] 刘洪，周健．企业系统演化的一般规律 [J]．系统辨证学学报，2002，10（1）：37-40.
[84] 张铁男，曾庆成．企业再造与协同进化 [J]．管理科学，2003（1）：21-24.
[85] 范明，汤学俊．企业可持续成长的自组织研究——一个一般框架及其对中国企业可持续成长的应用分析 [J]．管理世界，2004（10）：107-113.
[86] 井然哲．基于自组织协同论的企业集群系统发展机理研究 [J]．管理工程学报，2007，21（2）：52-54.
[87] 蔡文．从物元分析到可拓学 [M]．北京：科学技术文献出版社，1995.
[88] 蔡文．可拓集合和不相容问题[J]. 科学探索学报,1983,(1):83-97.
[89] 蔡文，杨春燕，何斌．可拓学基础理论研究的新进展 [J]．中国工程科学，2003，5（3）：80-87.
[90] 蔡文，杨春燕，林伟初．可拓工程方法 [M]．北京：科学出版社，1997.
[91] 杨春燕，蔡文．可拓工程研究 [J]．中国工程科学，2000，2（12）：90-96.

[92] 杨春燕．事元及其应用［J］．系统工程理论与实践，1998，18（2）：80-86.

[93] 蔡文，杨春燕，何斌．可拓逻辑初步［M］．北京：科学出版社，2003.

[94] 孟繁晶，邓家禔．合作伙伴的可拓综合评价方法［J］．计算机集成制造系统，2005，11（6）：869-874.

[95] 苏仕宾，杨茂盛．基于可拓层次分析法的动态供应链合作伙伴选择［J］．物流技术，2005（11）：55-57.

[96] 刘依．基于可拓理论的制造企业供应链合作伙伴选择的应用研究［D］．武汉：武汉理工大学机电学院，2006.

[97] 魏云冰，郑安平，崔光照．第三方物流企业关键客户的多级可拓综合评价［J］．计算机工程，2007，33（7）：187-189.

[98] 张成科．解决两方冲突决策问题的可拓方法［J］．广东工业大学学报，2001，18（1）：65-71.

[99] 赵燕．解决企业与客户间价值矛盾问题的可拓方法研究［D］．广州：广东工业大学管理学院，2004.

[100] 李杨，杨春燕，李立希．企业资源矛盾问题分析与求解系统设计与实现［J］．哈尔滨工业大学学报，2006，38（7）：1195-1198.

[101] 冯·诺伊曼，摩根斯顿著，王文玉，王宇译．博弈论与经济行为［M］．北京：生活·读书·新知三联书店，2004.

[102] Nash. J. Equilibrium points in N-person games［J］. Proceedings of the National Academy of Sciences，1950（36）：48-49.

[103] Selten，R. Spieltheoretische Behandlung eines Oligopolmodells mit Nachfragetragheit［J］. Zeitschrift fur die gesamte staatswissenschaft，1965（12）：301-324.

[104] Harsanyi，J. Games with incomplete information played by Bayesian players［J］. Management Science，1967-1968（14）：159-182，320-334，486-502.

[105] 朱·弗登博格，让·梯若尔著，黄涛，郭凯，龚鹏，等译．博弈论［M］．北京：中国人民大学出版社，1996.

[106] 张维迎．博弈论与信息经济学［M］．上海：上海人民出版社，1996.

[107] W. Bentley Maleod. Equity，Efficiency，and Incentives in Cooperative Team［G］. Advances in the Economic Analysis of Participatory and

Labor Managed Firms. 1988（3）：5-23.

[108] Justin Lin. Collectivization and China's Agricultural Crisis in 1951-1961［J］. Journal of Political Economy. 1990，98（6）：1228-1252.

[109] 邢永杰. 基于博弈论的虚拟组织理论研究［D］. 天津：天津大学管理学院，2003.

[110] 王孝莹. 农业产业组织行为主体博弈分析［D］. 泰安：山东农业大学经济管理学院，2006.

[111] 聂华林，张帅. 我国农民专业合作组织发展的博弈分析［J］. 青海社会科学，2007（1）：1-5.

[112] Walras Léon. Elements of pure economics［M］. New York：A. M. Kelley Press，1969.

[113] 卢盛忠. 管理心理学［M］. 杭州：浙江教育出版社，2006.

[114] Kahneman，D. &Tversky，A. On the psychology of prediction［J］. Psychological Review，1973（80）：237-251.

[115] Kahneman，D. &Tversky，A. Prospect theory：an analysis of decision under disk［J］. Econometrica，1979，47（2）：263-291.

[116] Kahneman，D. &Tversky，A. The framing of decisions and the psychology of choice［J］. Science，1981（211）：453-458.

[117] Kahneman，D. &Tversky，A. Choice，values and frames［J］. American Psychology，1984，39（4）：341-350.

[118] 董志勇. 行为经济学原理［M］. 北京：北京大学出版社，2006.

[119] Karambayya R. Contexts for organizational citizenship behavior：Do high performing and satisfying units have better 'citizens'［C］. York University Working Paper，1990，87-98.

[120] Borman W C，Motowidlo. Expanding the criterion domain to include elements of contextual performance［M］. San Francisco，CA：Jossey-Bass，1993，77-81.

[121] 王燕. 如何促进组织中的合作行为［J］. 煤炭经济研究，2003（10）：47-48.

[122] 吴有玉. 代理问题的行为经济学分析［D］. 武汉：武汉大学经济发展研究中心，2005.

[123] 王晓梅. 绩效管理过程公平性对组织公民行为影响的研究［D］. 杭州：浙江大学理学院，2006.

[124] 周业安，宋翔. 理解组织行为：一个行为经济学的视角［J］. 中国

人民大学学报，2007（4）：46-52.

[125] Charnes A，Cooper W W and Rhodes E. Measuring the eddiciency of decision making units [J] . European Journal of Operational Research，1978（2）：429-444.

[126] 魏权龄 . 数据包络分析 [M] . 北京：科学出版社，2004.

[127] 杨印生 . 经济系统定量分析方法 [M] . 长春：吉林科学技术出版社，2001.

[128] Joe Zhu，Wade D. Cook. Modeling Data Irregularities and Structural Complexities in Data Envelopment Analysis [M] . Springer Science of Business Media，LLC，35-60.

[129] Joe Zhu. Imprecise DEA via Standard Linear DEA Models with a Revisit to a Korean Mobile Telecommunication Company [J] . Operations Research，2004，52（2）：323-329.

[130] Banker R D，Charnes A and Cooper W W. Some models for estimating technical and scale inefficiencies in data envelopment analysis [M] . Management Science，1984，30（9）：1078-1092.

[131] Tim Coelli. A Guide to DEAP version 2.1：A Data Envelopment Analysis（Computer）Program [G] . CEPA Working Paper，1996. 8.

[132] 魏权龄 . 评价相对有效性的 DEA 方法 [M] . 北京：中国人民大学出版社，1991.

[133] 杨印生，李宁 . 基于偏好锥的 DEA-DA 模型研究 [J] . 运筹与管理，2004，13（4）：1-5.

[134] 杨印生，谢鹏扬 . 增加决策单元的 DEA-DA 模型灵敏度分析 [J] . 系统工程理论方法应用，2004，13（4）：334-338.

[135] 孙福田，王福林 . DEA 方法测算农业机械化对农业生产贡献率的研究 [J] . 农业系统科学与综合研究，2004，20（3）：186-188.

[136] 孙巍，王铮，何彬 . 商业银行绩效的演化趋势及其形成机理——基于 1996—2002 年混合数据的经验研究 [J] . 金融研究，2005（10）：53-63.

[137] 李军 . 农村信用合作社前沿效率分析与 DEA-I 软件设计 [D] . 成都：西南财经大学工商管理学院，2005.

[138] 庞瑞芝 . 我国国有银行和股份制商业银行的效率差异及投入拥挤实证研究 [J] . 中央财经大学学报，2006（9）：30-35.

[139] 常亚青，宋来 . 中国企业相对效率和全要素生产率研究——基于 37

个行业5年数据的实证分析［J］．数量经济技术经济研究，2006（11）：3-12.

［140］王大鹏，吴育华，朱迎春．基于SDEA模型的华东地区农业生产效率评价［J］．中国农机化，2008（5）：33-35.

［141］汪旭晖，刘勇．基于DEA模型的我国农业生产效率综合评价［J］．河北经贸大学学报，2008，29（1）：53-59.

［142］余建英，何旭红．数据统计分析与SPSS应用［M］．北京：人民邮电出版社，2006.

［143］唐雯，陈爱祖．顾客满意度测评中的量表检验［J］．数理统计与管理，2005，24（1）：58-61.

［144］刘朝杰．量表的信度与效度评价［J］．中国慢性病预防与控制，1997，5（4）：174-177.

［145］张明林，付春．集体选择、智猪博弈与农业组织的合作机制研究——一个林业合作社的例子［J］．商业研究，2006（6）：202-205.

［146］陆锦洪，陈寿墉．基于AHP的供应链合作伙伴选择［J］．杭州电子工业学院学报，2001，21（3）：94-98.

［147］MIKHAILOVL. Fuzzy analytical approach to partnership selection in formation of virtual enterprises［J］. Omega，2002，30（5）：393-401.

［148］陈菊红，汪应洛，孙林岩．虚拟企业伙伴选择过程及方法研究［J］．系统工程理论与实践，2001，21（7）：48-53.

［149］蔡文．物元模型及其应用［M］．北京：科学技术文献出版社，1994.

［150］胡宝清，张轩，卢兆明．可拓评价方法的改进及其应用研究［J］．武汉大学学报（工学版），2003，36（5）：79-84.

［151］杨春燕，蔡文．可拓工程［M］．北京：科学出版社，2007.

［152］张朋柱，叶红心，薛耀文，等．合作博弈理论与应用——非完全共同利益群体合作管理［M］．上海：上海交通大学出版社，2006.

［153］保罗·萨缪尔森，威廉·诺德豪斯著，萧琛译．经济学（第十七版）［M］．北京：人民邮电出版社，2003.

［154］Owen G. Game theory，2nded［M］. New York：Academic Press，1982.

［155］侯光明．管理博弈论导论［M］．北京：北京理工大学出版社，2001.

[156] Daniek K. D. , H. , A. Subrahmanyam, Overconfidence, Arbitrage, and Equilibrium Asset pricing [J] . Journal of Finance. 2001 (56): 19-65.

[157] Brad Barber, T. O. , Boys Will Be Boys: Gender, Overconfidence, and Common Stock Investment [J] . Quarterly Journal of Economics 2001 (116): 26-92.

[158] 金雪军，蔡键琦．行为金融理论中的决策偏差与相对理性 [J]．商业研究，2003 (14): 107-110.

[159] 吕东辉．农产品期货价格形成机理研究 [D]．长春：吉林大学生物与农业工程学院，2006.

[160] Thaler, R. H. The January Effect [J] . Journal of Economic Perspectives, 1987 (1): 197-201.

[161] 姜奇平．锚定的价值取向 [J]．互联网周刊，2004-11-11.

[162] Kahneman D. , Knetsch J. L. , Thaler R. H. The endowment effect, loss aversion, and the status Quo Bias [J] . Journal of Economic Perspectives, 1991 (5): 193-206.

[163] 王稳．行为金融学 [M]．北京：对外经济贸易大学出版社，2004.

[164] Fehr, Ernst, Klaus M. Schmidt. A Theory of Fairness, Competition and Cooperation [J] . Quarterly Journal of Economics, 1999, 114 (3): 817-868.

[165] Kahneman D. , Tversky, A. Loss Aversion in Riskless Choice: a Reference Development Model [J] . Quarterly Journal of Economics, 1991, 106 (4): 1039-1061.

[166] 科林·凯莫勒，Colin F. Camerer 著，贺京同，那 艺，冀嘉蓬，等译．行为博弈——对策略互动的实验研究 [M]．北京：中国人民大学出版社，2006.

[167] Fehr, Ernst, Simon Gachter. Fairness and Retaliation: The Economics of Reciprocity [J] . Journal of Economic Perspectives, 2000, 14 (3): 159-181.

[168] Berg, Joyce, John Dickhaut, Kevin McCabe. Trust, Reciprocity and Social History [J] . Games and Economics Behaviors, 1995 (10): 122-142.

[169] McCabe, Kevin, Stephen Rassenti, Vernon Smith. Game Theory and Reciprocity in Some Extensive Form Experimental Games [J] . Pro-

ceedings of the National Academy of Science, 1996 (93): 13421-13428.

[170] 叶航．利他行为的生物学和经济学解释［C］．2002年西安中国经济年会论文集．

[171] 约翰·赫特维尔编．新帕尔格雷夫经济学大辞典［S］．北京：经济科学出版社，1992.

[172] 孙巍．生产资源配置效率——生产前沿面理论及其应用［M］．北京：社会科学文献出版社，2000.

[173] 秦庆，舒田，李好好．武汉市居民食品安全心理调查［J］．统计与决策，2006 (8)：65-66.

[174] 李银星．吉林省农村居民生活质量评价研究［D］．长春：吉林大学生物与农业工程学院，2006.

[175] 吴福象．参数与非参数前沿方法在生产率效率测度中的应用［J］．数理统计与管理，2005，25 (5)：50-55.

[176] 康鹏．经济效率研究的参数法与非参数法比较分析［J］．经济论坛，2005 (19)：139-140.

[177] 陈楠．基于DEA方法的一汽-大众经营绩效评价研究［D］．哈尔滨：哈尔滨工业大学管理学院，2006.

[178] 李立希，杨春燕，李铧汶．可拓策略生成系统［M］．北京：科学出版社，2006.

[179] 杨春燕，张拥军．可拓策划［M］．北京：科学出版社，2002.

[180] 赵燕．提升客户效用战略的可拓分析与评价方法研究［J］．工业工程，2005，8 (2)：26-29.

[181] 农业部农业机械化管理司理论中心组. 积极的探索　大步的跨越——纪念中国农业机械化改革发展30年［EB/OL］．http://www.china-nmjy.com/article_detail.asp? id=20033.

[182] 宗锦耀．农业机械化是实现中国特色农业现代化的必由之路［EB/OL］．http://china.toocle.com.

[183] 陆为农．中国水稻机械化辉煌十年［EB/OL］．http://www.amic.agri.gov.cn.

[184] 宗锦耀．宗锦耀司长在山东省玉米收获保护性耕作机械化现场会上的讲话［EB/OL］．www.sdnj.gov.cn.

[185] 刘卓，李成华．我国农机服务组织发展路径的选择［J］．农业科技与装备，2008 (6)：62-64.

附　录

农机服务组织形成与发展调查问卷

一、个人背景

1. 您的性别：①男　②女

2. 您的年龄：________周岁

3. 您的文化程度：①文盲　②小学　③初中　④高中及中专　⑤大专及以上

4. 您的家庭人均年收入：________元

5. 您的第一职业：①普通农民　②农机服务从业者　③乡、村干部　④农村教育、科技、医疗、文化艺术工作者　⑤个体或其他经营者　⑥其他劳动者

6. 您家拥有的农业机械及其原值：____

7. 您从事农机跨区作业的年限：________年

8. 您拥有跨区作业证等从事农机跨区作业所必需的证件吗？①拥有全部证件　②拥有部分证件　③不拥有任何证件

9. 您在组织中的角色：①普通农机手　②技术维修人员　③后勤服务人员　④管理人员　⑤组织发起人　⑥其他

二、所在组织的概况及特点

10. 您所在组织的名称：__________________________

11. 您所在组织的成立时间：________年

12. 您所在组织的规模________人

13. 您所在的组织中，农机手有____人，技术维修人员有____人，后勤服务人员有____人，管理人员有____人

14. 您所在的农机服务组织中，成员平均文化程度为：①文盲 ②小学 ③初中 ④高中及以上

15. 对组织中成员业务能力的满意：度①很满意 ②满意 ③感觉一般 ④不满意 ⑤极不满意

16. 您所在组织拥有联合收割机的数量________台

17. 对组织拥有联合收割机质量的满意度：①很满意 ②满意 ③感觉一般 ④不满意 ⑤极不满意

18. 您所在组织拥有的联合收割机的品牌和购买价格是：

____

____

____

____

19. 跨地区作业时，平均一台联合收割机配备____人

20. 您所在组织的作业范围主要是：①本县 ②周边县（市） ③外省

三、所在组织的作业和发展环境

21. 对国家和地方相关政策满意度：①很满意 ②满意 ③感觉一般 ④不满意 ⑤极不满意

22. 对地方农机部门的引导与服务功能满意度：①很满意 ②满意 ③感觉一般 ④不满意 ⑤极不满意

23. 对道路交通状况的满意度：①很满意 ②满意 ③感觉一般 ④不满意 ⑤极不满意

24. 对跨区作业的市场价格满意度：①很满意 ②满意 ③感觉一般 ④不满意 ⑤极不满意

25. 对农机厂家的售后维修服务满意度：①很满意 ②满意 ③感觉一般 ④不满意 ⑤极不满意

26. 对中介组织的服务与收费标准满意度：①很满意 ②满

意　③感觉一般　④不满意　⑤极不满意

27. 对委托人的满意度：①很满意　②满意　③感觉一般　④不满意　⑤极不满意

28. 农户对农机服务组织的了解程度：①不了解　②基本了解　③很了解

29. 大约有____%的农户需要农机服务组织进行作业服务

30. 从作物类别来看，农户（委托人）对农机跨区作业的需求主要集中在：①小麦　②玉米　③水稻　④其他

31. 从生产过程来看，农户对农机跨区作业的需求主要集中在：①耕翻地　②播种　③田间管理　④收获

32. 农户对农机跨区作业产生大量需求的原因是：①耕地太多，忙不过来　②家里主要劳动力外出打工，没办法　③方便、省事、快捷，便于抢农时　④与人工作业相比经济上更划算　⑤比人工作业效果更好　⑥看别人家用，自己也用　⑦其他原因

33. 没有接受农机跨区服务的农户主要是由于：①为了省钱　②自己家就能胜任，没必要　③收费太高　④作业效果不好　⑤自己家有机械　⑥其他原因

34. 农户对当前作业收费标准的满意度：①很满意　②满意　③感觉一般　④不满意　⑤极不满意

四、所在组织的管理

35. 您所在的组织是否有明文的规章制度？①有　②没有

36. 您所在的组织一般依据什么对组织成员或其他人做出评价：①外部特征　②道德品行　③行为特征　④业务能力　⑤人际关系　⑥其他

37. 您所在组织的成员加入组织的一般途径是：①通过亲戚、朋友、老乡、同学等关系加入　②通过组织正式的考评加入　③通过其他方式加入

38. 您所在的组织依据什么做出决策？①领导者经验　②大家商量　③参考别的农机服务组织　④规章制度

39. 您所在的组织农机所有权归属：①国家或集体所有 ②组织所有 ③私人所有

40. 您所在的组织中，成员与组织之间是何种关系？①组织拥有农机，聘用农机手，按工作量付工资 ②成员凭自有农机入股，作业所得收入与组织分成 ③成员共同投资购买农机，构建一种合作关系 ④其他

41. 您所在的组织联系作业任务的方式是：①政府统一安排 ②组织中专门有人出去跑业务 ③通过中介组织联系 ④通过熟人或老客户介绍

42. 您所在的组织与委托人或中介组织在作业之前会签订合同或契约吗？①会 ②不会 ③偶尔会

43. 您所在的组织如何分配作业任务？①组织统一协调与分配 ②各成员抢着干并争取多干 ③其他方式

44. 您所在的组织如何进行利益分配？①组织统一收取作业费用并按照协商好的分配机制进行分配 ②成员自己干活，自己收取相应作业费并归自己所有 ③其他方式

45. 对组织合作机制（包括分配制度、激励机制等）的满意度：①很满意 ②满意 ③感觉一般 ④不满意 ⑤极不满意

46. 对组织凝聚力的满意度：①很满意 ②满意 ③感觉一般 ④不满意 ⑤极不满意

47. 对组织的成员行为控制能力满意度：①很满意 ②满意 ③感觉一般 ④不满意 ⑤极不满意

五、所在组织成员的行为

48. 您组建或参加农机服务组织的目的：①为了赚更多的钱 ②为了作业过程的安全 ③为了交更多的朋友 ④为了赢得别人的尊重 ⑤为了实现自己的价值

49. 您对自己的收益期望是：①与其他成员一样多 ②按自己的劳动和投入取得收益 ③在所有成员的前 1/3 行列

50. 您关注过自己的收入和组织内部成员收入的差异吗？

①关注过　②没有关注过

51. 您认为自己的实际收益更重要，还是与其他成员收益的比较更重要？①自己的收益　②与其他成员的收益比较　③差不多一样重要

52. 您所在的组织中是否存在不公平现象？①存在　②很少存在　③不存在

53. 当您认为自己在组织中受到不公平待遇时，会：①抱怨　②消极怠工　③退出组织　④想办法报复，即使自己损失一部分收益也要让别人的利益也受损失　⑤为了挣钱，能忍就忍

54. 您是否赞同在组织内部设定一定的惩罚措施来规范成员的负面行为：①赞成　②不赞成

55. 当外出作业时，您是否愿意与别人相互帮助：①愿意　②不愿意

56. 当组织外出作业时，在所有成员中您比较愿意帮助：①自己的家人或亲戚　②与自己关系良好的人　③帮助过自己的人　④组织内的所有人，只要他们需要帮助

57. 当接受过别人的帮助时，您会：①一定想办法报答　②记在心里并跟他搞好关系　③去帮助其他人

六、组织跨区作业的投入产出情况

58. 您所在的组织在作业过程中，农机有效利用率一般为____%，接单成功率一般为____%，准时到达率一般为____%，订单准时完成率一般为____%，故障处理及时率一般为____%。

59. 农户对作业效果的满意度：①很满意　②满意　③感觉一般　④不满意　⑤极不满意

60. 农户对农机跨区作业的不满意主要表现在：①作业时间不准时　②违约率较高　③作业质量不够好　④收费太高　⑤作业态度不够好　⑥其他

61. 您所在组织的客户保持率一般为____%

62. 一台联合收割机的价格一般为________元，平均每年维

修和保养费用为________元，使用寿命一般为________年

63. 联合收割机一般烧____油，市价为____元/升，平均作业一亩耗油____升

64. 一台联合收割机平均每天可作业____亩，您所在的组织平均每年可作业____天

65. 跨地区机收一亩小麦，所收费用一般是____元（人工收获一亩小麦的成本大概为____元）。其中，成本为____元，包括：油耗____元、维修摊销____元、农机折旧____元、人员工资____元、其他费用____元，所得利润：____元

66. 对自己在组织内部人际关系的满意度：①很满意　②满意　③感觉一般　④不满意　⑤极不满意

67. 对作业过程中组织内人身及财产安全状况满意度：①很满意　②满意　③感觉一般　④不满意　⑤极不满意

68. 您认为当前的农机服务能满足农民的需要吗？①不能　②基本能　③完全能够

感谢您的合作与支持！

后记

本书是在我的博士学位论文基础上认真修改而成的。在吉林大学学习期间，不论是攻读硕士学位还是博士学位，导师杨印生教授都是那么谦虚、和蔼、热情而富有感染力，在学习上耐心地指导我，在生活上无私地关心我、理解我，与我平等地交流和交换各种意见，给了我很多锻炼的机会，用敏锐的智慧和开阔的视野为我提供了一个施展个性、自由驰骋的思想空间，让我有勇气去面对学习和生活中的一个又一个挑战。正是在导师的鼓励、鞭策和启发下，使我慢慢学会享受学习和科研，促使我在学业上不断地进步。在本书的写作过程中，从选题、构思、调查、修改到定稿，无不凝聚着导师的心血和汗水。可以说，没有导师的精心指导和严格要求，本书是不可能顺利完成的。导师清晰的思维、精辟的见解、严谨的态度和乐观的精神是我终身学习的榜样。值此论文完成之际，谨向导师多年来精心的指导和不倦的教诲表示深深的感谢和敬意！衷心地祝福导师全家身体健康、平安快乐！

在这里，我要特别感谢吉林大学生物与农业工程学院的吕子珍书记。吕书记是我的精神导师，他以父辈般的情怀关心我、爱护我，在我困惑无助的时候指引我。他的关爱、鼓励和帮助犹如黑夜里的一盏明灯，使我愉快地度过了在吉林大学求学的十年时光。衷心地祝福吕书记工作愉快、幸福安康！

感谢课题组的鹿应荣老师、吕东辉老师、郭鸿鹏老师和白丽老师，各位老师广阔的胸襟、渊博的学识、敏锐的洞察力和深思熟虑的见解使我永志难忘。谢谢各位老师六年来孜孜不倦的教诲、无私的帮助和珍贵的友谊！特别要感谢吕东辉老师和郭鸿鹏老师对我的论文所提出的建设性意见。同时也真诚地感谢我所有的小学老师、中学老师和大学老师，正是你们多年的教导和关爱才使我在学业上不断进步，在思想上逐渐成熟。衷心地祝愿我所有的老师平安、幸福！

感谢师兄李洪伟、盛国辉、李银星、赵罡、栾双军、孙旭、刘子玉……师姐王莉、李宁、刘海存、刘晓燕、郭姝宇、张立芳……师弟马琨、张孝义、陈永刚……师妹张丽颖、房敏、马婧婧……课题组的所有兄弟姐妹们，谢谢你们多年来在学习和生活上给予我无私的关心和帮助，正是在和你们无数次的热烈的讨论中，无倦的长谈中使我获得灵感和启迪，使我的学习和生活中充满了友好亲切的氛围，我将永远难忘这段美好时光，也将倍加珍惜这份友谊！特别要感谢栾双军、刘晓燕和孙旭为我的书稿校对工作所付出的大量心血。

在我的求学路上，家人和亲属给予我无私的理解、关爱和支持。感谢父母多年来为我所付出的一切，你们的养育之恩无法用语言来表达谢意。感谢我的妹妹、弟弟，在我外出求学期间你们很好地照顾了父母，承担了家里的大部分责任。感谢我的岳父岳母，在我求学期间给了我无法估量的关爱和支持。特别要感谢我的爱人徐北春女士，在我攻读学位期间给予我无限的理解、关心和支持，承担了家里大部分的责任。爱人和女儿舒有是我永远的精神支柱！

最后，我要感谢所有关心过我、帮助过我的人。特别要感谢蔡笑雨女士在我求学期间所给予我的关怀和帮助，苍山县农机局、统计局的相关领导和工作人员在调查过程中所给予的支持与帮助。同时也感谢将为本书的编辑工作付出艰苦努力的各位老师，祝您万事如意，幸福美满！

舒坤良

2011年8月16日

图书在版编目（CIP）数据

农机服务组织形成与发展问题研究/舒坤良著．—北京：中国农业出版社，2011.10

ISBN 978-7-109-16091-0

Ⅰ.①农…　Ⅱ.①舒…　Ⅲ.①农业机械—服务部门—研究—中国　Ⅳ.①F306.6

中国版本图书馆 CIP 数据核字（2011）第 187900 号

中国农业出版社出版

（北京市朝阳区农展馆北路 2 号）

（邮政编码 100125）

责任编辑　张　欣

中国农业出版社印刷厂印刷　　新华书店北京发行所发行

2011 年 9 月第 1 版　　2011 年 9 月北京第 1 次印刷

开本：850mm×1168mm 1/32　　印张：9.75

字数：325 千字

定价：26.00 元